KB152669

이성의 기능
THE FUNCTION OF REASON

알프레드 노드 화이트헤드 지음

도올 김 용 옥 역안

통나무

1998, 서울

人之生也柔弱，其死也堅强。

萬物草木之生也柔脆，其死也枯槁。

故堅强者死之徒，柔弱者生之徒。

차 례

脫 序

　白頭와 씨름해볼려고 작심한지도 어언 두 해, 脫稿의 느낌은 스산하기만 하다. 좌절과 굴욕의 순간도 우금치에 쓰러져간 하이얀 생령처럼 많고 또 많았건만 오로지 확실한건 치솟고 또 치솟는 上向의 희열이었다. 두해동안 나에게 일어난 세사가 뭐그리 대견한게 있을까보랴마는 白頭와 씨름하고있는 순간만은 忘我의 飛翔으로 圖南의 길을 떠날 수밖에 없었다. 참으로 구슬땀이 흥건히 흘러내리는 解脫의 침잠이었다. 玄機속으로 玄機속으로 한빛의 줄기를 발견할 때까지 冥府의 어둠을 헤맨 正蒙의 여행이었다.

　언어는 인간이 발명한 최대의 저주요 지고의 축복이다. 인간의 언어에 대한 욕심은 끝이 없다. 인간의 언어의 추상성이 고도화되는 작업은 바로 그 욕심의 충족을 위해 필요불가결한 과정이다. 언어가 추상화되는 가장 큰 이유는 그 심볼리즘 속에 보다 많은 의미체계를 담을 수 있기 때문이다. 문명의 진전과 더불어 언어의 추상성과 함축성은 그 약속된 규칙들의 축적된 궤도위에서 증대의 일로를 걷는다. 그 심볼리즘은 개념에 그치지 않는다. 개념과 개념을 연결하는 문장에 그치지도 않는다. 문장과 문장을 연결하는 보이지 않는 언어의 배면의 玄府에까지 그 심볼리즘은 확대되어 나간다.

문명이란 한마디로 잘라말하면 언어공동체이다. 그런데 이 언어공동체는 시간성을 갖는다. 그리고 이 시간성은 약속된 규율의 묵계양식을 따른다. 그리고 이러한 축적은 언어를 침묵속으로 배제시킨다. 침묵의 비율이 커지면 커질수록 언어는 효율화된다. 그러나 이러한 언어의 효율은 침묵의 규칙을 마스터한 자들 사이에서만 통하는 효율이다. 이 언어의 효율성은 필연적으로 엘리티즘을 잉태시킨다. 언어의 욕망은 이 엘리트들 사이에서 극대화되어 온 것이다.

20세기 조선문명의 최대비극은 바로 이 침묵의 단절이다. 따라서 창진적 소수의 언어자체가 단절되었다. 그들이 사용하던 十三經언어의 축적된 묵계의 마법들이 일시에 효용을 잃어버린 것이다. 그리고 우리의 체험과는 전혀 다른 공간에서 일어난 기나긴 시간의 축적이 일시에 상실의 빈틈을 메꾸어버렸다. 우리는 아직도 이 빈자리를 메꾸어버린 생경한 침묵의 하중을 견디지 못하고 있는 것이다. 20세기 조선의 지식인들은 대부분 이 하중에 압사되어버린 僂傴들이다.

화이트헤드의 언어는 난해하다. 허나 그 난해성은 충분한 이유가 있다. 문제는 그 難解性을 易解性으로 전환시키는 자의 침묵의 논리의 정확성이요, 또 그 정확성을 말하기 전에 난해함을 난해함으로 만들지 않으려는 삶의 용기에 있다. 학문을 하는 자는 많되 용기있는 자는 너무도 적다. 비겁한 자는 흔히 볼 수 있으되 비겁을 관용 못하는 지성의 서슬퍼런 용기는 체험키 어렵다.

以下의 譯解는 나의 침묵의 과시가 아니다. 서슬퍼런 좌절의 역사다. 참으로 부끄러운 만용의 까발김이다. 한 인간이 얼마나 무지스러울 수 있는가, 그 무지함을 보여주기 위함이다. 이러한 괴로운 고백은 나 도올의 양심이다. 그저 후학들에게 뼈저린 죄악의 굴레, 배움의 業을 물려주고 싶지 않은 본능의 발로일 뿐이다.

아마도 서양의 古典이, 그것도 二十世紀에 쓰여진 고전이 이렇게 본문과 함께, 누가 보든지 그 譯의 허실을 그 자리에서 확인할 수 있는 양식으로, 그리고 그 문단을 이해한 모든 생각의 실마리들을 밝혀 놓은 채, 이렇게 식자의 손에 쥐어지는 것은 우리 조선역사에 처음 있는 일일 것이다. 또 다시 이러한 새로운 시도에 대한 구구한 世評을 듣고 싶지 않다. 그러나 앞으로 모든 서양의 고전들이 이러한 양식으로 정직하게 번역되어야 한다는 것은 나의 소신이다. 나의 후학들은 그렇게 나를 본받을 것이다.

나의 譯은 화이트헤드의 언어를 전달코자함이 아니다. 나의 譯은 그 언어의 배면에 있는 화이트헤드 그 인간의 생각에 대한 나의 **이해**를 전달하려는 것이다. 그러기 위해서는 접속사·형용사·어순·개념 간 상응방식의 다양성의 자유로운 변조가 일어나지 않을 수 없다. 직역과 의역이라는 이분도 허용될 수 없다. 譯의 순간은 不立文字의 坐忘이다. 모든 언어를 잊어버려야 하는 것이다.

새로운 생각이 고갈되는 민족은 이 지구상에 존재할 수도 없고 존재할 가치도 없다. 이 白頭先生의 『이성의 기능』은 어떻게 인간이 담대할 수 있으며, 어떻게 인간이 새롭게 생각할 수 있는가? 그 생각하는 방법을 가르친다. 근세 계몽주의 말류의 잡설들에 더 이상 시간을 낭비치말고 화이트헤드와 같은 사상가를 우리 젊은이들이 마음속 깊이 체득해주기를 바랄 뿐이다.

이 책을 번역하는 과정에서 경기대학교 건축학대학원 교수 한영경君의 도움을 많이 입었다. 한군의 독해력과 이해력은 19세기 영국신사가 도달할 수 있는 최고의 교양을 과시하고 있었다. 내가 참으로 배울 수 있는 후학을 이 땅에서 만난 것이 너무도 기쁘다. 문학출전에 관해 고려대학교 영문과 김우창선생님의 도움을 입었고, 서양철학의 몇가지 문제에 관하여 이화여자대학교 철학과 소흥렬선생님과 상담도 하였다. 그리고 과학방면의 지식과 인식에 관하여서는 서울대학교 물리학과 최무영교수의 도움을 크게 입었다. 이제 이 책은 이 책을 손에 쥔 자의 것일 뿐이다. 벗고 싶다.

1998. 10. 17.
駱山齋에서
도올 김 용 옥

旨 略

평소 나는 화이트헤드의 저술을 한권 번역해보고 싶은 충동을 느껴 왔다. 화이트헤드의 철학이 내가 생각하는 氣哲學의 사변적 구조와 너무도 일치하는 바가 많고 또 그것은 나에게 무한한 영감을 던져왔기 때문에, 그 실체를 정확히 파악하는 것을 나의 성실한 지식의 한 임무라고 생각했고, 그 임무를 아름답게 수행하기 위해서는 그의 저술 한권을 번역해봄으로써 많은 문제를 명료화시킬 수 있다고 판단했던 것이다. 최근 『故新』의 편집자들이 한국화이트헤드학회 창립총회 (1997. 3. 29.) 석상에서 내가 『이성의 기능』을 한번 새로 번역해보고 싶다는 암시를 한 것을 놓치지 않고, 그것을 생각으로만 머물게 하지 말고 실천에 옮기자고 제안함으로써 『故新』에 연재하게 되는 인연이 여기 탄생되기에 이른 것이다.

『이성의 기능』은 이미 충남대학교 철학과의 鄭淵弘교수님에 의하여 우리말로 번역되었다.(대구의 以文出版社에서 1988년 초판발행). 우리는 번역의 好惡를 논하기 전에 初譯의 어려움을 겸허하게 받아들이고 그 선구적 작업을 높게 평가하여야 할 것이다. 그리고 정교수님의 번역은 원문에 충실하려 했다는 의미에서 勞心의 力作임을 나는 고백하고 싶다. 허나 정교수님의 초역과 내가 지금부터 할려고 하는 작업은 그 지향하는 바가 다르다. 정교수님은 화이트헤드의 언어를 원문에 충실하게 조심스럽게 우리말로 전환시키는 환원주의적 작업에 그 선구적 기능을 달성했다고 한다면 나는 화이트헤드의 언어가 아닌 화이트헤드의 생각을 그것에 동원되는 다변적 문화의 언어에 구애됨이 없이 자유롭게 전달하는 해석주의적 작업에 몰두할 것이다. 나는 인간의 생각, 즉 자아와 세계를 인식하는 모든 방법의 근원성과 보편성을 신봉한다. 따라서 東·西·古·今의 모든 언어의 배면에 깔린 생각의 공통성을 나의 실존적 체험속에서 재구성할 뿐이다. 화이트헤드의 언어도 이러한 나의 체험의 한 계기에 불과하며, 그 계기는 나의 체험을 구성하는 수많은 동서고금의 언어와 연기적 관계를 모면할 길이 없다.

화이트헤드의 조어중에 "완벽한 사전의 오류"(The Fallacy of the Perfect Dictionary)라는 말이 있다(*MT,* Epilogue). 인간의 언어가 완벽한 사전처럼 정의된 구조속에서만 의미의 역사성을 답습해야만 한다고 생각하는, 우리가 부지불식간에 저지르기 쉬운 오류를 지적한 것이다. 인간의 언어에 대한 어떠한 사전도 완벽할 수 없다. 그것은 정적으로 고착될 수 없으면 정의된 대로만 쓰여질 길이 없다. 새술은 항상 새푸대에 담아야 하듯이, 새로운 창진적 생각은 끊임없이 언어의 규정된 의미의 루트를 파괴한다. 나는 이러한 화이트헤드의 철학의 성격을 체험적으로 나자신의 언어속에서 재구성하는 작업에 과감할 것이다.

화이트헤드자신이 이러한 "완벽한 사전의 오류"를 회피하기 위하여, 기존의 철학적 개념에 내재하는 반복되는 사고의 패턴을 파괴할 수밖에 없었기 때문에 그는 그 자신의 새로운 철학적 사전을 만들었다. 그러므로 이러한 화이트헤드의 자신의 사전속에 수록된 새로운 용어들의 동적 의미구조를 파악하지 않고서는 도무지 화이트헤드를 이해할 길이 없다. 그것이 현재 영어로 쓰였다고 해서 영어의 지식으로 그것을 해독하려는 노력은 각주구검(刻舟求劍)의 愚보다도 더 어리석은 것이다. 따라서 영국사람에게도 화이트헤드의 영어가 해독될 수 없는 것이라고 한다면, 그것을 일관되게 우리말로 대응시켜 옮긴다해서 그 번역된 한국말이 한국사람에게 이해되리라고 생각하는 것은 참으로 어리석은 것이다. 화이트헤드의 언어는 우리에게 번역의 대상이 아니라 해석의 대상이 될 수밖에 없는 것이다. 이러한 난제를 해결하기 위하여 내가 택한 방법은 현대영어로 쓰였다해서 그것을 현대영어소설을 번역하는 식의 상투적 방법이 아니라(소설의 경우는 어느 정도 일상언어를 통한 체험의 공통성이 확보될 수 있지만) 동양고전을 번역하는 것과 같은 정중한 방법을 택하는 것이었다. 따라서 원문을 영어로 싣고 그것을 다시 우리말로 옮기고, 또 옮긴 나의 말을 의미있게 만드는 나 자신의 주석을 동시에 실음으로써, 독자들이 정확하게 화이트헤드의 원어와 나의 언어사이에 교감된 교감의 의미구조를 독자의 상응되는 체험의 구조속으로 진입시키는 그러한 방법을 택한 것이다. 아마도 현대서양철학서가 이런 방식으로 번역된 최초의 시도가 아닐까 생각한다. 그리고 이러한 나 자신의 시도가 나와 화이트헤드 사이의 교감되는 역사적 생동감을 그대로 기록하도록, 연재라는 특성을 살려, 내가 마치 화이트헤드선생의 강의를 직접 청강하면서 그때그때 떠오르는 단상들을 노트해나가듯이 이 해석작업을 수행해나갈 것이다. 後學들의 問學(묻고 배움)에 도움이 되기만을 바란다.

1997년 4월 6일
무정재에서 도올

INTRODUCTORY SUMMARY

서론에 해당되는 요약(略序)

IS-1 History discloses two main tendencies in the course of events. One tendency is exemplified in the slow decay of physical nature. With stealthy inevitableness, there is degradation of energy. The sources of activity sink downward and downward. Their very matter wastes. The other tendency is exemplified by the yearly renewal of nature in the spring, and by the upward course of biological evolution. In these pages I consider Reason in its relation to these contrasted aspects of history. Reason is the self-discipline of the originative element in history. Apart from the operations of Reason, this element is anarchic.

譯 **IS-1** 역사는 사건의 과정속에서 두개의 주간(主幹)이 되는 경향을 노출시킨다. 그 한 경향은 물질적 성질을 가진 것들의 매우 완만한 해체속에서 구현되고 있다. 눈에 뜨이지않는 필연성속에서 그 물리적인 것들에게는 에너지의 저하현상이 있다. 그 활동의 근원들이 역사의 흐름속에서 아래로 아래로 하향(下向)하고 있다. 그들의 물질 그 자체가 소모되어가고 있는 것이다. 또 하나의 다른 경향은 매년 봄마다 반복되고 있는 자연의 싹틈에서 구현되고 있다. 다시 말해서 생물학적 진화의 상향(上向)적 과정에서 예증되고 있는 것이다. 지금부터 펼쳐질 나의 논고속에서 나는 **이성**이라고 하는 것을, 이러한 역사의 두개의 대비되는 경향성의 측면과 관련하여, 고찰할 것이다. 이성은 한마디로 규정한다면, 역사속의 창진적 요소의 자기규율이라고 말할 수 있을 것이다. 이러한 이성의 작용을 떠나서는 이러한 창진적 요소는 무정부적 혼돈으로 떨어지게 될 뿐이다.

案 IS-1 비록 이 **略序**가 본서의 앞머리에 위치하고는 있지만, 아마도 독자들이 자기저술의 의도의 전모를 파악하는데 도움을 주기위하여 이 책의 저술을 끝낸 후에 첨가했을 지도 모른다(물론 이 책의 내용이 저술전에 본인의 머리속에 이미 **完璧**한 형태로 들어가 있었음으로 이 **略序**가 먼저 집필된 것일 수도 있다). 그러므로 이 **略序**를 정확히 이해하는 것은 곧 이 책의 내용의 전체를 이해하는 것이 된다고 말할 수 있을 것이다. 물론 이 책의 전체내용을 정확히 이해하지 못하면 이 **略序**를 번역할 수 없다는 것은 두말할 나위도 없다.

『이성의 기능』은 화이트헤드가 1929년 3월 프린스턴대학에서 행한 일련의 강연의 강연고를 당해에 프린스턴대학출판부에서 출판한 것이다. 화이트헤드의 저술연보에서 우리가 주목할 사실은 그의 형이상학저작의 거봉이라 할 수 있는 『과정과 실재』(*Process and Reality*)의 서문 (Preface)이 1929년 1월로 싸인되어 있고 또 당해에 맥밀란출판사에서 그 책이 출판되었다는 사실을 감안할 때, 『이성의 기능』이라는 강연은 그가 이미 『과정과 실재』라는 거대하고도 상세한 유기체철학의 사변적 **結構**를 완성한 후에 매우 홀가분한 느낌으로 행한 것이라는 사실을 추측할 수 있다. 다시 말해서 『이성의 기능』의 철학적 언어나 사변의 구조가 이미 유기체철학의 완성된 틀 속에서 이루어진 것이라는 사실을 추론할 수 있으며, 『이성의 기능』이 소책자의 내용에 불과하다고 해서 어떤 초기의 철학적 단상의 반영으로 간주해서는 안된다는 것이다. 이성이라는 단일한 주제를 논구하고 있지만 그 배경에는 이미 『과정과 실재』라는 거대한 우주론의 사변구조가 깔려있다는 사실을 염두에 두어야 한다는 것이다. 그리고 그의 나이가 이미 만 68세였다고 한다면 한 인간의 매우 完熟한 경지와 언어를 반영하는 것이다.

화이트헤드는 수학자였고 물리학자였으며 과학철학자였다. 그는 1924년(63세)에 하바드대학으로 초빙되어 갔고, 미국에 가면서 비로소 본격적 철학의 사변적 건축물을 짓기 시작하였다. 철학자로서의 그의 면모는 캠브릿지대학이나 런던대학의 교수생활이 아니라 미국의 하바드대학 교수시절의 삶속에서 드러나는 것이다. 그가, 나 도올이 학창시절을 보낸 하바드 야드에서 멀리 떨어지지 않은 한 작은 아파트에서 1947년 12월 30일 유명을 달리하기까지, 미국캠브릿지에서 보낸 23년의 시간이야말로 인류의 형이상학적 예지의 集大成의 주옥같은 시간이라 해야 할 것이다. 그가 물리학(physics)에서 형이상학(metaphysics)으로, 과학철학에서 사변철학으로 관심의 초점을 옮기게 된 사연에는 분명 그의 초기의 수학이나 과학철학적 관심속에 이미 논리적인 근거가 있을 것이라고 생각되지만, 1914～1918년의 세계대전의 전화속에서 그가 겪어야만 했던 실존적 인식의 지평, 그리고 1918년의 아들 에릭의 전사의 슬픔 등등의 개인적 고뇌도 적지않은 역할을 했을 것이라는 巷談도 결코 부정될 필요는 없을 것 같다. 아무튼 이 『이성의 기능』은 그의 소품걸작으로서 꼽히는 『상징성』(Symbolism), 『생성중인 종교』(Religion in the Making)와 함께, 그가 미국에서 활발하게 벌인 철학활동의 면모를 나타내주는 초청강연의 결실들이며, 화이트헤드의 사상을 이해하는데 빼놓을 수 없는 精華들이다. 이러한 미국생활의 형이상학적 구상에 단초를 제시한 사상가들로서는 사무엘 알렉산더(Samuel Alexander), 로이드 모르간(Lloyd Morgan), 윌리암 제임스, 앙리 베르그송을 꼽을 수 있을 것이다.

    나 도올이 화이트헤드의 많은 저작중에서 『이성의 기능』을 번역의 대상으로 선택한 이유로서 나는 두가지 상황을 언급할 수 있을 것이다. 그 첫째는 『이성의 기능』은 비록 매우 단일한 주제를 취급하고 있지만 그의 철학적 구상의 전모를 파악하게 만드는 열쇠적인 성격을 지니고 있으며, 『과정과 실재』에서 과시되고 있는 것과 같이 전문술어(조어)의 소나기속에서 헤어나기 힘든 사변의 방황을 모면할 수 있다는 희망 때문이다. 이것은 아무래도 그가 미국지식인 사회에서 새롭게 선을 보이면서 행한 강연이 그의 철학적 전문영역에 친숙한 사람들만을 대상으로 한 것이 아니기 때문에 비교적 그 자신의 자곤(jargon)을 회피하고 일상언어로 환원시켜 자기의 생각을 표현하고자 한 노력의 흔적에서 기인되었을 것이라고 우리는 추론할 수 있을 것이다.

    두째는 이러한 생각의 일반성이나 명료성과 관련되는 것이 아니라 "이성"에 대한 그의 새로운 구상이 이미 기존의 어떠한 서양철학적 개념의 장과도 타협될 수 없는 새로운 사변적 결구속에서 이루어진 것이라면, 과연 이성이라고 하는 우리인간의 "몸의 기능"은 어떻게 정확히 정의될 수 있는가 하는 궁금증을 풀기위한 것이다. 그리고 이러한 풀음의 과정속에서 펼쳐지는 언어가, 도저히 기존의 어떠한 서양철학적 사유와도 타협될 수 없는 동양철학적 사유의 패턴과 어떻게 만나질 수 있는가하는 것을 조심스럽게 탐색하고자하는 것이다. 흔히 『이성의 기능』이라는 책은 독일관념론에 의해 신비화되고 왜곡된 이성의 개념을 자연주의적으로 새롭게 규정하고 있다고 말하고 있다. 이것은 데카르트의 **良識**(Good Sense)으로부터 시작하여 헤겔의 절대이성(Absolute Geist)에 이르기까지의 심·신이원론의 우주론적 틀속에서 발전해나간 이성의 역사적 픽션을 아주 원초적인 몸의 기능으로 **本位化**시키는 작업이라고 말할 수 있다. 따라서 화이트헤드가 말하는 이성은 저 하늘위에 고고히 매달려 있는 어떤 추상적 실체나 본질을 말하는 것이 아니라, 인간의 몸이라는 거대우주에서 일어날 수 있는 가능한 모든 현상과 일원적으로, 즉 유기적으로 연계되는 어떤 기능을 말하는 것이다. 따라서 화이트헤드에게 있어서 "이성"이란 "실체"가 아닌 "기능"이다. 이성이 우리의 몸에서 어떠한 기능을 달성하느냐 하는 그러한 각도에서만 그 실체성이 인정될 수 있을 뿐이다. 따라서 이 책의 제목이 "이성의 기능"으로 되어 있다는 사실부터 우리는 날카로운 주목을 하기 시작해야 할 것이다.

東洋哲學에서 말하는 "理"의 문제는 "欲"이라고 하는 원초적 몸의 욕구와 분리시켜서 생각할 수 없다. 화이트헤드의 이성도 바로 "애피티션"(appetition)이라고 하는 원초적 몸의 욕구로부터 출발되는 아주 새로운 생물학적 개념이며, 능동적이고, 주관적이고, 개념적인 파악을 포괄하는 개념이라는 것을 생각할 때 근세 이성주의에서 추상적으로 타락해 버린 이성의 새로운 유기체적 개념이 바로 동양철학적 "理"의 의미구조와 새로운 상응성을 과시하고 있다는 인류보편사의 새로운 흐름을 우리는 같이 주목해야 할 것이다.

"History"라는 것은 우리가 흔히 말하는 역사가 아니라 모든 "시간의 추이"에 해당되는 것이다. 그리고 여기서 그것은 거대한 지속의 개념을 지칭하고 있다. "event"(사건)는 화이트헤드의 초기저작에서 더 중요하게 등장했던 개념인데 후기저작에 오면 그 개념은 "occasion"(계기)으로 변한다. 그러나 후기에도 "event"개념이 보지되고 있는데, "occasion"과는 다른 맥락에서 규정되고 있다. 계기는 사건보다 더 원소적인 개념이다. 사건은 연장성을 갖지만 계기는 단일단위로서는 연장성을 갖지 않으며, 그것은 생성(becoming)할 뿐 그 자체로서 운동하거나 변화하는 것이 아니다. 사건은 계기의 결합태로서 어떤 연장적 퀀텀의 일정한 양식과 상관되는 것이다. 따라서 화이트헤드는 여기서 "역사"를 "사건의 과정"으로서 보고 있는 것이다.

이러한 사건의 과정속에 노출되는 두개의 주간이 되는 경향(two main tendencies)이란, 하향과 상향으로 규정되고 있다. 여기서 하향이란 역사 즉 시간의 추이의 방향성을 인정할 때, 그 방향성에 일치해서 흘러가는 것을 말하며, 상향이란 그 방향성에 역행하는 것을 의미한다. 하향은 물질적 특성에서 과시되며 상향은 생명적 진화에서 과시된다.

동양철학 특히 중국철학의 세계관은 기철학적 세계관이다. 기철학의 세계관의 제일의 특성은 氣의 聚와 散이다. 여기서 上向이란 기의 聚를 말하고, 下向이란 기의 散을 말한다. 聚를 화이트헤드는 "봄의 싹틈"이라 말했고, 散을 "에너지의 저하"(degradation of energy)라고 말한 것이다. 그리고 딴말로 표현하면 聚는 양적 운동방향이요, 散은 음적 운동방향이라 말할 수 있다. 물론 음과 양의 상보성을 전제할 때 이러한 대비적 규정은 무의미하지만 한의학의 古經에서 말하는 몸의 음과 양은 이러한 下向과 上向의 대비적 관계를 정확히 반영하는 의미맥락으로 규정되어 있다. 水火論으로 말하자면 水는 下向的 성격을 지니며 火는 上向的 성격을 지닌다고 말할 수 있을 것이다. 후대에 보다 보편화된 개념이지만 열역학의 엔트로피개념으로 이를 말한다면 下向이란 바로 엔트로피의 증가를 말하며 上向이란 바로 엔트로피의 감소를 지칭하는 것이다. 화이트헤드는 엔트로피의 증가를 "Their very matter wastes."라는 말로 표현했고, 엔트로피의 감소를 "yearly renewal"이라는 말로 표현했다. 생명이란 바로 엔트로피의 감소를 창출하는 우주의 힘이다. 그것은 열역학의 제2원리에 항거한다. 화이트헤드가 말하는 "이성"이란 바로 이러한 상향과 하향의 대비적 맥락에서 관계적으로 규정되는 것이며, 그것은 역사의 창조적 요소를 규제하는 자기규율이다. 여기서 "역사속의 창진적 요소"(the originative element in history)라 한 것은 화이트헤드의 유기체철학체계에 있어서는 "창조성"(Creativity)과 관련된다. 이성은 바로 이러한 창조성의 혼돈에 대해 규율(discipline)을 부여하는 힘이다. 그러나 그 규율은 他律이 아니요, 自律이다. 自律이란 律을 스스로가 스스로에게 부여하는 것을 말한다. 유기체는 의존적이면서도 자족적이다. 그러므로 自發的이며 동시에 自律的이다. 그래서 화이트헤드는 "self-discipline"이라는 말을 쓴 것이다. 이러한 자기규율이 없으면 모든 역사의 사건은 혼란에 빠지고 만다. 오늘날 우리사회의 혼란을 생각할 때, 그 혼란의 근원이 바로 그 사회를 이루는 성원들의 자기규율의 부재에서 비롯된다는 것은 더 말할나위없이 명백한 사태다. 허나 화이트헤드는 이러한 문제를 우리가 경험하는 매크로한 사회현상에서 매우 미세한 세포나 분자, 원자의 레벨로 옮겨 생각하고 있는 것이다. 허나 이것도 모두 인간의 생각에서 나온 것일진대 결국 마이크로한 생각과 매크로한 생각은 상통하는 것이다. 이러한 "이성"의 자기규율이라는 작용을 생각할 때, 우리는 朱子學이 말하는 "理"의 궁극적 의미에 관하여서도 새로운 콘템퍼러리한 언어의 맥락을 생각해볼 수 있을 것이다.

CHAPTER ONE

제 1 부

1-1　The topic here considered—The Function of Reason—is one of the oldest topics for philosophical discussion. What is the function of Reason amid the welter of our mental experiences, amid our intuitions, our emotions, our purposes, our decisions of emphasis? In order to answer such a question we have to consider the nature of Reason, its essence. Of course this is a hackneyed theme. Its discussion stretches back to the very beginnings of philosophic thought. But it is the business of philosophers to discuss such fundamental topics, and to set them on the stage illuminated by our modern ways of thinking.

譯 **1-1**　우리가 고찰하고자 하는 이 **이성의 기능**이라는 주제는 철학적 논의로서는 가장 오래된 주제 중의 하나다. 우리의 정신적 체험의 소용돌이 속에서, 그리고 우리의 직관, 감정, 지향하는 목표, 강조된 판단이나 결단의 소용돌이 속에서 과연 이성의 기능이란 무엇이란 말인가? 이러한 질문에 대답하기 위하여 우리는 이성의 성격, 그 본질을 규명해볼 필요가 있다. 물론 이러한 작업은 매우 진부한 것일 수도 있다. 그 논의는 바로 철학적 사유의 원초적 시단에까지 뻗쳐 올라갈 수 있을 것이다. 그러나 바로 이러한 진부한 작업, 그렇지만 매우 근원적인 주제들을 다시 상고해보고, 그것을 오늘 우리의 근대적 사고방식으로 조명한 무대에 새롭게 올리는 작업이야말로 철학자의 임무라 아니 할 수 없을 것이다.

案 1-1 여기에는 별로 이해안될 말이 없다. 모든 위대한 철학자가 그러하듯이 화이트헤드는 철학을 어떠한 고정된 사고의 체계(system of thought)라고 생각하지 않는다. 끊임없이 새롭게 창진적 생각으로 나아가는 모험, 그 자체가 철학이라고 생각한다. 따라서 사고의 체계가 불완전하다거나 못생겼다는 것이 문제가 아니다. 과거의 인습적 체계를 답습하는 것이야말로 철학자의 본령적 임무가 아니라고 생각한다. 철학은 지적이면서도 실천적이다. 그것은 관찰된 사물에 대한 일관된 이해방식을 획득하려는 노력이다. 그리고 그것은 우리의 관심의 방향을 결정하는 근원적 신념들을 명료하게 만드는 작업이다. 그러나 그러한 명료성의 느낌이 어떤 추상적 확정성에서 유래된다고 생각하는 것은 사기다. 화이트헤드는 독자들에게 항상 더 섬세하고 더 넓게 관찰하고 체험할 것을 권유하며 더 많은 상상력의 날개를 펼 것을 요구한다. 1919년에 행하였던 타너렉쳐(Tarner Lecture)에서 그는 철학의 목표를 모든 지식과 느낌과 정서의 제관계를 통합할 수 있는 개념의 달성으로 규정하고 있다. 따라서 이성의 문제도 이러한 통합적 맥락에서 고찰되어 나갈 것이다. 결국 화이트헤드에게 있어서 철학이란 낡은 개념들을 새로운 우주관의 틀 속에서 새롭게 그 의미맥락을 창조해 나아가는 과정을 의미할 것이다.

1-2 Various phrases suggest themselves, which recall the special controversies depending upon the determination of the true function of Reason:

Faith and Reason: Reason and Authority: Reason and Intuition: Criticism and Imagination: Reason, Agency, Purpose: Scientific Methodology: Philosophy and the Sciences: Rationalism, Scepticism, Dogmatism: Reason and Empiricism: Pragmatism.

Each of these phrases suggests the scope of Reason, and the limitation of that scope. Also the variety of topics included in them shows that we shall not exhaust our subject by the help of a neat little verbal phrase.

譯 **1-2** 이성의 진정한 기능을 결정하는데 관여하는 특별한 논쟁들을 상기시키는 다음의 다양한 구문들은 그 자체로 의미있는 맥락들을 암시하고 있다:

신앙과 이성: 이성과 권위: 이성과 직관: 비판과 상상: 이성, 행동의 주체, 목적: 과학적 방법론: 철학과 제반과학: 이성주의, 회의주의, 독단주의: 이성과 경험주의: 실용주의.

이 구문들의 짝들은 제각기 역사적으로 논의되어온 이성의 범위와 그 범위의 한계를 드러내주고 있다. 또 동시에 이 짝들 속에 담긴 주제들의 다양성은 이성에 관한 우리의 논의가 결코 말끔한 약간의 논쟁적 구문들을 첨가하는 정도로 해결되어버릴 수는 없을 것이라는 것을 경고하고 있다.

案 **1-2** 여기에 나열된 구문들의 짝들은 서양인의 사상사, 그 언어의 역사속에 반영되어 있는 이성의 의미맥락을 규정하는 말들이다. 결국 화이트헤드가 이러한 개념의 짝들을 여기 나열하는 이유는 화이트헤드가 이성이라는 문제를 자기의 철학적 주제로 삼게 된 문제의식의 배경을 이루는 사고의 유형들을 암시하고자하는 것이며, 결국 화이트헤드는 이러한 개념의 짝들에 내포되어있는 이성의 의미를 모두 포괄하는 새로운 철학적 구상을 제시하겠다는 야심을 표방하고 있는 것이다. 본서는 매우 얇은 분량의 책이지만 놀랍게도 여기 제시하고 있는 모든 구문의 짝들을 새롭게 해석하고 있다. 독자들은 이러한 전통적 개념에 대한 충분한 선이해가 없이 이 책의 내용을 파악하는데는 약간의 무리가 따를지도 모른다. 허지만 나의 번역은 그러한 점을 감안하여 내가 이해한 바가 독자들에게 충분히 전달되도록 세심한 배려를 하도록 노력할 것이다.

1-3 Yet in despite of this warning to avoid a mere phrase, I will start with a preliminary definition of the function of Reason, a definition to be illustrated, distorted, and enlarged, as this discussion proceeds.

The function of Reason is to promote the art of life.

In the interpretation of this definition, I must at once join issue with the evolutionist fallacy suggested by the phrase "the survival of the fittest." The fallacy does not consist in believing that in the struggle for existence the fittest to survive eliminate the less fit. The fact is obvious and stares us in the face. The fallacy is the belief that fitness for survival is identical with the best exemplification of the Art of Life.

譯 **1-3** 단순한 구문하나를 첨가하는 그러한 오류를 피해야한다는 상기의 경고에도 불구하고 나는 이성의 기능에 관하여 예비적 정의를 하나 과감하게 내리면서 시작하려고 한다. 이 정의는 우리의 논의가 진행되면서 해설되고 또 뒤틀려지기도 하다간 또 확대되곤 할 것이다. 그 정의는 다음과 같은 것이다:

이성의 기능은 삶의 기술을 증진시키는 것이다.

이 정의를 해설하는데 있어서 나는 즉각적으로, 소위 "적자생존"이라는 구문에 의해 암시되고 있는 진화론자들의 오류와 의견을 같이할 수 없다는 것을 말하지않으면 안될 것 같다. 그 오류는 결코 생존을 위한 투쟁에 있어서 최적자가 덜 적합한 부적자를 제거한다고 하는 것을 믿는데 있는 것이 아니다. 그것은 너무도 명백한 사실이며, 그 사실은 우리의 일상체험에서도 명백하게 예견될 수 있는 것이다. 허나 그러한 주장의 진짜 오류됨은 바로, 적자생존이 곧 삶의 기술의 최상의 예증이라고 믿는 그 믿음에 있는 것이다.

案 1-3   여기 화이트헤드가 제시하는 이성에 대한 새로운 정의, "이성의 기능은 삶의 기술을 증진시키는 것"이라고 하는 정의는 매우 혁신적이며 과감한 것이며 그리고 아주 포괄적이며 원초적인 것이다. 이성을 우선 삶의 실제적 역사적 상황의 맥락에서 정의한다는 것은 서양의 이성주의 전통에 대한 하나의 반역이며 도전이다. 전통적으로, 희랍철학에서부터 근세 합리주의에 이르기까지 그리고 현대철학의 모든 논리주의에 이르기까지 이성을 한결같이 시공을 초월한 고정불변의 실체로 규정하거나 최소한 시공성에 구애되지 않는 어떤 추상성으로만 간주하기 때문이다. "삶의 기술"로서의 "이성"은 화이트헤드의 유기체철학의 필연적 귀결이며, 이것은 전통적으로 우리가 생각해온 모든 사변적 이성을 포괄하는 아주 근원적 인간학의 문제를 다시 생각해보자는 것이다.

이러한 추상성에서 구체성으로 눈을 돌릴 때, 이성주의적 전통에서 생물학적 현실로 관심의 초점을 바꿀 때 화이트헤드에게 가장 걸림돌이 된 것은 바로 진화론의 검토되지않은 맹목적 가설들이다. 여기서 화이트헤드가 비판하는 것은 "적자생존"이라고 하는 다윈의 가설이 마치 생명의 진화의 전과정의 모든 현상을 지배하는 어떤 필연적 법칙인 것처럼 생각하는 오류에 관한 것이다. 화이트헤드에게 있어서 생명은 그 원초성에 있어서 불확정성과 자발성을 그리고 선택권을 가진다. 그러므로 이러한 필연론적이고 결정론적인 진화론의 도식이 그에게 수용될리 만무하다. 이것은 이미 오늘날 문제되고 있는 "잃어버린 연결고리"(missing link)라든가, 굴드의 제반가설에서 새롭게 제기되고 있는 진화론의 문제에 대한 선구적 통찰이라고 보아야 할 것이다. 화이트헤드의 문제파악의 시공을 넘나드는 날카로움에 우리는 경탄을 금하지 않을 수 없다.

생존경쟁에 있어서 적자가 부적자를 제거한다는 부정적 방향에서는 진화론의 오류가 드러나지 않는다. 그것은 일상적으로 관찰될 수 있는 사실이다. 허나 문제는 적자만이 생존한다는 긍정적 방향, 즉 적자가 어떠한 방식으로 생존하는가에 대한 논의가 적자생존이라는 단순한 사실로는 해결될 수 없다는 것이다. 적자생존이 삶의 예술의 전체라는 믿음은 터무니없는 가설인 것이다.

1-4 In fact life itself is comparatively deficient in survival value. The art of persistence is to be dead. Only inorganic things persist for great lengths of time. A rock survives for eight hundred million years; whereas the limit for a tree is about a thousand years, for a man or an elephant about fifty or one hundred years, for a dog about twelve years, for an insect about one year. The problem set by the doctrine of evolution is to explain how complex organisms with such deficient survival power ever evolved. They certainly did not appear because they were better at that game than the rocks around them. It may be possible to explain "the origin of species" by the doctrine of the struggle for existence among such organisms. But certainly this struggle throws no light whatever upon the emergence of such a general type of complex organism, with faint survival power. This problem is not to be solved by any dogma, which is the product of mere abstract thought elaborating its notions of the fitness of things. The solution requires that thought pay full attention to the empirical evidence, and to the whole of that evidence.

譯 **1-4** 실상 생명 그 자체는 생존가치에 있어서는 비교적 결함이 많다. 그냥 지속하기만 하는 좋은 기술은 죽어있는 것이다. 무기물들만이 방대한 시간을 지속할 수 있다. 예를들면 바위 하나는 8억년을 존속할 수 있다. 허지만 생명체 중에 오래산다고 하는 나무도 1천년의 한계를 지니고 있다. 사람이나 코끼리는 50년, 기껏해야 100년 정도다. 개는 12년, 곤충은 1년정도 산다. 진화의 이론으로 야기되는 문제 중의 하나는 어떻게 이렇게 결함이 많은 생존력을 가진 복잡한 유기체가 진화되었느냐를 설명하는 것이다. 이러한 유기체가 그들을 둘러싸고 있는 바위보다 생존께임에서 더 적합했기 때문에 진화한 것이 아니라고 하는 것은 너무도 확실하다. 아마도 비슷한 유기물사이에서는 생존경쟁설에 의하여 "종의 기원"을 설명하는 것이 가능할런지도 모른다. 그러나 이러한 생존경쟁이, 왜 그토록 미약한 생존력밖에 지니지 못한 복잡한 유기체의 일반 형태가 출현했는지에 관하여 별다른 해결의 실마리를 제공하지 못한다는 것은 명확하다. 이러한 문제는, 사물의 적합성의 관념을 정교하게 만드는 아주 단순한 추상적 사유의 산물에 불과한 어떠한 도그마에 의하여서도 풀릴 성격의 것이 아니다. 이러한 문제의 해결은 우리의 사유가 경험적 증거, 그리고 그러한 증거의 전체적 맥락에 충분한 주목을 할 것을 요구하고 있는 것이다.

案 1-4 "적합성"이라는 하나의 관념이 진화의 모든 사실을 설명할 수 없다는 것은 너무도 명백하다. 그리고 독자들은 유기물과 무기물을 동차원의 진화의 장 속에서 생각하는 화이트헤드의 화엄적·연기론적 사유방식, 그리고 그 근원적 성찰의 스케일에 주목을 해야할 것이다.

여기서 논의되고 있는 주요한 논점은 "적자생존"이 이 지구상의 생물의 생존의 유일한 동기라고 한다면, 왜 진화될수록 생존력이 희박한, 적자로서의 강점이 적은 고등생물이 출현하는 방향으로 역사가 진행했느냐는 것이다. 적자생존의 적자성을 극단으로 밀고가면 "바위"야말로 적자생존의 최적자라고 하는 궤변이 발생할 수 있다는 것이다. 그것이 바로 이 단의 冒頭에서 화이트헤드가 "생존의 최고의 예술은 죽어있는 것"이라고 좀 비꼬아 말했던 것이다. 종의 기원이라고 하는 고등생물에로의 진화의 근원에는 바로 이 우주의 上向性, 그 上向性의 궁극으로서의 理性이라는 기능이 놓여있다는 것을 화이트헤드는 암암리에 전제하고 있는 것이다.

현재의 지질학적 탐색이 허용되는 바로는 35억년 이상의 나이를 가진 바위도 발견되고 있다.

1-5 The range of species of living things is very large. It stretches from mankind throughout all the vertebrates, and the insects, and the barely organized animals which seem like societies of cells, and throughout the varieties of vegetable life, and down to the minutest microscopic forms of life. At the lower end of the scale, it is hazardous to draw any sharp distinction between living things and inorganic matter. There are two ways of surveying this range of species. One way abstracts from time, and considers the variety of species as illustrating various levels of life. The other way emphasizes time, by considering the genetic relations of the species one to another.

譯 **1-5** 살아있는 것들의 종(種)의 범위는 매우 넓다. 그 범위는 우리 인간으로부터 시작하여, 모든 척추동물, 그리고 곤충, 그리고 단순한 세포의 집합처럼 보이는 겨우 그 조직성만을 유지하는 동물에 이르기까지, 그리고 식물의 다양한 종들, 그리고 생명의 미세한 미생물의 형태들에게까지 확산되어 내려갈 것이다. 그리고 이러한 생명계통수의 최하위의 벼랑에서는, 살아있는 것과 살아있지 않은 것, 즉 유기체와 무기물사이에 날카로운 구분선을 긋는 것조차 위험한 일이 될 것이다. 이렇게 다양한 종의 범위를 개관하는데 기본적으로 두개의 큰 방법이 존재한다. 그 하나의 방법은 시간을 빼버리고, 종의 다양함을 생명의 다양한 층차를 설명하는 것으로서 간주하는 것이고, 또 다른 하나의 방법은 시간속에서, 시간의 흐름속의 연관성을 강조하여 한 종과 타 종사이에 어떤 유전적 관계가 존재한다고 보는 것이다.

案 1-5 이 책이 쓰여진 시점을 생각할 때 화이트헤드의 통찰력의 놀라움과 그의 정보의 정확성에 놀라움을 금하지 않을 수 없다. 여기서 말하는 두가지 방법론중에 전자 즉 시간을 추출한 첫째의 방법은 오늘날 말하는 창조론(Creationism)적 사유와 비슷한 패턴을 지칭하는 것이다. 화이트헤드는 후대에 전개된 창조론과 진화론의 논쟁의 핵심적 성격을 이미 예견하고 있는 것이다. 창조론은 한 종에서 타 종이 진화될 수 없는 것이며 모든 종의 모습은 그 나름대로 종국적(final)이라고 보는 것이 특색이다. 따라서 신의 모든 종의 일시적 창조를 인정하지 않을 수 없다는 논리적 귀결을 가지고 있다. 그에 반하여 진화론은 모든 종은 시간속에서 발생학적으로 서로 연관되어 있다고 생각하며, 따라서 그 원시적 생명의 모체를 인정하지 않을 수 없는 입장이다. 허나 오늘날 이러한 논쟁은 과학적인 논쟁이라기 보다는 너무도 날카롭게 구성해놓은 논리적 구성물사이의 논리적 대결이며 그 구극적 모티브는 종교적인 것임으로 그 논쟁의 진실성을 왈가왈부할 가치조차 없는 것이다. 진화론의 과학성은 너무도 명백한 것이며, 그 진화론적 가설에 논리적 결함이나 경험적 사실의 명증이 뒷받침되지 않는다고 해서 곧바로 창조론의 논리로 비약하는 그러한 어리석은 오류를 우리 학도들은 범해서는 아니될 것이다. 창조론적 발상의 논리적 의미만을 상고해보는 것으로 족할 것이다. 그것에 대한 종교적 집착 때문에 과학적 사실을 거부하는 우를 범해서는 안된다.

1-6 The latter way embraces the doctrine of evolution, and interprets the vanishing of species and of sporadically variant individuals, as being due to maladjustment to the environment. This explanation has its measure of truth: it is one of the great generalizations of science. But enthusiasts have so strained its interpretation as to make it explain nothing, by reason of the fact that it explains everything. We hardly ever know the definite character of the struggle which occasioned the disappearance. The phrase is like the liturgical refrain of a litany, chanted over the fossils of vanished species. If the mere fact of dying out be sufficient proof of maladjustment to the environment, the explanation is reduced to a tautology. The importance of the doctrine of the struggle for existence depends on the assumption that living beings reproduce themselves in sufficient numbers of healthy offspring, and that adaptation to the environment is therefore the only decisive factor. This double assumption of prolificness and of healthiness is obviously not always true in particular instances. There are limitations to the doctrine of Malthus.

譯 **1-6**　후자의 방법은 진화론이라는 학설을 포섭하는데, 그것은 종의 소멸이나 이따금씩 출현하는 이질적 개체의 소멸을 그들의 환경에 대한 부적응때문인 것으로 풀이한다. 이러한 설명은 그 나름대로의 진리의 척도를 가지고 있다. 그것은 과학의 위대한 일반화의 한 전형이다. 허나 이러한 환경부적응론(진화론)의 신봉자들은 그들의 해석을 너무도 확대시켜 실상 아무것도 설명치 않는 것으로 만들어 놓았다. 그것이 모든 것을 설명하기 때문에 결국 아무것도 설명하지 않는 것이

되고만 것이다. 우리는 그러한 종의 소멸을 유발시킨 경쟁의 명확한 성격에 대해 실상 아는 바가 없다. 그러한 설명의 구문들은 꼭 사라진 종들의 화석을 놓고 기도하는 목사님의 봉독문을 따라 읽는 신도들의 후렴과도 같은 것이다. 죽어 없어진다고 하는 단순한 사실이 곧 환경에 대한 부적응의 실증이라고 하는 것은 하나 더하기 하나는 곧 둘이라고, 동어를 반복하는 것 이상의 얘기가 아니다. 생존경쟁의 이론의 중요성은 살아있는 개체들이 그들의 생명의 연속성을 위해 건강한 후손들을 남아 돌아가는 충분한 숫자로 출산시킨다는 가설에 의존하고 있다. 그러므로 이러한 식의 환경에의 적응이라고 하는 요소가 진화의 유일한 결정적 요소가 된다고 하는 가정이 곧 생존경쟁설의 핵심인 것이다. 허나 이 다산성과 건강성이라고 하는 이중의 가정이 특정한 사례에 있어서는 항상 맞아떨어지지 않는다. 말사스의 이론에는 분명한계가 있는 것이다.

案 1-6 여기 왜 갑자기 찰스 다윈이 안 튀져나오고 토마스 말사스 (Thomas Robert Malthus, 1766~1834)가 튀져나오는가? 독자들은 의구심이 들지도 모른다. 허나 찰스 다윈(Charles Darwin, 1809~1882)의 진화론은 기본적으로 말사스 인구론의 영향력아래 생겨난 것이라는 역사적 성격을 우리는 알아야 한다. 말사스의 인구론은 산업혁명의 진행으로 인한 노동자계급의 빈곤과 악덕을 사회제도의 변혁을 통해 해결하려고 했던 당대의 고드윈과 같은 진보주의자들에 대항한 보수이론이며 경제학적 비관론으로서, 그러한 빈곤과 악덕은 인구론의 필연적 결과일 수밖에 없다고 긍정하는 입장인 것이다. 즉 인간의 생존에 불가결한 식량은 산술급수적으로밖에 증가하지 않는데 인간의 본능인 성욕은 기하급수적인 인구증가를 가져오므로 과잉인구에 의한 식량부족은 필연이라고 보는 것이다. 그리고 빈곤은 사망률을 높이고, 악덕은 출생률을 낮추게 됨으로 과잉인구의 억제력이 된다고 긍정하는 입장을 취하게 된다.

화이트헤드가 여기서 지적하는 문제는 말사스인구론과 다윈의 진화론에 공통된 "양적 사고"의 전제다. 건강한 새끼들을 더 많이 출산시킨다고 하는 양적 전제하에서만 환경적응이라고 하는 매카니즘의 필연성을 말하는 것은 좀 어폐가 있다는 것이다. 화이트헤드가 여기서 어떤 새로운 포괄적인 진화론의 대안을 제시하고 있는 것은 아니다. 허나 그가 말하려는 것은 진화의 과정에 내재하는 어떤 "질적 충동," 그가 항상 "에로스"라고 부르는 어떤 상향적 충동의 전제없이 단순한 양적 전제하에서의 도태로서만은 진화의 방향성을 설명할 수 없다는 입장인 것이다.

　예를 들면, 공룡이 왜 도태되었는가? 그 막강한 짐승이 왜 사라져야만 했는가? 만약 그 해답을 공룡이 너무 커져서 너무 많이 번식해서 식량의 부족으로 굶어죽었다고 한다면 말사스적인 사고에 부합할지 모른다. 그러나 공룡은 외계로부터 날아온 혜성의 충돌에의해 멸절했을지도 모른다. 그리고 만약 공룡이 많이 번식했기 때문에 번식으로 인한 식량의 부족이나 환경적응의 미숙으로 멸절했다고 한다면 多産이나 종의 건강이 적자생존의 유일한 요소라고 하는 가설도 들어맞지 않게 될 것이다.

　다시말해서 멸절이 곧 부적합의 증명이라고 하는 것은 미사의 후렴구와도 같은 전혀 과학적으로 검토되지 않은 동어반복에 불과하다는 것이다. 우리는 사라져간 생물들이 어떠한 이유로해서 사라져갔는지, 그 생존을 위한 투쟁의 구체적 성격을 다 알 수는 없다는 것이다. 그리고 살아남은 생물들이 어떠한 방식으로 살아남았는지도 적자생존으로는 다 설명할 길이 없다는 것이다. 단지 "건강한 새끼들을 많이 까기 때문에" 환경에 잘 적응하고 잘 살아남았다는 식의 논리는 사실적 사례에도 적합치 않다는 것이다.

1-7　But there is another factor in evolution which is

not in the least explained by the doctrine of the survival of the fittest. Why has the trend of evolution been upwards? The fact that organic species have been produced from inorganic distributions of matter, and the fact that in the lapse of time organic species of higher and higher types have evolved are not in the least explained by any doctrine of adaptation to the environment, or of struggle.

譯 **1-7** 그러나 진화의 문제를 생각할 때 최소한 적자생존의 이론에 의하여서는 도저히 설명될 수 없는 진화의 또 하나의 요소를 우리는 생각하지 않을 수 없다. 왜 진화의 방향은 上向的이어야만 했던가? 유기체의 종들이 물질의 무기화학적 분배로부터 발전되어 나왔다는 사실, 그리고 시간이 지남에 따라 더욱 더 고등한 타입의 유기체의 종들이 진화하였다는 사실은 최소한 생존경쟁이나 환경에로의 적응의 어떠한 이론으로도 설명될 수 없다.

案 **1-7** 생물의 진화가 무기물의 분배로부터 시작될 수밖에 없다는 것은 종교적 미신이나 광신에 빠져있는 창조론자들에게는 받아들여질 수 없겠지만, 그것은 천문학적 사실이다. 별의 생성과 소멸의 역사에서 이 지구라는 별에서 유독 생명이 진화하였다는 사실을 우리는 보편적 천문과학적 관찰의 사실로부터 유추할 수밖에 없기 때문이다. 허나 무기물에서 유기체로의 진화의 上向的 과정을 "환경에로의 적응"이라는 수동적 계기로만 설명할 수 없다는 것이 화이트헤드의 입장이다. 독자들은 여기서 "adaptation to the environment"라는 말을 주목해야 한다. "환경에로의"라는 수동성을 문제시삼고 있는 것이다. 단순히 환경에 잘 적응하였다는 것이 생존의 확률을 높이는 보장이 될 수는 없다는 것이다. 바위가 그 환경에 잘 적응한다해서 상향적 진화로 비약할 수는 없는 것이다. 그렇다면 진화의 비결은 어디에 있을까? 다음 단의 말을 잘 씹어보자 !

1-8 In fact the upward trend has been accompanied by a growth of the converse relation. Animals have progressively undertaken the task of adapting the environment to themselves. They have built nests, and social dwelling-places of great complexity; beavers have cut down trees and dammed rivers; insects have elaborated a high community life with a variety of reactions upon the environment.

譯 **1-8** 사실상 上向的 경향에 수반된 것은 환경과 유기체 사이의 逆의 관계의 성장이다. 동물들은 환경을 자기자신에게 적응시키는 과업을 점진적으로 수행하여 온 것이다. 그들은 그들의 보금자리를 따로 지었으며, 매우 복잡한 사회적 거주환경을 조성하였다; 비버들은 그들의 강인한 이빨로 나무를 잘라서 강에 땜을 쌓았으며; 곤충들도 그들의 환경에 대한 다양한 반응체계로써 고도의 군집생활을 정교롭게 만들었다.

案 **1-8** 이 단에서 핵심적인 말은 역시 "the converse relation"이라는 구문이다. 자칫 잘못하면 "converse"를 "upward"에 대한 "downward"로 오인하기 쉽다. 허나 여기서 말하는 "逆의 관계"는 환경에의 적응이 아니라 환경을 나에게 적응시키도록 개변하는 관계라는 의미에서의 逆이다. 즉 환경에 대한 수동적 적응이 아닌 능동적 대처야말로 진화의 上向의 계기가 되었다고 보는 것이다. 그 능동성의 궁극에 화이트헤드는 理性이라는 기능을 설정하는 것이다.

물론 이것은 우주의 上向에 대한 원인론적인 설명은 아니다. 우주의 진화의 上向적 사실을 존재론적으로 전제하고, 그 전제가 최소한 "환경에의 적응"이라고 하는 적자생존의 논리로는 설명될 길이 없음을 말하는 것이다. 엄밀하게 말하면 화이트헤드의 논의는 진화론에 대한 거부가 아니라, 진화론이 설명할 수 없었던 다른 자연의 사실을 다른 시각에서 고찰하는 것이다. 즉 그는 설명방식을 바꾼 것이다. 환경에의 수동적 적응이 아닌 환경의 자기에게로의 능동적 개변을 말하고 있는 것이다. 고등동물의 진화는 바로 이러한 능동적 개변때문에 이루어진 것이다. 왜 이러한 능동적 개변이 있게 되었는가? 그리고 있어야만 하는가? 이러한 문제를 여기서 답하려는 것은 아니다. 여기서 다시 한번, 이성의 기능이란 삶의 기술을 증진시키는 것이라고 하는 그의 가설이 단순한 진화론의 도식과는 전혀 차원을 달리한다는 사실, 즉 삶의 기술의 증진이 적자생존을 위한 적응이 아니라는 그의 논거를 재확인해두는 것이 좋겠다.

1-9 Even the more intimate actions of animals are activities modifying the environment. The simplest living things let their food swim into them. The higher animals chase their food, catch it, and masticate it. In so acting, they are transforming the environment for their own purposes. Some animals dig for their food, others stalk their prey. Of course all these operations are meant by the common doctrine of adaptation to the environment. But they are very inadequately expressed by that statement; and the real facts easily drop out of sight under cover of that statement. The higher forms of life are actively engaged in modifying their environment. In the case of mankind this active attack on the environment is the most prominent fact in his existence.

譯 **1-9** 우리에게 더 친숙한 동물들의 사소한 행동조차 잘 살펴보면 그것은 그들의 환경을 개조하는 행위이다. 가장 단순한 생명체들도 그들의 먹이가 그들에게로 헤엄쳐 들어오게 만든다. 고등한 동물들은 그들의 먹이를 추적하며, 포획하고, 또 저작한다. 그렇게 행동함으로써 그들은 그들의 환경을 그들 자신의 목적을 위하여 변형시키고 있는 것이다. 어떤 동물들은 그들의 먹이를 구하기위하여 땅을 파기도 하며, 어떤 놈들은 그들의 포획의 대상을 어슬렁 추적한다. 물론 이러한 모든 생존작전들이 바로 환경에의 적응이라고 하는 흔한 이론이 의미하는 것들일 것이다. 그러나 이러한 행동들은 환경적응이라는 그런 말로 매우 부정확하게 표현되고 있는 것이다; 그런 말의 배면으로 진짜 중요한 사실들은 다 빠져나가 버리고 있기 때문이다. 생명의 고등한 형태들은 그들의 환경을 개변하는데 능동적으로 종사하고 있다고하는 그 능동적 사실이야말로 가장 중요한 것이다. 인류라는 종을 생각하는 데 있어서도 바로 환경에로의 능동적 공격이라는 사실이야말로 그의 생존의 가장 돌출한 사실이라는 점을 잊어서는 아니될 것이다.

案 **1-9** 이성의 기능은 삶의 기술을 증진시키는 것이라는 말을 상기할 때, 환경에의 수동적 적응이 아닌 능동적 공격 내지 개변이야말로 인간이라는 종의 진화를 설명하는 가장 핵심적 사실이며, 그 능동성의 근본은 이성이라고 하는 인간의 몸의 기능과 관련되어 있다는 것을 상기할 필요가 있다. 환경의 능동적 개변이라고 하는 과제상황이 끊임없이 생명에게 주어졌기 때문에 인간이라는 유기체에까지 진화가 진행되었을지도 모른다고 하는 화이트헤드의 주장은 분명 생명의 진화의 역사를 다시 쓰고 있는 것이다. 다시 말해서 왜 생명력이 박약한, 질긴 나무 한 포기보다도 더 연약한 인간의 종이 진화의 終局에 출현했는가하는 매우 형이상학적 문제에 대한 해답을 우주 자내에 존재하는 上向의 경향 — 그 경향을 우주의 理性이라 불러도 좋다 — 그 경향에서 찾고 있는 것이다. 그리고 그 上向은 반드시 환경의 능동적 개변이라고 하는 사태로밖에는 규정될 수 없다는 것이다. 바로 그 능동적 개변에 이성의 기능이 存하는 것이다.

1-10 I now state the thesis that the explanation of this active attack on the environment is a three-fold urge: (i) to live, (ii) to live well, (iii) to live better. In fact the art of life is **first** to be alive, **secondly** to be alive in a satisfactory way, and **thirdly** to acquire an increase in satisfaction. It is at this point of our argument that we have to recur to the function of Reason, namely the promotion of the art of life. The primary function of Reason is the direction of the attack on the environment.

譯 **1-10** 이제 나는 인간의 환경에 대한 능동적 공격을 설명하는데 다음의 3중의 충동이 자리잡고 있다고 하는 테제를 제의한다: (i) 산다, (ii) 잘 산다, (iii) 더 잘 산다. 실상 삶의 기술이란, *첫째*, 생존하는 것이며, *둘째*, 만족스러운 방식으로 생존하는 것이며, *셋째*, 만족의 증가를 획득하는 것이다. 우리의 논의의 바로 이 시점에서 우리는 이성의 기능이라고 하는 주제로 되돌아가야 할 필요성을 느낀다. 이성의 기능이란 바로 삶의 기술의 증진이다. 이성의 원초적 기능은 바로 그 공격을 환경에로 방향지우는 것이다.

案 **1-10** 내가 그동안 모든 철학을 섭렵하면서 이성, 아니 인간의 존재성의 전체에 관하여 접한 가장 명료한 정의와 설명이 바로 이 짧은 한 단의 언설이다. "산다" "잘 산다" "더 잘 산다" 이 세마디보다 더 간결하고 더 함축적이고 더 멋있는, 우리의 삶의 모습의 전체를 요약할 수 있는 말이 있을 수 있겠는가? 화이트헤드란 사상가의 달관성, 그 언어의 難과 易가 중첩되어 있는 이러한 표현에서 우리는 대가의 면모를 발견한다. 그리고 이러한 말을 통해 데카르트이래의 이성주의적 질곡이 일시에 다 녹아버리는 해방감을 맞이한다. 이성은 아프라이오라이한 본구관념이 아니라 인간이라는 구체적인 생존상황, 그리고 행동상황과 관련되어 있는 것이다. 프라그머티즘의 도구주의(instrumentalism)나 실존주의적 반이성주의의 모든 가설이 이 화이트헤드의 유기체적 이성개념에 변증적으로 포섭되어있다고 말할 수 있을 것이다.

그리고 우리는 환경에 대한 능동적 공격의 3중주로서 이 세마디 "to live," "to live well," "to live better"가 언급되고 있다는 사실을 상기해야 한다. 다시 말해서 이성의 기능은 이 3중의 단계를 모두 포괄하는 개념으로서 이해되어야 하는 것이다. 이것은 곧 단순한 생존의 방법에서 사변적 이상, 우주론의 구상까지를 포괄하는 전 단계에 "이성"이라는 공통분모가 도사리고 있음을 뜻하게 되는 것이다. "환경에 대한 공격의 방향"(the direction of the attack on the environment)이란 환경을 공략하는 전략, 즉 어떤 각도에서 어떻게, 어떠한 시기에 공격하는가 라는 지시, 명령, 플랜 등등을 포괄하는 말이다. 그것이 바로 이성의 원초적 기능이라는 말을 기억해둘 필요가 있다.

1-11 This conclusion amounts to the thesis that Reason is a factor in experience which directs and criticizes the urge towards the attainment of an end realized in imagination but not in fact.

From the point of view of prevalent physiological doctrine this thesis is a complete heresy. To the older discussions mentioned earlier—Faith and Reason, Reason and Authority, and so on—I should have added one other, Physiology and Final Causation. When we have added that item, we have placed the discussion of Reason in its modern setting.

譯 **1-11** 이러한 결론은 이성이 사실에서라기보다는 상상속에 구현되는 목적의 달성을 향한 충동을 비판하고 지시하는 경험의 한 요소라는 테제와 결국 같아진다.

현재 지배적인 생리학적 이론의 관점에서 본다면 이러한 결론은 완전한 하나의 이단이다. 신앙과 이성, 이성과 권위 등등 앞에서 언급된 전통적 논의들의 짝에 대해 나는 새로운 하나의 짝을 첨가하지 않으면 안될 것 같다. 그것은 **생리학과 목적적 인과**라는 것이다. 이 짝을 하나 추가함으로써 우리는 이성에 관한 논의를 근대적 맥락의 환경속에서 할 수 있게되는 것이다.

案 **1-11** 여기서 독자들이 주목할 화이트헤드의 언어는 "사실아닌 상상 속에 구현되는 목적"이라는 말이다. 사실만에 고착된다면 이성은 정체된 다. 사실을 넘어서는 "상상"(imagination)의 가능성속에 비로소 "목적" 이 생겨나고 이성의 기능이 시작된다. 환경과의 단순한 사실적 반응체계 로서는 이성이 진화할 수 없었다는 입장인 것이다. 여기서 "생리학"이라 는 것은 사실의 체계를 말한다. 허나 인간의 몸의 생리는 사실의 체계속 에 머물 수 없는 "능동적 기능"을 가지고 있다. 어찌 보면 화이트헤드는 생리 그자체를 하나의 목적론적 체계로 간주하고 있을지도 모른다. 목적 적 인과는 결코 생리와 대립되는 것이 아니다.

1-12 In fact we have now before us the two contrasted ways of considering Reason. We can think of it as one among the operations involved in the existence of an animal body, and we can think of it in abstraction from any particular animal operations. In this latter mode of consideration, Reason is the operation of theoretical realization. In theoretical realization the Universe, or at least factors in it, are understood in their character of exemplifying a theoretical system. Reason realizes the possibility of some complex form of definiteness, and concurrently understands the world as, in one of its factors, exemplifying that form of definiteness.

譯 1-12 실제로 우리는 이성이라는 문제를 고찰하는데 있어서 두개의 대조되는 방법적 시각에 직면하게 된다. 우리는 이성을 동물적 몸의 생존에 관여하는 여러 기능 중의 하나로 생각할 수도 있는가 하면, 또 다른 한편으로는 어떠한 특정한 동물적 기능으로부터 추상되어있는 그 무엇으로 생각할 수도 있다. 이 후자적 관찰의 양태에 있어서 이성이란 이론적 실현의 작동이다. 이론적 실현에 있어서, 우주는, 아니면 최소한 우주의 요소들은 이론적 체계를 예증하는 성격의 것으로서 이해되고 있다. 이성은 어떤 복합적 구체성의 형식의 가능성을 구현하며, 동시에 이 세계를, 그 세계의 요소들의 하나하나에 있어서 그러한 구체성의 형식을 예증하는 것으로서 이해한다.

案 1-12 이성에 대한 고찰의 두가지 측면, 하나는 동물적 생존전략과 관계되는 것이고 또 하나는 추상적 사유능력과 관계되는 것이다. 전자가 실천이성이라면 후자는 이론이성이며 순수이성이다. 순수이성과 실천이성은 칸트에게서 쓰여진 말이지만 화이트헤드의 논의는 칸트의 용법과 전혀 다르다. 화이트헤드의 이론이성은 이론적 실현의 작용이며, 이론적 실현은 "구체성의 형식"의 가능성을 구현하는 것이다. "구체성의 형식"(form of definiteness)은 바로 화이트헤드철학의 "영원적 객체"(eternal object)를 말하는 것이다. 현실적 존재의 생성과정은 다양한 구체성의 형식을 버리거나 선택하는 결정의 연속에 의하여 구체성을 획득해나가는 과정인 것이다. 칸트에게 있어서 실천이성이란 이론이성의 안티노미를 극복하는 윤리적인 맥락과 관련되어 있으나 화이트헤드의 실천이성은 그와는 정반대로 동물의 생리학적 레벨로 하락해버리는 맥락속에서 이해되는 것이다. 추상의 형이상학이 아니라 생존의 실천을 가리키는 것이다. 궁극적으로 이론이성은 이러한 실천이성의 기저에서 분리될 수 없는 것이다. 화이트헤드철학의 기발함은 바로 우리가 고고하게 생각해온 개념들의 급작스러운 **轉倒**에서 드러난다. "영혼불멸"을 운운하던 실천이성이 갑자기

"생존전략"으로 전도되는 그러한 철학사적 맥락의 통쾌함의 이해없이 화이트헤드의 언어는 드라이하게만 느껴질 것이다.

1-13 The older controversies have mainly to do with this latter mode of considering Reason. For them, Reason is the godlike faculty which surveys, judges and understands. In the newer controversy Reason is one of the items of operation implicated in the welter of the process. It is obvious that the two points of view must be brought together, if the theoretical Reason is to be satisfied as to its own status. But much confusion is occasioned by inconsistently wavering between the two standpoints without any coordination of them. There is Reason, asserting itself as above the world, and there is Reason as one of many factors within the world. The Greeks have bequeathed to us two figures, whose real or mythical lives conform to these two notions—Plato and Ulysses. The one shares Reason with the Gods, the other shares it with the foxes.

譯 **1-13** 이성을 고찰하는데 있어서 철학사의 전통적 논의들은 주로 이 후자의 사변적 양식에만 집중되어 온 것이다. 그들에게 있어서 이성이란 이해하고 판단하고 개관하는 神的인 능력이었다. 그러나 새로운 논의에 있어서는 이성은 과정의 소용돌이속에 함축된 작용의 한 개 항목에 불과하다. 만약 이론이성이 자기자신의 지위에 관하여 만족스러운 해답을 얻고자 한다면 이 양자의 견해가 이제는 같이 만나야 한다는 것은 너무도 명백하다. 그런데도 이 양자를 조정할 생각은 하지않고 양자의 견해사이를 일관성없이 왔다갔다함으로써 많은 혼란이 야기되어온 것이다. 세계위에 우뚝 서있는 이성이 있는가하면 세계안에 있는 많은 요소들의 하나로 자처하는 이성이 있는 것이다. 희랍인들은 우리에게 그들의 실존적 그리고 신화적 삶이 이 두 개념에 부합되는 두 인물을 전해주었다. 그 한사람은 플라톤이요, 또 한사람은 율리씨즈다. 플라톤은 이성을 神들과 공유하고, 율리씨즈는 이성을 여우들과 공유한다.

案 1-13   전통적인 이성에 관한 모든 논의가 막바로 시간을 추상해버린 이론이성의 단계에서 이루어졌다는 화이트헤드의 지적은 매우 적확한 것이며 서양철학사에 근원적인 반성의 계기를 촉구하는 것이다. 그것은 감독하고 판결하고 이해하는 신적인 능력일 뿐이었다. 그것은 초월적 존재와도 같은 것이었다. 이제 이성이 그러한 자신의 지위에 관해 만족스러운 해답을 얻고자 한다면 이성의 원초적 측면 즉 이 우주에 내재하는 실천적 측면을 동시에 유기적으로 통합하는 작업을 해야한다. 그렇게 초월적이고 고압적인 자세로만 머물러 있을 수 없는 것이다. 여기에 이성의 이론적 측면과 실천적 측면, 초월적 측면과 내재적 측면, 초세간적 측면과 세간적 측면, 영원한 측면과 생성적 측면을 화이트헤드는 플라톤과 율리씨즈, 두 인물로 상징화한다. 재미있게도 플라톤은 현실적 인물이지만 신적이고, 율리씨즈는 신화적 인물이지만 현실적이다. "여우"라는 이미지는 현명하고 교활한 생존의 전략과 관계되는 그 무엇일 것이다.

1-14   We can combine the discussion of these two aspects of Reason by considering the relevance of the notion of final causation to the behaviour of animal bodies. We shall then see how the theoretical and practical Reason in fact operate in the minds of men.

Those physiologists who voice the common opinion of their laboratories, tell us with practical unanimity that no consideration of final causes should be allowed to intrude into the science of physiology. In this respect physiologists are at one with Francis Bacon at the beginning of the scientific epoch, and also with the practice of all the natural sciences.

譯 **1-14** 목적적 인과의 개념이 동물의 몸의 행태에 적용되는 것의 타당성을 고찰함으로써 우리는 이성에 관한 이 두 측면의 논의를 조화시킬 수 있을 것이다. 그렇게 함으로써 우리는 이론이성과 실천이성이 실제로 인간의 심성속에서 어떻게 동시에 작동하는가 하는 것에 대한 해답을 얻을 수 있을 것이다.

허나 실험실에서 공통의 견해를 주장하는 생리학자들은 이구동성으로 목적인의 고려가 생리과학의 영역으로 침입하는 것을 허용할 수 없다고 말한다. 이런 맥락에서 현대의 생리학자들은 근세과학의 기원의 시작 즈음에 활동하였던 프란시스 베이컨의 태도와 일치하며 또한 모든 자연과학의 평상적 신념을 충실히 이행하고 있다.

案 **1-14** 이것은 과학만능주의(scientism)에 대한 화이트헤드의 비판이다. 그리고 과학자들의 매우 진부하고 상식적인 견해, 즉 경험과학의 사실에는 가치론적 측면이 도입될 수 없다는 신념, 그리고 과학적 사실은 가치와는 무관하다는 소박한 신념을 비판하고 있는 것이다. 이러한 신념이 21세기를 바라보는 오늘날에는 많이 희석되었지만 화이트헤드가 『이성의 기능』을 쓸 때에는 매우 강렬한, 종교적인 힘을 가진 통념이었다. 그러나 실천이성과 이론이성은 인간존재의 두 측면을 표현하는 것으로 항상 동시적으로 고려되어야 한다. 兩者는 방편적으로 구별될 수는 있으나 실체적으로 분리될 수는 없는 것이다.

여기서 암암리 생리학은 실천이성과, 목적적 인과는 이론이성과 관계된다고도 말할 수 있으나 궁극적으로 생리학에 목적적 인과가 도입되어야만 하므로 이러한 이분은 궁극적으로 무의미한 것이다.

1-15 In this rejection of final causation the testimony seems overwhelming, until we remember that it is testimony of exactly the same force and character as that which led the educated section of the classical world to reject the Christian outlook, and as that which led the educated scholastic world to reject the novel scientific outlook of the sixteenth and seventeenth centuries. We have got to remember the two aspects of Reason, the Reason of Plato and the Reason of Ulysses, Reason as seeking a complete understanding and Reason as seeking an immediate method of action.

譯 **1-15** 이와같이 목적적 인과를 거부하는데 있어서 그러한 편에 서있는 사람들의 증언은 매우 압도적으로 타당한 것처럼 보일 수도 있다. 허나 우리는 그러한 증언이 과거의 희랍고전세계의 교양계가 기독교적인 세계관을 배척하였던 것이나, 16·17세기에 발발한 새로운 과학적 세계관을 교양높은 중세기독교 교부철학계가 배척하였던 것과 같은 열열함과 똑같은 성격의 증언이라는 것을 상기할 필요가 있다. 우리는 이성의 문제를 고찰할 때 반드시 두 측면을 기억해야 한다. 그것은 플라톤의 이성과 율리씨즈의 이성이다. 플라톤의 이성은 완벽한 이해를 추구하고, 율리씨즈의 이성은 행위의 즉각적 방법을 추구한다.

案 1-15 여기서 화이트헤드의 기존 보수세력에 대한 공격은 매우 신랄하다. 모든 사상은 그것이 사상이고자 하는 한에 있어서 반드시 새로움 (novelty)을 보유한다. 헌데 새로움은 반드시 기존의 체제를 유지하는데 공헌하고 있는 모든 사상과 마찰을 야기한다. 그 마찰에서 낡은 힘을 꺾을 수 있는 새로운 힘을 축적해내는 사상만이 생존한다. 원시기독교의 죽음과 부활과 재림이라는 아주 비이성적·비합리적 기독론은 합리성을 추구하던 희랍교양계에는 거부될 수밖에 없는 것이었다. 허나 기독교의 그러한 비이성적이고 비합리적인 세계관은 이 세계문명의 주류를 형성하는 데까지 勢를 확장했다. 근대과학과 중세기독교세계관은 아이러니칼하게도 그 합리성과 비합리성은 逆行的 관계였지만 근대과학은 중세기독교적 세계관을 다시 제압하고 근대문명의 주류를 이룬다. 허나 이 모든 관계에 있어서 공통된 것은 새로운 것에 대한 기존세력의 거부다. 그리고 그러한 거부가 결국은 쇠퇴될 수밖에 없는 것임에도 불구하고 절대적인 신빙성을 과시한다는 것이다. 나의 기철학이 소기하는 모든 가치관에 대한 世間의 거부도 이러한 역사의 거시적 리듬의 한 패턴으로 간주할 수밖에 없을 것이다. 허나 그러한 거부와 배척의 증언이 그 정당성을 지속적으로 유지할 수 없다는 것은 역사의 혜지를 보지한 인간에게는 너무도 명약관화한 것이다.

과학만능주의는 기본적으로 물리적 결정론에 기초한 것이며 이것은 이미 낡은 세계관에 속한 것임에도 불구하고 모든 과학의 독선을 보지하면서 맹렬한 편견을 강요하고 있다. 그러나 모든 과학의 이성적 측면에는 반드시 플라톤의 이성과 율리씨즈의 이성이 共在한다. 플라톤의 이성은 완벽한 이해를 추구하고 율리씨즈의 이성은 행위의 즉각적 방법을 추구한다. 실천이성과 사변이성을 생각할 때 "행위의 즉각적 방법"과 "완벽한 이해"라는 이 두 마디만 암기하고 있으면 화이트헤드의 전체논의를 따라가는데 별로 큰 어려움을 느끼지 않을 것이다.

1-16 As a question of scientific methodology there can be no doubt that the scientists have been right. But we have to discriminate between the weight to be given to scientific opinion in the selection of its methods, and its trustworthiness in formulating judgments of the understanding. The slightest scrutiny of the history of natural science shows that current scientific opinion is nearly infallible in the former case, and is invariably wrong in the latter case. The man with a method good for purposes of his dominant interests, is a pathological case in respect to his wider judgment on the coordination of this method with a more complete experience. Priests and scientists, statesmen and men of business, philosophers and mathematicians, are all alike in this respect. We all start by being empiricists. But our empiricism is confined within our immediate interests. The more clearly we grasp the intellectual analysis of a way regulating procedure for the sake of those interests, the more decidedly we reject the inclusion of evidence which refuses to be immediately harmonized with the method before us. Some of the major disasters of mankind have been produced by the narrowness of men with a good methodology. Ulysses has no use for Plato, and the bones of his companions are strewn on many a reef and many an isle.

譯 **1-16** 과학적 방법론의 문제에 오면, 우리는 그 방면에 있어서는 과학자들이 당연히 옳다고 생각할 수밖에 없다. 허나 이런 문제에 있어서도 그 방법들의 선택에 있어서의 과학적 견해들에 주어지는 중요성과, 그 이해(오성)의 판단들을 구성하는데 있어서의 과학의 신실성에 주어지는 중요성의 두 측면을 우리는 분별해야만 할 것이다. 자연과학의 역사를 약간 정밀하게 들여다만 보아도, 현재의 과학적 견해가 전자의 경우에 있어서는 거의 무오류적 완벽성을 과시하지만, 후자의 경우에 있어서는 거의 틀림없이 오류적이라는 사실을 발견할 수 있다. 그의 열렬한 관심사의 목적에 아주 잘 부합하는 방법만을 가지고 있는 사람은, 그러한 방법을 더 완벽한 경험과 조화시킬 수 있는 더 넓고 융통성있는 판단과 관련시켜본다면 하나의 병리적 케이스에 불과하다. 이러한 측면에서는 목사나 과학자나, 정치가나 상인이나, 철학자나 수학자나 서로 상반되는 것 같지만 실상 아무런 차가 없다. 우리는 모두 처음에는 경험론자로서 출발한다. 허나 우리의 경험주의는 항상 우리의 즉각의 목전의 이해에 의해 감금된다. 우리가 그러한 목전의 이해를 위하여 절차를 조정할 수 있는 방법을 이지적으로 분석할 수 있는 능력을 명료하게 보지면 할수록, 우리는 더 결정적으로 우리앞에 놓여진 방법과 즉각적으로 조화되기를 거부하는 증거의 사례들이 진입하는 것을 차단한다. 이와같이 인류의 역사의 몇몇 주요 재앙들은 바로 이렇게 합목적적인 좋은 방법의 소유자들의 편협함에 의하여 야기된 것이다. 율리씨즈는 플라톤을 필요로 하지 않았다. 율리씨즈의 동료들의 뼉다귀는 수없는 산호의 암초와 섬에 뿌려졌을 뿐이다.

案 1-16 완벽한 방법의 소유가 새로운 진리의 계발에 커다란 암초가 된 과학사의 진실을 고발하고 있는 것이다. 한의학적 과학성이 현대과학의 방법론적 완벽성에 의하여 거부되고 있는 현실을 생각하면 화이트헤드의 개탄은 쉽게 이해가 갈 것이다. 본문중에 방법의 선택에 있어서의 무오류성과 오성의 판단의 형성에 있어서의 오류성 운운한 것은, 전자는 과학적 방법의 선택이라고 하는 매우 국소적 현실적 과학적 실험의 과정을 지칭한 것이고 후자는 그 배경의 인식론적 해석이나 전체적 일반법칙과의 관련속에서 이루어지는 판단의 의미 등을 가리킨 것이다. 그러한 전체적 인식론적 전제가 없이 과학적 방법의 善에만 집착한다면 그러한 과학자는 도그마에 빠져있는 목사와 다를 바 없는 하나의 病者일 뿐이라는 것이다.

이렇게 실천적 방법의 완벽성은 더 나은, 더 새로운 上向의 가능성을 봉쇄하고 이론이성의 미지의 탐색을 거부한다. 인류의 주요한 재앙들은 방법적으로 실패한 자들에 의해서가 아니라 바로 완벽한 방법을 소유한 자들의 편협성에 의해서 야기된 것이다. 율리씨즈가 플라톤을 필요로 하지 않는 상황, 그것은 방법론적 이성의 독단이며 더 나은 경험을 거부하는 비극이다. 산호의 암초와 섬에 뿌려진 뼉다귀는 그러한 독단과 비극의 잔해인 것이다. 여기서 "율리씨즈의 동료들의 뼉다귀"(the bones of his companions)란 구체적으로 싸이렌의 신화와 관련되는 표현이다. 율리씨즈는 자기 배에 탄 사람들의 귀를 밀납으로 틀어막고 자신을 마스트에

묶어 위기를 모면했지만, 결국 그의 他동료들은 싸이렌의 달콤한 노래에 홀려 좌초했을 뿐이다. 즉 실천이성의 협애한 판단력이 인간보편의 구원에 이르지 못했음을 비판적으로 서술한 표현인 것이다. 율리씨즈는 궁극적으로 플라톤을 필요로해야만 하는 것이다.

1-17 The particular doctrine in question is, that in the transformations of matter and energy which constitute the activities of an animal body no principles can be discerned other than those which govern the activities of inorganic matter. There can be no dispute as to the main physiological facts. No reactions between the material components of an animal body have been observed which in any way infringe the physical and chemical laws applying to the behavior of inorganic material. But this is a very different proposition from the doctrine that no additional principles can be involved. The two propositions are only identical on the supposition that the sort of physical principles involved are sufficient to determine definitely the particular activities of each physical body.

譯 **1-17** 여기서 문제삼고 있는 특정의 이론이란, 동물의 몸의 활동을 구성하는 물체와 에너지의 전환과정에 있어서 무기물질의 활동을 지배하는 법칙 이외의 어떠한 법칙도 발견될 수 없다고 하는 가설이다. 대체적인 주요 생리적 사실에 관한한 이러한 논의에는 별 異論이 없다. 동물의 몸의 물리적 구성물들 사이의 어떠한 반응체계도 무기물의 행태에 적용되는 물리학적·화학적 법칙을 위배하는 것으로 발견되지는 않았다. 허나 이것은 물리·화학법칙 이외로는 또 다른 법칙의 가능성이 있을 수 없다고 하는 주장과는 매우 다른 명제이다. 이 두 명제는, 여기에 연루된 종류의 물리적 법칙이 각각의 물체의 특정한 활동을 확정적으로 규정하는데 충분하다고 하는 가정위에서만 동일해질 수 있다.

案 1-17   쉽게 말해서 동물의 몸이 물리적 법칙에 예속된다고 하는 매우 초보적 생리학적 가설에 대해, 그 이상의 가능성, 즉 우리몸을 구성하는 물질사이의 물리적 법칙을 뛰어넘는 어떤 법칙의 가능성을 배제할 수 없다는 것이 화이트헤드의 입장이고, 그 이상의 가능성 속에 목적적 인과라든가 이성의 기능을 생각할 수밖에 없으며 또 동질적 가치의 연속성을 생각해야 한다는 것이다. 마지막에 두 명제의 동일성 운운한 것은 좀 언어적 표현의 세심한 관찰이 필요하다. "몸의 현상은 물리·화학적 법칙에 귀속된다"라는 주장과 "몸의 현상에는 물리·화학적 법칙이외에는 성립할 수 없다"라는 주장은 얼핏 보기에 동일한 내용을 가진 명제같지만 아주 다른 명제라는 것이다. "A는 B다"와 "A는 B외에는 있을 수 없다"는 아주 다르다는 것이다. 전자는 평범한 서술이고 후자는 한 과학법칙 이외의 모든 법칙을 봉쇄하는 획일성과 배타성이 전제되는 명제인 것이다. 전자와 후자가 동일시되는 상황이란 바로 그 물리·화학법칙이 그것으로 설명하려고 하는 대상의 세계를 완벽하게 충분히 다 설명할 때만 가능한 상황이다. 그러나 물리적 법칙이 그렇게 완벽하게 예외를 봉쇄하는 획일적인 것일 수는 없다. 에너지보존의 원리나 화학반응의 도식에도 항상 예외적 상황은 존재하는 것이다.

1-18   This is certainly not the case if we refer to principles such as the conservation of energy, and the chemical reactions. It is often assumed that even the one law of the conservation of energy determines without ambiguity the activities to which it applies. It is difficult to understand how such a baseless fiction could have arisen.

譯 **1-18**   그러나 에너지보존의 원리나 화학반응들의 원리와 같은 문제에 오면 이 두 명제는 확실히 다른 명제가 되어버리고 만다. 에너지보존이라는 하나의 법칙이 그것이 적용되는 모든 활동들을 애매모호함이 없이 모조리 결정한다고 흔히 상정되고 있다. 그런데 나는 이런 근거없는 소설같은 얘기들이 어떻게 생겨났는지 이해하기가 어렵다.

案 **1-18**   1920년대의 과학사적 지식에 관한 적확한 출전이 없이는 과연 화이트헤드가 심중에 어떠한 사례들을 상정하고 있는 것인지 헤아리기 어렵다. 허나 에너지보존의 원리하나만 하더라도 그것이 획일적으로 모든 사례에 적용된다는 것은 픽션인 것 같다. 하나의 과학적 원리의 무차별적 절대성을 경계하고 있다. 과학적 법칙에도 항상 예외가 존재하고 포용적인 타가설의 가능성을 남겨두어야 한다는 것이다. 사실 에너지보존의 원리는 현대물리학적 지식이 허용하는 한에 있어서 매크로한 차원에서나 마이크로한 차원에서나 항상 맞는 것으로 해석되고 있다. 그리고 그것과 들어맞지 않는 현상이 관찰될 때도 현대과학은 그것이 결국 들어맞는 것으로 해석해내는데 모두 성공하고 있다. 화이트헤드의 표현에 있어서 "without ambiguity" 라는 말이 더 중요한 의미를 갖는다. 에너지보존의 원리만으로 물리적 세계의 현상이 "애매모호함이 없이" 모두 다 설

명되어 버리는 것은 아니다. 에너지보존의 원리만으로 설명되는 것이 아
니라 그것과 동시에 다른 코오디네이션을 요하는 다른 법칙들이 첨가된
다. 따라서 에너지보존의 원리는 물리적 현상의 이해의 필요조건은 되지
만 충분조건은 아닌 것이다.

1-19 But the point to which I wish to draw attention
is the mass of evidence lying outside the physiological
method which is simply ignored in the prevalent
scientific doctrine. The conduct of human affairs is
entirely dominated by our recognition of foresight
determining purpose, and purpose issuing in conduct.
Almost every sentence we utter and every judgment we
form, presuppose our unfailing experience of this
element in life. The evidence is so overwhelming, the
belief so unquestioning, the evidence of language so
decisive, that it is difficult to know where to begin in
demonstrating it. For example, we speak of the policy of
a statesman or of a business corporation. Cut out the
notion of final causation, and the word "policy" has lost
its meaning. As I write this lecture, I intend to deliver it
in Princeton University. Cut out the notion of final
causation, and this "intention" is without meaning. Again
consider the voyage of the battleship *Utah* round the
South American continent. Consider first the ship itself.
We are asked to believe that the concourse of atoms, of

iron, and of nitrogen, and of other sorts of chemical elements, into the form of the ship, of its armour, of its guns, of its engines, of its ammunition, of its stores of food,—that this concourse was purely the outcome of the same physical laws by which the ocean waves aimlessly beat on the coasts of Maine. There could be no more *aim* in one episode than in the other. The activity of the shipbuilders was merely analogous to the rolling of the shingle on the beach.

譯 **1-19** 그러나 내가 독자들의 주목을 끌게 하고 싶은 문제의 핵심은, 현재의 지배적인 과학이론에서는 그냥 무시되고 있는, 생리학적 방법 밖에 방치되고 있는 엄청난 예증들의 존재다. 인간사의 행위는 우리의 목적을 결정하는 예견의 승인과 행위로 귀결되는 목적에 의해 완전히 지배되고 있다. 우리가 지껄이는 모든 문장, 그리고 우리가 형성하는 모든 판단의 거개가 삶의 이러한 요소의 어김없는 체험을 전제하고 있다. 그 증거가 너무도 명확하며 그 신념이 너무도 의심할 바 없으며, 언어의 예시가 너무도 결정적이기 때문에 사실 그것을 어디서부터 어떻게 입증해야할 지 알 바를 모른다. 예를들면, 우리가 한 정치가나 한 회사의 정책에 관해 얘기할 때에, 만약 목적적 인과의 개념을 짤라내어 버린다면, 그 "정책"이라는 단어는 그 의미 자체를 상실해버릴 것이다. 내가 이 강의안을 집필하고 있을 때 나는 이것을 프린스턴대학에서 강술하기를 의도하고 있다. 이때 만약 목적적 인과의 개념을 짤라내버린다면 이 "의도"라는 것이 의미를 상실할 것이다. 또 남미대륙을 순회하는 전함 *유타호*의 항해를 생각해보자! 먼저 그 선박자체를 생각해보자! 우리는 그 배의 모양이나 장갑, 함포, 엔진, 화약, 적재된 식량 등을 형성하고 있는 원자들, 철, 질소, 그리고 다른 종류의 화학원소들의 집합, — 이 집합들이 넘실거리는 대서양의 파도가 아무 목적없이 메인주의 해변을 때리고 있는 현상을 지배하고 있는 것과 똑같은 물리적 법칙의 순전한 결과라고 믿도록 강요당한다. 저 사건에도 **목적**없는 것처럼 이 사건에도 **목적**이 없다. 배를 만든 사람들의 활동은 해변가에 반짝이는 모래알의 굴러다님에 비유될 수 있을 뿐이다.

案 1-19 화이트헤드가 이 책을 쓸 당시 전함 유타호의 남미대륙순항과 관련된 복잡한 미국의 제국주의적 남미정책의 문제의 복선이 숨어 있었을 것이다. 그러한 복잡한 의도의 전제가 없이 전함 유타호의 造船이라고 하는 행위가 해변가에 목적없이 뒹굴고 있는 반짝이는 모래알의 법칙과 동일한 법칙에의해 지배되고 있다는 "과학적 객관성"의 논의는 허구인 것이다. 그리고 그가 메인주해변의 사례를 운운하는 것을 보면 그가 하바드대학이 있는 캠브릿지에 살면서 메인주를 여행다녔던 그의 문학적 체험을 연상할 수 있다. 나 도올도 하바드대학에 재학중에 메인주의 아름다운 해변들을 몹씨 사랑하였다. 지금도 그 광경들이 눈에 선하다. 조용하고 쓸쓸하고 청명하고 아름다운 메인주의 해변들……

인간의 행위는 어떠한 경우에도 그 행위를 지배하는 목적이 있기 마련이며 그 목적을 결정하는 예지의 통찰이 있게 마련이다. 그러한 목적을 전제로 하지 않는 단순한 행동의 생리적 고찰은 현실적으로 아무런 의미가 없다.

1-20 Pass on now to consider—still presupposing the orthodox physiological doctrine—the voyage of the ship.

The President-elect of the United States had nothing to do with it. His intentions with respect to South American policy and goodwill in the world were beside the question, being futile irrelevancies. The motions of his body, those of the bodies of the sailors, like the motions of the shipbuilders, were purely governed by the physical laws which lead a stone to roll down a slope and water to boil. The very idea is ridiculous.

We shall of course be told that the doctrine is not meant to apply to the conduct of men. Yet the bodily motions are physiological operations. If these latter be blind, so are the motions. Also men are animals. Surely, the whole fight over evolution was about this very latter point.

譯 **1-20** 우리는 아직도 정통적인 생리학의 이론을 상정하면서, 그 유타호의 항해에 관해 논의를 계속해보자! 미합중국의 대통령당선자는 그 전함과 아무런 관련이 없다. 남미정책과 관련된 그의 의도, 그리고 세계질서의 안녕과 관련된 그의 의도는 고려의 대상 밖에 있으며, 사회적 현실과 아무 관련이 없는 하찮은 것이다. 대통령의 몸의 움직임, 항해사들의 몸의 움직임은 앞서 말한대로 배를 만든 사람들의 움직임과 마찬가지로, 한 돌멩이가 언덕을 굴러 내려가거나 한 컵의 물이 끓는 현상을 지배하는 물리적 법칙과 똑같은 법칙에 의해 순전히 지배되고 있을 뿐이라는 것이다. 바로 이러한 관념이야말로 얼마나 웃기는 얘기인가?

물론 이러한 이론은 인간의 행위에 적용되는 것을 의미하지 않는다고 혹자는 우리를 설득하려 들 것이다. 허지만 신체적 움직임은 분명 생리학적 작용이다. 이 생리학적 작용이 맹목적인 것이라면 우리의 신체적 움직임도 맹목적인 것이 되는 것이다. 그리고 우리 인간도 동물이다. 분명, 진화에 관한 모든 논쟁도 바로 이 인간이 동물이냐 아니냐에 관한 것이었다.

案 1-20 매우 기초적 생리적 사실속에 이미 거대한 목적적 인과의 연계가 함장되어 있다는 것을 설득력있게 말하고 있다. 그의 지시대명사적 용법을 나는 직접 대입하여 번역하였다. 우리의 신체적 행동이 도덕적이거나 가치론적인 것이라 할지라도 그것은 생리적 작용이다. 그러므로 역설적으로 우리 몸의 생리적 작용을 우리의 행동에 내재하는 목적성과 관련지어 그 유기적 전체성 속에서 해석하지 않을 수 없는 것이다. 사실 화이트헤드의 논의는 난해한 것 같지만 상식의 재주장이다.

이쯤에서 우리는 화이트헤드가 말한 생리학(Physiology)의 의미를 좀 본질적으로 고찰할 필요가 있을 것 같다. 현재 생리학이란 의학의 한 분과로서 형태학이나 조직학과 대비되는 인간의 몸의 기능을 연구하는 학문이며 새로운 관찰방법이나 기계의 발전으로 비약적인 발전을 하고 있는 학문이다. 허나 화이트헤드가 말하는 생리학은 의학의 분과로서의 좁은 생리학의 개념이 아닌 것이다. 그가 말하는 생리학은 동·식물을 포함한 모든 살아있는 유기체의 기능을 말하는 것이며, 그 연구방법은 다분히 어원 그대로 그러한 기능의 물리적 탐구에 국한된 것이다. 즉 "physiology"와 "physics"가 同源이라는 사실을 주목할 필요가 있다. 화이트헤드의 "physiology"는 문자그대로 피지스(physis)의 로고스(logos)인 것이다.

그리고 여태까지 생리학의 연구는 국소적인 기능에 국한되어 왔다. 그러나 그러한 분자·세포 레벨에서의 연구가 방사선학, 생화학, 유기화학,

면역학 등의 비약적인 발전으로 몸의 전체 기능의 홀리스틱한 연구와 또 몸의 환경과의 반응체계까지를 포함한 통합적 체계의 연구로 발전하고 있음으로 이러한 상황에서는 화이트헤드가 말하는 목적적 인과를 포함한 포괄적 이해가 가능하리라고 확신한다. 그리고 서구 생리과학의 발전은 경락을 포함한 동양의학의 가설까지도 포괄하는 어떤 새로운 이해의 측면을 노출시키리라는 것은 너무 명약관화한 세계의학의 현 추세이다.

1-21 Again we are told that we should look at the matter historically. Mankind has gradually developed from the lowliest forms of life, and must therefore be explained in terms applicable to all such forms. But why construe the later forms by analogy to the earlier forms. Why not reverse the process? It would seem to be more sensible, more truly empirical, to allow each living species to make its own contribution to the demonstration of factors inherent in living things.

譯 **1-21** 또한 우리는 이러한 문제를 역사적으로 고찰해야 한다고 설득당한다. 인류는 생명의 가장 원초적 형태로부터 점차 발전되어왔으며, 따라서 반드시 그러한 모든 원초적 형태에 적용될 수 있는 언어 속에서 다 설명되어야 한다는 것이다. 그러나 나는 묻는다. 왜 후대의 생명의 형태는 반드시 전대의 생명의 형태에 대한 유비로서만 해석되어야 하는가? 그 과정을 역으로 설명할 수는 없는가? 각기의 살아있는 종들을 그 생체에 내재하는 요소의 발현에 제각기 나름대로 기여하도록 내버려두는 것이야말로, 즉 그렇게 해석하는 것이야말로 더 진정하게 경험적이고, 더 합리적인 것으로 나에게는 여겨진다.

案 **1-21** 여기서 화이트헤드의 주장에 래디칼한 면모를 볼 수 있다. 허나 이것을 잘못 해석하면 매우 주관적인 오류를 파생시킬 수도 있다. 그가 말하는 "逆의 설명"은 과거를 오늘에 맞추어 해석해버린다는 뜻은 아니다. 창조론자들의 주장을 정당화시키는 논의가 되어서는 안된다. 현재적 진화의 사태를 반드시 과거의 원초적 사실에 환원시키는 환원주의(reductionism)적 태도를 반대하는 것이다. 그리고 진화의 모든 단계에 내재하는 어떤 목적적 요소들을 비환원주의적 다자인(Dasein)으로서 파악하자는 것이다.

여기서 기억해야할 가장 중요한 논의는 나의 몸의 사실이 그것이 원초적인 화학성분으로부터 시작했다고 해서 나의 몸의 모든 고등한 진화의 사실이 그러한 원초적인 물리적 성분에 의해 모두 설명되어야 한다고 생각하는, 어쩌면 오늘날의 생화학적 생명현상 설명방식에 까지도 내재하고 있는 환원주의에 대한 경고다. 그리고 생명의 진화의 과정을 오로지 복잡한 유기체를 진화시키기위한 하나의 인과의 고리로서 획일적으로 나열하는 것은 부당하다는 것이다. 인간보다 몇억만년전부터 존재했던 바퀴벌레가 아직도 인간이라는 복잡한 유기체를 진화시키기위해 존재하는 것일리는 만무하다. 다시 말해서 진화의 기준이 다를 수 있는 것이다. 각자의 살아있는 종이 각자의 고유한 삶의 요소의 발현을 위하여 공헌하고 있는 것으로 해석하는 것이야말로 보다 합리적이고 보다 경험적인 사실에 부합한다는 화이트헤드의 언급은 만고불변의 진리요 명언이다. 그리고 그러한 언급을 창조론자들의 종교적 언급과 혼효시켜서는 아니된다.

1-22 I need not continue the discussion. The case is too clear for elaboration. Yet the trained body of physiologists under the influence of the ideas germane to their successful methodology entirely ignore the whole mass of adverse evidence. We have here a colossal example of anti-empirical dogmatism arising from a successful methodology. Evidence which lies outside the method simply does not count.

We are, of course, reminded that the neglect of this evidence arises from the fact that it lies outside the scope of the methodology of the science. That method consists in tracing the persistence of the physical and chemical principles throughout physiological operations.

譯 **1-22** 나는 이러한 논의를 더 계속할 필요를 느끼지 않는다. 경우가 너무도 명백하여 구구한 설명을 필요로하지 않기 때문이다. 그러나 교육받은 생리학자들의 집단은 그들의 매우 성공적인 방법론에 밀착되어 있는 관념들의 영향 때문에, 그들의 관념과 반대되는 모든 증거를 전적으로 무시해버린다. 여기서 우리는 하나의 성공적인 방법론으로부터 유래되는 반경험적 독단주의의 거대한 실례를 발견하게 된다. 다시 말해서 그 방법의 영역 밖에 놓여있는 증거들은 근본적으로 무시되어 버리는 것이다.

물론 우리는 이러한 증거의 무시는, 그 증거가 그 과학적 방법론의 영역 밖에 있다는 사실로부터 유래되는 것이라는 것을 상기해야 한다. 그 과학적 방법이란 모든 생리학적 작용을 통하여 물리적이고 화학적인 원리들이 관철된다고 하는 것을 추적하는데 있는 것이다.

案 **1-22** 사실 여기서 화이트헤드의 집요한 논의는 반세기가 더 지난 오늘날에 와서는 그렇게 열의를 올려야할 감흥을 느끼지 않는다. 오늘날의 생리학이 반드시 그렇게 협애한 물리·화학적 사실만을 고집하고 있지는 않기 때문이다. 그러나 화이트헤드의 생리학에 있어서의 목적적 인과의 부정에 대한 항거의 논의는 과도하리만큼 집요하다. 그의 그러한 집요한 태도만 보아도 화이트헤드 당대의 과학이 얼마나 편협하고 오만하고 가치중립적이고 반형이상학적이었나 하는 것을 알 수가 있다. 과학 그 자체가 하나의 방법적 이성의 종교였던 것이다. 그리고 화이트헤드의 형이상학이 당시 얼마나 보수적인 과학만능주의적 풍토에서 이단적으로, 아니, 선구적으로 개화된 자유로운 꽃이었나 하는 것을 알 수 있다. 화이트헤드의 외로운 외침속에는 그의 선구자적 고독감이 메아리치고 있는 것이다. 과학의 방법이 오로지 물리적·화학적 법칙의 관철만을 고집하는 것은 아닐 것이다. 오늘날 양자역학에서 물리적 법칙 그 자체가 관찰자의 인식구조와 떼어낼 수 없는 관계에 있다는 것을 생각하면 화이트헤드 주장의 정당성은 더 실감나게 느껴질 것이다.

1-23 The brilliant success of this method is admitted. But you cannot limit a problem by reason of a method of attack. The problem is to understand the operations of an animal body. There is clear evidence that certain operations of certain animal bodies depend upon the foresight of an end and the purpose to attain it. It is no solution of the problem to ignore this evidence because other operations have been explained in terms of physical and chemical laws. The existence of a problem is not even acknowledged. It is vehemently denied. Many a scientist has patiently designed experiments for the ***purpose*** of substantiating his belief that animal operations are motivated by no purposes. He has perhaps spent his spare time in writing articles to prove that human beings are as other animals so that "purpose" is a category irrelevant for the explanation of their bodily activities, his own activities included. Scientists animated by the purpose of proving that they are purposeless constitute an interesting subject for study.

譯 **1-23** 이 방법의 눈부신 승리를 거부할 필요까지는 없다. 그러나 우리는 접근의 한 방법 때문에 한 문제의 범위를 제한해서는 안된다. 문제는 한 동물의 몸의 작용을 이해하고자 하는데 있는 것이다. 특정한 동물의 몸의 특정한 작용은 한 목적의 예견이나 그 목적을 달성하려는 의도에 종속된다고 하는 매우 명백한 증거들이 있다. 다른 작용들이 비목적론적으로 물리학적 화학적 법칙에 의하여 설명되어져 왔다는 이유때문에 이러한 의도적 작용의 증거들을 무시한다는 것은 도무지 문제의 해결방안이 아닌 것이다. 그러한 문제의식 그 자체가 인지되지 조차 않을 뿐아니라, 아주 맹렬하게 거부되고 있는 것이다. 많은 과학자들이 동물의 몸의 행태들이 아무런 목적에 의해서도 유발되지 않는다는 그들의 신념을 유지하고 정당화하기 위한 **목적으로** 그들의 실험을 인내심있게 고안해 왔다. 아마도 그 과학자는 실험하고 남는 시간에는, 인간이라는 동물에게 있어서 "목적"이란 다른 동물에게서와 마찬가지로 그 몸의 활동을 설명하기에는 아주 부적절한 하나의 범주라는 것을 증명하는 논문을 쓰고 앉아있을 것이다. 그리고 그런 것을 증명하려는 목적으로 쓰고 있는 자기의 활동마저 포함하여 그

부적절성을 증명하려할 것이다. 그들의 존재자체가 비목적적이라는 것을 증명하려는 목적에 의해서 삶의 의미를 느끼고 있는 과학자들, 그들 자체가 하나의 재미난 연구테마를 형성하는 것이다.

案 **1-23** 화이트헤드는 유기체의 모든 활동이나 행동이 반드시 소기하는 목적을 가지고 있다는 것, 어떤 화학적·물리적, 그러니까 기계적 법칙의 단순한 지배하에만 있는 것이 아니라는 것을 주장하고 있다. 다시 말해서 모든 동물의 행동은 궁극적으로 합목적적일 수밖에 없다는 것이다. 당대의 과학은 이러한 동물행태의 목적성에 대해 지극히 부정적이었고 냉담했다. 그러나 화이트헤드의 논의자체가, 생리학자들의 논의와 마찬가지로 너무도 명백한 사실일 뿐, 어떤 실험이나 증명을 필요로 하지않는 사고의 전환으로 가능해지는 것이기 때문에 화이트헤드는 자신의 논점을 설득시키기에 매우 곤혹스러움을 느끼고 있다. 너무도 명백한 것을 있는 그대로 "주장한다"는 것 자체가 매우 어려운 것이라는 것을 이 단의 논의에서 절감한다. 그래서 "비목적성을 증명하려는 목적적 행위의 이율배반성"을 들어 반어적으로 그리고 코믹하게 자신의 논의를 전개하고 있다. 그렇지만 화이트헤드에 있어서 이러한 목적적 인과의 논의는 매우 중요하다. 이 "행위의 목적성"이라는 최초의 형이상학적 그리고 형이하학적 단서가 확보되지 않는한 "이성의 기능"이라고 하는 이 책의 주제를 개입시킬 방도가 생겨나지 않게 되기 때문이다.

1-24 Another reason for the extrusion of final causation is that it introduces a dangerous mode of facile explanation. This is certainly true. The laborious work of tracing the sequence in physical antecedents is apt to be discouraged by the facile suggestion of a final cause. Yet the mere fact that the introduction of the notion of final causation has its dangers is no reason for ignoring a real problem. Even if heads be weak, the problem remains.

The Christian clergy have often brought forward the same objections to innovations judged dangerous to faith and morals. The scientific world vehemently resents such limitations to the free consideration of evidence. Yet in defence of their own dogmas, the scientists act no otherwise than do the clergy. The physiologists and the legislature of the State of Tennessee exhibit the same principles of human conduct. In fact all types of men are on a level in this respect, and we shall never improve unless we understand the source of our temptation.

譯 **1-24** 목적적 인과를 추방해 내버리려고 하는 과학자들의 또하나의 이유는 목적적 인과가 아주 쉽고 그럴듯한 설명방식의 한 위험한 양태를 도입한다는 것이다. 사실 이런 이유는 확실히 일리가 있다. 선행하는 물리적 조건의 연쇄를 추적하는 정교한 작업이 하나의 목적인을 쉽게 도입함으로써 쉽게 좌절될 수도 있기 때문이다. 그러나 목적적 인과의 관념을 도입하는 것에 위험이 내포한다는 단순한 사실이 실재하는 문제 그 자체를 무시해버리는 구실은 될 수가 없다. 그들이 돌대가리래서 목적적 인과의 관념의 도입을 거부한다 할지라도 항상 그 문제점은 여전히 남아있는 것이다.

과거로부터 기독교의 성직자들은 신앙과 도덕에 위험하다고 판단되는 혁신적 사고에 대하여 끊임없이 동류의 반대를 제출해왔다. 과학적 세계는 명증성의 것을 자유롭게 사고하는데 종교인들이 반대하듯이 제약을 가하는 것을 맹렬하게 혐오한다. 허나 그들 자신의 도그마를 방어하는데 있어서는, 과학자들도 성직자들 못지않게 발악적으로 대처한다. 생리학자나 테네시주의 입법부나 똑같은 인간행태의 원리를 과시하고 있는 것이다. 사실 모든 타입의 인간들이 이런 자기방어적 측면에 있어서는 똑같다고 말할 수 있을 것이다. 그리고 우리는 이러한 우리의 유혹의 근원을 제대로 이해하지 못한다면 우리의 이러한 상태를 근본적으로 개선하지 못할 것이다.

案 1-24 화이트헤드의 목적적 인과의 논의는, "天地不仁"이라는 老子的 발상에서 본다면 반드시 전적으로 동의될 수 없는 측면도 있다. 모든 인간이나 동물의 행동이 어떤 목적성을 갖는다는 아리스토텔레스적인 세계관속에서의 하이어라키칼한 규정은 그 나름대로 모순에 봉착할 위험성도 얼마든지 존재하기 때문이다. 허나 天地不仁에 대하여 天地仁을 말한다고 할 때, 문제는 그 "仁함"의 목적론적 성격을 어떻게 규정하느냐에 달려있다. 이러한 성격규정은 사실 화이트헤드에 있어서는 이미 『과정과 실재』에서 완성되어 있었던 것이다. 『이성의 기능』은 『과정과 실재』의 형이상학의 한 측면의 응용에 불과하다. 다시 말해서 그 "仁함"의 목적론적 성격이 과거의 종교적 종말론에서 말하는 것이나 편협한 도덕주의에서 규정하는 것이 아닌, 개방적이고 과정적인 이성의 존재의 필연성을 확보하기 위한 것이라면, 화이트헤드의 논의는 정당성을 획득한다. 과학이 자신의 도그마를 방위하기 위한 반응체계가 성직자들의 편견보다도 더 편협할 수 있다는 이러한 화이트헤드의 지적은, 한의를 무시하는 양의들의 태도나, 소견좁은 실험실의 서생들의 형이상학적 가설에 대한 거부의 언변을 연상하면 아주 쉽게 이해가 갈 것이다.

1-25 The evolution of Reason from below has been entirely pragmatic, with a short range of forecast. The primitive deep-seated satisfaction derived from Reason, a satisfaction arising out of an immemorial heredity, is provided by the emphatic clarification of some method regulating current practice. The method works and Reason is satisfied. There is no interest beyond the scope of the method. Indeed this last statement is too restrained. There is active interest restraining curiosity within the scope of the method. Any defeat of that interest arouses an emotional resentment. Empiricism vanishes.

The best chance for the wider survey is that it also should present itself with the promise of a wider method. Sometimes the reigning method is already showing signs of exhaustion. The main evidence that a methodology is worn out comes when progress within it no longer deals with main issues. There is a final epoch of endless wrangling over minor questions.

譯 **1-25** 아래로부터의 이성의 진화라고 하는 것은 비교적 짧은 예견의 시간범위에서 아주 실용적으로 이루어진 것이다. 이성으로부터 도출되는 아주 원초적이고 깊숙이 자리잡는 만족감, 기억할 수 없는 태고의 유전에서부터 우러나오는 그런 만족감은, 현재의 실천을 규제하는 어떤 방법을 강조적으로 명료하게 함으로써 제공될 수 있다. 그러한 방법이 현실적으로 기능하면, 이성은 만족된다. 그러한 방법의 범위를 넘어서는 관심이란 존재하지 않는다. 사실 이 마지막 말은 내가 너무 점잖게 말한 것이다. 사실은 인간의 호기심을 그 방법의 범위 내로 제한시키려는 또 하나의 적극적인 관심이 있는 것이다. 그러한 관심이 패배당할때는 정서적으로 적개심이 일어나게 되는 것이다. 그러면 경험론은 사라진다.

그런 규제를 철폐한 더 넓은 개관을 위한 가장 좋은 챈스는 그 개관이 보다 넓은 방법의 약속을 함께 제시해야만 한다는데 있다. 때로 지배적인 방법은 이미 쇠잔의 징조를 보이곤한다. 한 방법론이 이미 낡아버렸다는 주요 증거는, 그 방법내에서 일어나는 진보가 더 이상 주요 잇슈들을 취급하지 못한다는 사실로 입증된다. 사소한 문제들에 끊임없이 시비하고 있는 마지막 단계에 온 것이다.

案 **1-25** 이 단은 추상적으로 기술되어 좀 난해하다. 사실 이 단은 앞에서 말한대로 우리의 편견이 불러일으키는 적개감의 구조, 우리의 독단의 유혹의 근원을 밝히려는 작업이다. 우리의 관심은 대개 방법론의 범위 내에 감금되어 있다. 허나 그렇게 감금되어 있는 관심의 범주를 뛰어넘으려는 것이 호기심이다. 허나 이 호기심을 또 억제하는 외곽의 적극적 관심이 있다. 이 외곽의 적극적 관심이 패배당할 때는 우리는 정서적으로 그것을 패배시키는 요소들에 대하여 적개감을 갖는다. 그렇게 되면, 경험론은 사라진다. 경험론은 사라진다는 말은 어떤 경험적 관찰이나 과학적 논의가 불가능한 휘내틱한 상태로 가버린다는 것이다. 우리의 관심은 이중적이다. 어떤 관심이 있다면 그 관심은 그 관심만으로 독자적으로 존재하는 것이 아니라, 그 관심을 넘어서려는 호기심을 규제하는 또 하나의 관심에 의하여 제어당하고 있다. 이 제어벽이 무너질 때 그 제어벽을 쌓고 있었던 자들은 그 붕괴를 있는 그대로 받아들이지 않고 정서적으로 반응하게 된다는 것이다. 이 단에서 말하는 우리 관심의 이중성의 문제는 우리 일상생활의 제문제를 반성하는데도 많은 시사점을 던진다.

보다 구체적인 예를 들면 한국사회에서의 나의 지적 활동은 많은 사람들에게 공감을 불러일으켰다. 그리고 나는 나의 활동의 성공적인 방법론, 물론 이 방법론의 성공은 기나긴 역사의 축적이 이루어 놓은 이성의 만족감이겠지만, 그 성공적인 방법론을 끊임없이 초탈하려는 호기심으로 가득차 있었다. 그런데 나의 주변의 학문적인 선배나 동료나 후배나 가릴 것 없이 그들 모두가 나의 호기심의 전개를 하나의 방법론적 틀 안에 머물게 하려는 "적극적 관심"을 소유하고 있었다. "박사학위논문테마인 王夫之만 연구해라" 云云! "학자는 학자다워야 하느니라" 云云! 그러나 나는 종국 그들의 말을 듣지 않았고 그들이 나에게 쌓아놓은 제어벽을 여지없이 무너뜨려 버렸다. 이때 그들의 반응은 비판 아닌 비난이었고 새로운 호기심의 전개에 대한 구체적 정보의 검토가 없는 단순한 욕지거리에 불과했다. 경험론이 사라진 것이다. 그리고 나를 가리켜 "기인"이니 "괴짜"니 "학문의 이단아"니 하는 말로써 매도함으로써 그들의 정서적 만족을 꾀하려했다. 그리고 이미 그들은 진행되고 있는 주요한 잇슈에 대한 통찰이 없이 사소한 언사나 문제들에 대해 끊임없이 시시비비하고만 앉아있게 되는 것이다. 많은 나의 논평가들이나 신문기자들이 그러했다. 그들은 한 방법론의 마지막 단계로 쇠락해버린 것이다.

1-26 Each methodology has its own life history. It starts as a dodge facilitating the accomplishment of some nascent urge of life. In its prime, it represents some wide coordination of thought and action whereby this urge expresses itself as a major satisfaction of existence. Finally it enters upon the lassitude of old age, its second childhood. The larger contrasts attainable within the scope of the method have been explored and familiarized. The satisfaction from repetition has faded away. Life then faces the last alternatives in which its fate depends.

譯 1-26 모든 방법론은 제각기 그 나름대로의 생활사를 가지고 있다. 방법론이란 생명의 갓 피어오르는 충동의 성취를 촉진하기위한 보호적인 수단으로서 출발한다. 그것의 전성시대에는, 방법론은 사고와 행동의 광범위한 협동을 대변하며, 이러한 것에 의하여 생명의 충동은 존재의 주요한 만족으로서 자신을 표현케된다. 그리고 마지막으로 그것은 그것의 제2의 유년기라고도 할 수 있는 노년기의 무기력과 권태감으로 진입한다. 그 방법의 범위내에서 성취할 수 있는 더 큰 대비들이 다 탐구되었고 또 친근하게 되어버렸다. 그리고 반복으로부터 생기는 만족감도 시들시들해져 버린다. 그러면 생명은 그의 운명을 결정하는 마지막 선택의 기로에 국면하게 되는 것이다.

案 1-26 여기서 독자들은 "방법론"(methodology)이라는 화이트헤드의 용어의 근원성과 광범성에 주목을 해야할 것이다. 우리는 흔히 방법론이라하면 무슨 논문을 쓰거나 실험연구를 할 때 개발하는 어떤 방법적 장치만을 생각하기 쉬운데, 우리가 논문을 쓰는 것도 실험을 하는 것도 다 생명의 수단이다. 다시 말해서 방법론이란 우리의 세포의 레벨에서부터 우리의 사고와 사회·역사의 영역에까지 일관되게 적용되는 하나의 개념임을 알아야 한다. 산다는 것 자체가 방법이 없이는 못사는 것이다. 아무리 미세한 행동이라 할지라도 그곳에는 방법론이 있다. 그리고 우리가 상식적으로 생각하는 연구방법이니 하는 거시적인 개념들도 그러한 미세한 방법과 다 일원적으로 연결되어 있는 것이다. 여기에 화이트헤드의 사고의 웅혼함과 비범속성에 우리는 다시 한번 놀라게되는 것이다. 그리고 이 모든 방법론이 유기체적 생활사의 역사적 단계를 어김없이 반복하는 것이다. 그것은 미세한 박테리아의 생활사로부터 우리의 거시적 역사의 패턴에까지 일관되는 하나의 심층구조인 것이다.

"Dodge"란 원래 "피한다"는 뜻인데, 명사로서는 "피하는 수단"이라는 맥락에서 妙案, 교묘한 착상, 기발한 방법이라는 의미가 생겨난다. 허나 가장 보편적인 의미는 "위험으로부터 보호되는 안전한 대피소"(safe haven)라는 의미다. 여기서 또 "urge"라는 말을 중시해야하는데 이 "충동"이라는 말이야말로 "上向"과 관계되는 어떤 보편적이고도 실체적인 힘을 말하는 것으로 화이트헤드의 용법에 일관되게 나타난다. 방법론의 생활사는 역시 유기체철학의 전체 틀 속에서 이해되어야 할 것이다. 그리고 방법론이라는 말은 맥락적으로 실천이성과 항상 더 깊게 연루되어 있다는 것도 명심해 둘 것이다.

1-27 These last alternatives arise from the character of the three-fold urge which I have already mentioned: To live, to live well, to live better. The birth of a methodology is in its essence the discovery of a dodge to live. In its prime it satisfies the immediate conditions for the good life. But the good life is unstable: the law of fatigue is inexorable. When any methodology of life has exhausted the novelties within its scope and played upon them up to the incoming of fatigue, one final decision determines the fate of a species. It can stabilize itself, and relapse so as to live; or it can shake itself free, and enter upon the adventure of living better.

譯 1-27   이 마지막 선택의 기로는 이미 내가 앞에서 언급한 삼중의 충동이라는 성격에서 유래되는 것이다: 산다, 잘 산다, 더 잘산다! 한 방법론의 탄생이라는 것은 본질적으로 살려고 하는 안전한 방법의 발견이다. 그것은 전성시대에는 좋은 삶을 위한 긴박한 조건들을 만족시킨다. 그러나 좋은 삶이라고 하는 것은 불안정한 것이다: 피곤의 법칙이 용서없이 엄습한다. 삶의 어떠한 방법론이라도 그 범위내의 신선함을 다 고갈시키고, 또 피로가 물밀쳐올때까지 그 신선한 것들을 다 써 먹어버리게 되면, 하나의 마지막 결단이 그 종의 운명을 결정한다. 하나는 그 자신을 안정적으로 만들고 그냥 생존하는 수준으로 퇴행해버리는 것이요; 또 하나는 과거의 관습들을 자유롭게 떨쳐버리고, 더 잘사는 모험을 시작하는 것이다.

案 1-27   방법론과 삶의 모험의 관계에 대한 이 단의 화이트헤드의 논의는 너무도 명쾌하고 계발하는 바가 크다. 그리고 싸르트르나 하이데거 같은 실존주의자들이 말하는 실존의 선택(결단)의 모든 문제들을 아주 생물학적 레벨에서 손쉽게 포용하고 있다. 실존주의와 같은 철학들이 유기체철학의 지극히 작은 국소적 일면에 지나지 않는다는 것을 보여주는 극명한 한 예라고 할 것이다. 여기서 계속 거론되기 시작하는 "피로"라는 개념이 단순한 우리의 상식적 개념이 아니라 화이트헤드 유기체철학의 주요한 철학개념인데 일단 여기서 독자는 주의깊게 그 의미맥락을 살펴두는게 좋겠다. 그 여러 맥락이 지금부터 활발하게 전개되어나갈 것이다.

방법론(methodology)이란 "생존의 방법"(a dodge to live)이란 말로

명료하게 규정되어 있음을 기억해야 할 것이다. 다시 말해서 방법론이란 항상 생존의 현실적 문제에 국한된다는 뜻이다. 그리고 "dodge"라는 말 속에는 안정성이라는 뜻이 내포되어 있다. 여기서 좋은 삶(the good life)과 더 나은 삶(the better life)의 대비가 매우 중요한 것이다. "좋은"이란 말은 한 방법론의 유기체적 싸이클의 범위에 고착되는 것이다. 그러기에 그것은 항상 불안정할 수밖에 없으며 궁극적으로 쇠락할 수밖에 없다. 쇠락의 마지막 단계에 우리는 항상 더 나은 삶에로 비약하는냐? 그냥 생존의 화석으로 고착되는냐? 하는 선택을 하게 되는 것이다. 더 나은 삶에로의 비약은 실천이성의 힘으로만은 불가능하며 반드시 사변이성의 작동을 요구하게 되는 것이다.

위의 문장에서 "the good life is unstable."이라 했을때 "unstable"은 긍정적인 의미에서의 "불안정"이 아니다. 그것은 쇠락의 길로 가는 불안정이다. 외견상 "좋은 삶"은 성공적 방법론때문에 매우 안정된 것처럼 보인다. 그러나 그 안정의 실체는 불안정인 것이다.

1-28 In the latter event, the species seizes upon one of the nascent methodologies concealed in the welter of miscellaneous experience beyond the scope of the old dominant way. If the choice be happy, evolution has taken an upward trend: if unhappy, the oblivion of time covers the vestiges of a vanished race.

With a happy choice, the new method quickly reaches its meridian stage. There is thus a new form of the good life, with its prolongation depending on the variety of contrast included within its methodical scope. On the whole, the evidence points to a certain speed of evolution from a nascent methodology into the middle stage which is relatively prolonged.

譯 1-28 이 두개의 기로에서 후자의 경우, 그 종은 낡아빠졌지만 아직 지배적인 방법의 범위를 벗어나 있는 잡다한 경험의 혼돈속에 감추어져 갓 태어나기 시작하는 방법론중의 하나를 포착한다. 그 선택이 재수좋게 맞아떨어지면, 진화는 상향의 코스를 취하기 시작한다: 재수없게 안 맞아떨어지면, 시간의 망각이 사라진 종의 흔적위로 면사포를 드리운다.

그것이 만약 행복한 선택이었다면, 그 새로운 방법은 재빨리 정점의 영화를 누리게 된다. 이와같이 해서 새로운 형태의 훌륭한 삶이 있게 되며, 그 삶은 그 방법론적 범위내에 포괄되는 다양한 대비에 의존하여 그 자신의 삶을 연장해나간다. 대체적으로, 증거라고 하는 것은 갓 태어난 방법론으로부터 비교적 길게 지속되는 중간상태에까지 이르는 초반부의 진화의 특정한 속도를 가리키는 것이다.

案 1-28 새로운 방법의 탄생은 새로운 삶의 탄생이다. 과정철학의 전제들을 응용한 것이다. 여기서 후자란 더 나은 삶에로의 떨침과 도약의 길을 말하는 것이다. 이때 우리는 아직도 지배적인 방법론의 범주를 벗어나 있는 그렇지만 잡다한 경험의 소용돌이 속에 숨겨져 있는 새로운 방법론 중의 하나를 포착하여야 한다. 그 포착의 선택이 올바른 것이었다면, 새로운 환경과 조화되는 것이라면, 上向의 길을 선택할 것이고 그렇지 않으면 망각의 길로 사라질 것이다.

우리가 보통 "evidence"라 하는 것은 이렇게 새로운 포착으로 새롭게 시작하는 上向의 시기에 해당되는 것이다. "evidence"는 "증명"이라는 말과 더불어 "명백" "두드러짐"이라는 말이 포함되어 있다. 모든 증명의 포착은 쇠락기에서 보다는 이렇게 새로운 방법론의 탄생의 과정에서 더 두드러지게 되는 것이다. "새로운 스타의 탄생"이 쇠락해가는 스타보다는 더 두드러지는 것은 모든 현상에 공통된 것이다.

1-29 In the former event, when the species refuses adventure, there is relapse into the well-attested habit of mere life. The original method now enters upon a prolonged old age in which well-being has sunk into mere being. Varied freshness has been lost, and the species lives upon the blind appetitions of old usages. The essence of Reason in its lowliest forms is its judgments upon flashes of novelty, of novelty in immediate realization and of novelty which is relevant to appetition but not yet to action. In the stabilized life there is no room for Reason. The methodology has sunk from a method of novelty into a method of repetition. Reason is the organ of emphasis upon novelty. It provides the judgment by which it passes into realization in purpose, and thence its realization in fact.

譯 **1-29** 택일의 기로에서 전자의 경우, 즉 한 종이 새로운 모험을 거부한 상황에서는, 단순한 생존의 잘 입증된 습관에로의 퇴행이 있게 된다. 그렇게 되면 최초의 방법은 이제 연장된 노년기의 삶으로 들어가고, 그 노년기속에서 훌륭한 존재는 구차한 존재로 퇴보한다. 다양한 신선함이 없어지고, 그 종은 낡은 관례의 맹목적 욕구에 의존하여 살게된다. 이성의 본질은 가장 하급의 형태에 있어서는 새로움이 번뜩이는 순간의 포착이며 판단이다. 그 새로움은 긴박한 실현속에 있으며, 아직 행동에까지는 미치지 못하지만 욕구에는 적절한 것이다. 다시 말해서 안정된 삶속에는 이성의 여지가 없는 것이다. 방법론은 새로움의 방법에서 반복의 방법으로 퇴행하여 버린다. 이성이란 새로움을 강조하는 기관이다. 그것은 목적의 실현을 가능케하는 판단을 제공한다. 그리고 궁극적으로 사실을 실현한다.

案 1-29 이 단에는 화이트헤드 전철학에 일관되어 있는 주요한 명제들이 노출되어 있다. 앞서말한 피로는 반복과 관련된 것이며, 또 반어적으로 이성과 관련된 것이다. 반복과 새로움의 대비, 이것은 과정철학의 매우 주요한 모티브를 구성한다. 안정된 삶 속에는 이성의 여지가 없다든가, 이성은 새로움을 강조하는 기관이라는 화이트헤드의 말은 언제 들어도 감동을 주는 天下의 名言이다.

　여기서 논의되고 있는 이성은 실천이성과 이론이성의 구별이 없는 이성의 전반적인 성향에 관계되는 것이다. 화이트헤드에 있어서 모든 안정이란 보이지 않는 쇠락을 의미한다. 그러므로 안정이란 곧 下向을 의미하며 下向과 이성은 일치될 수 있는 여지가 없다. 이성은 인간과 우주를 포함한 上向의 힘이다. 上向이란 반드시 "새로움"을 동반하는 것이다. 그러므로 이성이란 새로움을 강조하는 조직이요 기관이요 힘이다. 그것은 추상적 목적의 실현을 가능케하는 판단을 제공하며 궁극적으로 그것을 현실로 실현시키는데까지 나아가게 되는 것이다.

1-30 Life-tedium is fatigue derived from a thwarted urge toward novel contrast. In nature we find three ways in which stabilization is secured. They may be named: the Way of Blindness, the Way of Rhythm, the Way of Transience. These ways are not mutually exclusive. In fact the Way of Rhythm seems all-pervasive throughout life. But the Way of Blindness seems to render Transience unnecessary, and the Way of Transience diminishes the Blindness. All three ways seem to be present in a stabilized old age of mere survival, but Blindness and Transience seem to vary inversely to each other.

譯 **1-30** 삶의 권태란 새로운 대비를 향한 충동의 좌절로부터 연유되는 피로를 말한다. 자연에서는 안정이 확보되는 세가지 방법이 있다. 우리는 아마도 이 세 방법을 다음과 같이 명명할 수 있을 것이다: **맹목의 방법, 리듬의 방법, 잠시의 방법**. 이 세 방법은 서로 배타적이지는 않다. 실제적으로 리듬의 방법은 생명의 전과정에 편재하는 것으로 간주되어야할 것이다. 그러나 한편 맹목의 방법은 잠시의 방법을 불필요한 것으로 만들 수도 있고, 잠시의 방법은 맹목의 방법의 맹목성의 정도를 감소시킨다. 이 세 방법이 모두 단순한 생존을 목적으로 하는 안정된 노년의 개체에는 모두 공존하는 것이지만, 맹목성과 잠시성은 서로 역비례관계에 있는 것처럼 보인다.

案 **1-30** 리듬이란 쉽게 이해가 간다. 허나 맹목과 잠시는 정확하게 그 레퍼런스가 떠오르지 않을지도 모르겠다. 그렇지만 앞으로 논의가 진행되면서 독자들은 그 뜻을 파악하게 될 것이다. 허나 맹목성, 리듬성, 잠시성, 이 세가지가 생명이 안정을 획득하는 방법으로 제시되었다는 것만 확실히 기억할 필요가 있다. 그리고 안정성을 획득키위한 방법이라는 맥락에서 이 가치들은 결코 긍정적인 것만은 아닌 것이다. 허나 이 3자 중에서 가장 보편적인 방법은 리듬이다. 모든 유기체적 개체가 안정성을 확보하는 방법에는 이 리듬이라고 하는 율동성이 자리잡고 있다. 그러니까 리듬은 창진적 충동을 위한 것이 아니고 개체가 현상태의 지속을 위하여 사용하는, 그러면서 권태를 모면하기 위하여 사용하는 가장 보편적인 방법인 것이다. 이 리듬의 방법을 제외하면 맹목의 방법과 잠시의 방법이 남게되는데, 맹목의 방법이란 맹목적인 퇴보를 말하며, 잠시의 방법이란 새로움에로의 도약이 없이 기존의 반복을 되풀이하기 위한 수단으로 개체를 잠시 대체시키는 것이다. 그러기에 맹목은 잠시를 불필요하게 만들고, 잠시는 맹목을 감소시킨다. 그래서 양자는 역비례관계에 있다고 말한 것이다.

1-31   The Way of Blindness means relapse. This relapse eliminates those flashes of novel appetition which have constituted the means of ascent to the existing stage of complex life. These flashes are in fact part of the stage itself. They are the element of vivid novelty of enjoyment. But the ladder of ascent is now discarded. The novelties and their reasoned emphasis are excluded. The complexity attained is lived through on a lower level of operations than those which went to its attainment. The upward trend is lost. There is stabilization in some lower level, or progressive relapse. The organ of vividness, which is also the organ of novelty and the organ of fatigue, has been atrophied.

譯 **1-31** 맹목의 방법이란 원점으로의 퇴보를 의미한다. 이 퇴보라는 것은 복합적 삶의 기존의 단계로의 상승의 수단을 구성하였던 새로운 욕망의 번뜩임같은 것을 제거시킨다. 사실 이러한 번뜩임이야말로 그 복합적 삶의 기존의 단계 그 자체의 일부였던 것이다. 그런 번뜩임이 야말로 생명의 향유의 생동치는 새로움의 요소였다. 그러나 이러한 상향의 사다리는 이제 포기되었다. 새로움과 그 새로움의 이성적 강조는 이제 배제된다. 달성된 복합성은 그 상향을 위해 소요되었던 요소들로 써가 아니라 저급한 단계의 작동에 의하여 유지된다. 상승의 경향성은 사라졌다. 낮은 단계로의 정착만 있고 점진적인 퇴행만 있다. 새로움 의 기관이기도 했고 피로의 기관이기도 했던 생동의 기관은 이제 위 축되어버린 것이다.

案 **1-31** 화이트헤드가 말하는 "맹목"이란 이드(Id)와 같은 맹목적 충 동이 아니라, 단순함으로 퇴보하는 맹목이다. 사실 모든 맹목성이 알고 보면 이러한 퇴행적 측면을 갖고 있음을 부인할 길이 없을 것이다. 맹목 적 충동을 상향시킬 수 있는 유일한 방법은 이성과의 결합이다. 그러니까 맹목의 방법은 상향에 대한 완전한 포기를 말하며 저급한 단계로의 안정 을 말하는 것이다. 안정이란 곧 생동의 기관의 상실이다.

여기서 말하는 "생동의 기관"(the organ of vividness)이란 우리 동양 의 畵論에서 말하는 "氣韻生動"의 "생동"과 같은 것을 말하는 것이다. 여기서 말하는 "기관"(organ)이란 감각기관과 같은 구체적 조직집단을 말하기보다는 수용성(receptacle), 가능성(capacity), 감수성(sensitivity) 같은 의미로 쓰인 것이다. 그런데 우리가 주목해야할 사실은 생동의 기관은 새로움의 기관인 동시에 피로의 기관이라는 사실이다. 피로, 권태가 있기 때문에 새로움에 대한 갈구가 생기는 것이다. 다시 말해서 새로움과 피로는 생동의 동전의 양면과도 같은 것이다. 우리 동양예술은 바로 이러한 영원한 상향의 생동을 표현하려 했지 어떤 사실을 그리려 했던 것이 아니다. 그러므로 동양예술은 동시대의 서양예술에 비해 놀라운 자유와 추상성과 생동감을 과시하고 있는 것이다. 우리나라 전통의 "판소리"도 바로 그러한 생동의 기관의 궁극적 표현이라는데 이의를 달 자는 없을 것이다.

동양의 畵論에 관해서는, 동양예술이론의 백미라 할 수 있는 『苦瓜和尙畵語錄』을 번역한 나의 작품 『石濤畵論』(통나무, 1992)을 참고하는 것이 좋을 것이다.

1-32 The Way of Transience means the substitution of short-lived individuals by way of protecting the species from the fatigue of the individual. Transience is really a way of blindness: it procures novel individuals to face blindly the old round of experience.

譯 **1-32** 잠시의 방법이란 단명한 개체들을 대체시키는 것을 말하는데, 그것은 그 개체의 피로로부터 그 종을 보호하기 위한 것이다. 잠시란 실제로는 맹목의 방법이다: 잠시란 경험의 옛 바탕을 맹목적으로 직면케 만들기 위하여 새로운 개체들을 조달하는 것이다.

案 1-32 아주 간략하고 소략한 내용을 어렵게 표현하는 19세기적 영어 표현방식 때문에 이 단의 내용이 파악이 안될 수도 있다. 그러나 그 실내용은 극히 간단한 것이다. 경험의 옛방식을 탈피함이 없이, 그 옛방식의 반복을 지속하기 위한 수단으로 잠시 지친 개체를 갈아치우고 새로운 개체를 조달하는 방법을 말한다. 자연에서는 이러한 대체의 현상이 일어날 것이나, 사실 궁극적 방법의 변혁이 없다는 의미에서는 실제로 맹목의 방법과 다를 바가 없다고 말한 것이다. 공장 전체의 지속적인 작동을 위하여 새로운 파트타임 직공을 계속 조달하는 방법을 연상하면 쉽게 이해가 갈 것이다. 이렇게 되면 그 맹목성의 정도가 일시적으로 감소할 것이지만 결국 궁극적 해결은 아닐 것이다. 허나 안정성의 지속을 위하여 반드시 필요한 방법이며 이 방법은 맹목성보다는 변화가 있다는 의미에서 맹목과 역비례관계를 이룬다고 한 것이다. 거시적으로 볼 때는 종의 유지를 위하여 개체를 갈아치우는 생식(reproduction)의 방법도 이 잠시의 방법에 속한다고 볼 수 있다. 그리고 "프로레타리아"의 원의도 이러한 잠시의 맥락과 상통하는 것임을 상기할 필요가 있다.

1-33 The Way of Rhythm pervades all life, and indeed all physical existence. This common principle of Rhythm is one of the reasons for believing that the root principles of life are, in some lowly form, exemplified in all types of physical existence. In the Way of Rhythm a round of experiences, forming a determinate sequence of contrasts attainable within a definite method, are codified so that the end of one such cycle is the proper antecedent stage for the beginning of another such cycle.

The cycle is such that its own completion provides the conditions for its own mere repetition. It eliminates the fatigue attendant upon the repetition of any one of its parts. Only some strength of physical memory can aggregate fatigue arising from the cycle as a whole. Provided that each cycle in itself is self-repairing, the fatigue from repetition requires a high level of coordination of stretches of past experience.

譯 1-33 리듬의 방법이란 모든 생명에 편재한다. 진실로 그것은 모든 물리적 존재에 내재하는 것이다. 이러한 리듬의 공통원리야말로 생명의 근원적 원리들이 비록 저급한 형태이긴 하지만 모든 종류의 물리적 존재 속에 구현되어 있다고 믿게 만드는 이유중의 하나인 것이다. 리듬의 방법 속에서는 한정된 방법내에서 달성할 수 있는 한정된 대비의 연쇄를 형성하는 한 판의 경험들이 그러한 한 주기의 종료가 그러한 또 하나의 주기의 시작을 위한 적절한 선행단계라는 식으로 규칙화된다. 주기라는 것은, 그 자신의 완료가 그것과 같은 단순한 반복을 위한 조건을 제공한다고 하는 그런 것이다. 그것은 그 부분의 어떠한 것이라도 반복할 때 수반되는 피로를 제거한다. 물리적 기억의 힘만이 전체로서의 주기로부터 발생되는 피로를 집적할 수 있다. 만약 각 주기가 그 자체로 자신을 치유하는 능력을 가지고 있다고 한다면 반복으로 파생하는 피로라는 것은 기나긴 과거경험의 연쇄를 고단위로 조합하는 작업을 필요로 하게 될 것이다.

案 1-33 리듬에 관하여 아주 정밀하고 보편적인 정의가 이 단에서 이루어지고 있다. 리듬이라는 것을 우리는 상식적으로 생체의 공통된 현상,

즉 호미오스타시스의 유지를 위하여 수반되는 주기적 현상 정도로만 이해하기 쉬우나, 실상 이 리듬이라는 것은 생체에만 국한된 것이 아니며 모든 물리적 존재에 공통된 가장 근원적 원리라는 것이다. 그리고 더욱 충격적인 것은 우리는 리듬을 생체의 上向을 위한 주기적 운동으로 긍정적으로 이해하기 쉬우나, 그것은 上向보다는 안정성이라고 하는 부정적 가치의 존속을 위하여 필요한 최소한의 장치라는 의미에서 매우 다른 시각을 제공하고 있다는 것이다. 사실 이 리듬이라고 하는 것 때문에 비로소 물리적 존재를 포함한 전 우주에 생명의 근원적 원리가 편재하고 있다는 인식이나 믿음이 가능케된다는 것이다. 사실 리듬이란 궁극적으로 단순한 반복을 위한 것이다. 그러나 반복을 지속시키기 위한 반복적 방법이 곧 리듬을 형성시킨다. 다시 말해서 리듬이란 반복의 지속과, 반복에서 파생되는 피로를 제거시키는 양면적 효과를 동시에 만족시키기 위해 발생되는 것이다. 사실 우리가 음악을 듣는다고 하는 것도 반복의 시간을 반복의 권태가 느껴지지 않게 보내기 위해 듣는 것이다. 사물놀이는 단순한 반복이지만 그 반복이 지겹게 느껴지지 않는 이유는 반복의 싸이클이 다양성을 과시하기 때문일 뿐이다. 사물놀이를 듣는 시간이 창조적인 上向의 시간은 아니다. 그것은 궁극적으로 엔터테인먼트의 시간이요, 엔터테인먼트란 반복적 시간의 효율적 소비 방법일 뿐이다. 반복의 리듬의 주기가 자기치유적일 때, 반복으로부터 파생되는 피로는 기나긴 시간의 축적을 요구하게 될 것이다. 그리고 저급한 단계로 내려갈수록 아마도 피로의 느낌은 보다 기나긴 시간의 축적을 요하게 될 것이다.

1-34 At the level of human experience we do find fatigue arising from the mere repetition of cycles. The device by which this fatigue is again obviated takes the

form of the preservation of the fundamental abstract
structure of the cycle, combined with the variation of the
concrete details of succeeding cycles. This device is
particularly illustrated in music and in vision. It is of
course capable of an enormous elaboration of complexity
of detail. Thus the Rhythm of life is not merely to be
sought in simple cyclical recurrence. The cycle element
is driven into the foundation, and variations of cycles,
and of cycles of cycles, are elaborated.

譯 1-34 인간의 경험의 단계에서도 우리는 단순한 주기의 반복에서
발생하는 피로를 발견할 수 있다. 그러나 이러한 피로가 다시 제거되
는 장치는 그 주기의 본질적으로 추상적인 구조를 보존하면서 그것에
잇따르는 주기들의 구체적 디테일의 다양성과 결합시키는 형태를 취
한다. 이러한 장치는 시각과 음악에 있어서 특별히 잘 예시되어 있다.
물론 이것은 디테일의 엄청난 공력의 복합성을 만들어 낼 수가 있다.
그러므로 생명의 리듬은 단순한 주기적 재현을 목표로 하지 않는다.
그 주기라는 요소는 그 근저에 깔리게 되며, 주기의 다양성과 주기의
주기의 다양성이 섬세하게 펼쳐진다.

案 1-34 인간의 경험의 단계에 있어서 리듬이라는 현상을 매우 자세하
게 묘사하고 있다. 음악의 이론에 일가견이 있는 사람이라면 쉽게 이해가
갈 것이다. 리듬은 주기의 반복으로 형성되는 것이다. 그러나 그것은 단
순한 반복이 아니라 그 반복 자체를 다양한 형태로 복합해나갈 때만이
생명현상의 리듬으로서 의미를 갖는 것이다. 즉 주기의 추상적 구조만 보
존되면서 수많은 구체적 디테일이 결합된다. 주기성이라는 것은 하나의

토대를 이루며 그 주기의 변조가 이루어지고, 또 주기와 주기의 결합은 또 하나의 다른 주기를 형성하고, 이렇게 복합되는 방식으로 무한히 다양한 리듬의 세계를 형성해나간다. 그러기 때문에 인간의 경험에 있어서 리듬이란 피로를 제거하는 장치로서 매우 긍정적인 것처럼 보이지만, 이 문단의 전체적 흐름에서 볼 때 그것은 어디까지나 인간의 안정성의 지속의 방법일 뿐이라는 것이다. 그러나 생체에 있어서 안정성의 지속은 존재의 필연적 과정이다. 그러므로 인간을 비롯한 생체는 리듬이 없이는 살 수 없다. 인간의 건강이라고 하는 것도 이 리듬의 건강한 지속인 것이다. 그렇지만 리듬의 반복 속에만 안주하는 건강은 궁극적으로 백치의 건강인 것이다. 반복의 리듬을 뛰어넘는 上向, 그 上向이 리듬을 깨는 것일지라도 바로 그 上向에 비로소 이성이 存하는 것이다.

1-35 We find here the most obvious example of the adoption of a method. The good life is attained by the enjoyment of contrasts within the scope of the method. We exemplify in this way the action of appetition working within a framework of order. Reason finds its scope here in its function of the direction of the upward trend. In its lowliest form, Reason provides the emphasis on the conceptual clutch after some refreshing novelty. It is then Reason devoid of constructive range of abstract thought. It operates merely as the simple direct judgment lifting a conceptual flash into an effective appetition, and an effective appetition into a realized fact.

譯 1-35　우리는 여기서 한 방법의 채용에 관한 아주 명백한 실례를 하나 발견하게 되는 것이다. 좋은 삶이란 한 방법의 범위내에 있는 대비들의 향유로써 달성되는 것이다. 이러한 방식으로 우리는 질서의 한 틀내에서 작동하는 욕망의 작용을 예시할 수 있다. 이성은 여기서 상향의 방향성(전략)의 기능이라고 하는 측면에서 자신의 영향의 범위를 발견한다. 아주 저급한 형태에 있어서는 이성은 기분을 전환시키는 새로움에 달라붙는 개념적 장치의 강조를 제공한다. 이러한 이성은 추상적 사유의 구성적 범주를 결여한 이성이다. 그러한 이성은 어떤 개념적 번뜩임을 하나의 효과적인 욕망으로 제고시키고, 또 그 효과적인 욕망을 실현된 사실로 제고시키는 아주 단순한 직접적 판단으로서만 작용할 뿐이다.

案 1-35　이 단에서 이성과 욕망의 관계가 리듬의 문제와 관련하여 구체적으로 암시되고 있다. 이성은 상향적 경향의 방향성의 기능이라는 말을 잘 기억해야할 것이다. 여기서 방향성이란 상향의 전략이다. 나머지는 그의 과정철학의 세부조목과 관련되는 것이다. 그리고 여기 "대비"라는 말이 계속 나오고 있는데 이것은 복합적 감각소여를 구성하는 많은 요소들의 단위를 말하는 것이며, "대비"라는 말 그자체의 상식적 의미처럼 "배제"를 전제로 하는 것이 아니다. 화이트헤드 철학체계 속에서의 "대비"는 "양립가능할 수 없음"의 반대말이며, 곧 양립가능하다는 의미를 지닌다.

　즉 이 단에서 말하고 있는 이성은 원초적 단계의 이성이다. 다시 말해서 이성의 최초의 기능은 바로 새로운 어떤 것이 등장했을 때 그것에 잽싸게 달라붙는 어떤 개념적 장치의 강조의 기능인 것이다. 이러한 원초적 단계의 이성은 추상적 사유의 어떤 능동적인 구성적 결과를 가지고 있는 것은 아니다. 그것은 개념적 번뜩임을 구체적인 결과를 가져오는 욕망으로 제고시키는 단순한 판단인 것이다. 그리고 그러한 욕망을 실현된 사실로 제고시킨다.

1-36   "Fatigue" is the antithesis of Reason. The operations of Fatigue constitute the defeat of Reason in its primitive character of reaching after the upward trend. Fatigue means the operation of excluding the impulse towards novelty. It excludes the opportunities of the immediate stage at which life finds itself. That stage has been reached by seizing opportunity. The meridian triumph of a method is when it facilitates opportunity without any transcending of itself. Mere repetition is the baffling of opportunity. The inertia weighing upon Reason is generation of a mere recurrent round of change, unrelieved by novelty. The urge of Reason, clogged with such inertia, is fatigue. When the baffled urge has finally vanished, life preserves its stage so far as concerns its formal operations. But it has lost the impulse by which the stage was reached, an impulse which constituted an original element in the stage itself. There has been a relapse into mere repetitive life, concerned with mere living and divested of any factor involving effort towards living well, and still less of any effort towards living better. This stage of static life never truly attains stability. It represents a slow, prolonged decay in which the complexity of the organism gradually declines towards simpler forms.

譯 **1-36** "피로"는 이성의 반(反)이다. 피로의 작용은 상향에 도달하려는 원초적 성격에 있어서의 이성의 패배를 구성하는 것이다. 피로란 새로움을 향한 충동을 제거시키는 작용을 의미한다. 피로는 생명이 그 자신을 발견하는 목전의 단계의 기회들을 배제시킨다. 그 단계는 그러한 기회들을 포착함으로써 달성되어온 것이다. 한 방법의 영화로운 승리는 그 방법이 자체를 초월함이 없이 기회를 촉진시킬 때 달성된다. 단순한 반복이라고 하는 것은 기회의 저지를 의미한다. 이성을 짓누르는 관성의 체계는 새로움에 의하여 구원되지않는 단순한 변화의 재현되는 틀의 생산일 뿐이다. 그러한 관성으로 질식된 이성의 충동이 곧 피로다. 이렇게 저해되는 충동조차 모두 사라졌을 때 삶은 그 형식적 작동에 관여되는 단계까지만을 보존한다. 그러나 그러한 삶에는 그 단계가 그것에 의지하여 도달하였던 그 충동이 사라진 것이다. 그 충동이야말로 그 단계 자체에 내재하는 원래적 요소를 구성하는 것이었다. 이제 거기에는 단순한 반복적 삶에로의 퇴행만 있게 된다. 그것은 단지 산다고 하는데만 급급하게 되며, 잘 살려고 하는 노력을 포함하는 어떠한 요소도 결여하게 된다. 물론 더 잘 살려고 하는 노력은 더 없게 될 것이다. 이러한 정적인 듯이 보이는 삶의 단계는 실제적으로 안정성을 획득하는 것이 아니다. 그것은 유기체의 복잡한 형태가 단순한 형태로 서서히 몰락해가는 아주 완만하고 오랜시간에 걸치는 부패를 표상하는 것이다.

案 **1-36** 심포니에는 테마라는 것이 있다. 베토벤의 "운명교향곡"에는 그의 운명이 그의 귀를 두드린다고 하는 제일 처음에 시작될 때의 테마가 있다. 그리고 그 테마는 무궁한 배리애이션을 가지고 발전해나간다. 아마도 화이트헤드의 『이성의 기능』을 하나의 심포니라고 한다면 그 테마는 여기 이 단을 시작하는 한마디로 압축될 것이다: "피로는 이성의 反이다." 피로는 이성의 反이라는 이 한마디야말로 화이트헤드가 이 강의에서 하고싶은 가장 핵심적 테마 중의 하나인 것이다. 그리고 이 한마디야말로 탈레스로부터 시작한 서양철학사 3천년의 왜곡된 이성의 개념을 불식시키는 천하의 명언이다. 이성을 피로의 反으로 본 것은 이성을 철저히 몸철학化한 것이다. 이성을 인간의 몸으로부터 분리하는 모든 수학적·기하학적 전통은 그 근원을 따지고 들어가 보면 결국 종교적 초월성으로 귀착되는 것이다. 수학자체는 영원히 형식적일 수밖에 없지만 수학을 하는 인간의 기능에 관한 논의는 플라톤이래 데카르트를 새로운 기원으로 하여 크게 왜곡되어온 것이다. 그것은 실천이성과 사변이성의 철저한 이원성의 틀 속에서 왜곡되어온 것이며, 그 왜곡의 본질에는 기독교라는 터무니없는 종교적 질곡이 도사리고 있는 것이다. 이성을 피로라고 하는 생리적 기능과 같은 차원에서 논하는 화이트헤드의 철학적 발상이야말로 서양철학사의 최대의 반역이라고 말할 수 있을 것이다.

나 도올은 의사다. 나 의사에게 찾아오는 많은 사람들이 "요즈음 피곤하다"고 말한다. 그래서 보약을 짓고 싶다는 것이다. 그들이 피곤을 호소한다는 것 자체가, 피곤을 거부하는 이성의 작용이 있다는 것을 말한다. 그들이 피곤하다고 나 도올을 수소문해서 찾아왔다는 것 자체가 이미 단순히 생존을 유지하려는 삶의 자세가 아니라 "더 잘 살아보겠다"고 하는 의지의 표현인 것이다. 그러한 의지를 화이트헤드는 이성이라고 부르고 있는 것이다. 그러한 원초적인 충동으로부터 이성개념을 풀어가지 않으면 이성주의의 오류는 풀릴 길이 없다고 생각하는 것이 바로 화이트헤드의 유기체철학의 본질인 것이다. 그러한 이성적 충동이 결여될 때 그 삶은 안정을 획득하는 것이 아니라 부패와 타락과 해체의 길로 서서히 진입하게 되는 것이다.

피로는 새로움을 향한 충동을 제거시키는 작용이다. 삶의 새로운 즉각적 단계는 기회로 충만되어 있다. 허나 피로는 그러한 기회를 배제시켜 버린다. 한 방법의 승리는 그 자체를 초월함이 없이(without any transcending of itself) 기회만을 촉진시킬 때 달성된다. 그러나 이러한 방법론의 승리는 결국 반복만을 가져오게 되고, 반복은 또 다시 기회를 저해시킨다. 다시 말해서 새로움의 개입이 이루어지지 않는 변화의 틀이란 아무리 재현되어도 똑같은 틀을 반복할 뿐인 것이다. 이러한 반복의 관성에 의하여 저해된 이성의 충동이 곧 피로라는 것이다. 피로가 곧 이성의 충동과 동일시되었다는 맥락에서 우리는 피로는 이성의 反이라는 말을 깊게 되새겨봐야 하는 것이다. 이 저해된 충동마저 사라지게 되면 최소한의 생존을 위한 안정으로 퇴보하는 것처럼 보이지만, 이때 안정이라는 것은 단순한 형태로 분해되어 가는 서서한 부패를 의미할 뿐인 것이다.

이성의 충동이 없이 피로가 불가능하고, 또 피로가 없이는 이성의 충동 또한 불가능할 것이다. 피로는 하향이고 이성은 상향이다.

1-37 In this general description of the primitive function of Reason in animal life, the analogy of a living body, with its own self-contained organization, to the self-contained physical organization of the material universe as a whole, has been closely followed. The material universe has contained in itself, and perhaps still contains, some mysterious impulse for its energy to run upwards. This impulse is veiled from our observation, so far as concerns its general operation. But there must have been some epoch in which the dominant trend was the formation of protons, electrons, molecules, the stars. Today, so far as our observations go, they are decaying. We know more of the animal body, through the medium of our personal experience. In the animal body, we can observe the appetition towards the upward trend, with Reason as the selective agency. In the general physical universe we cannot obtain any direct knowledge of the corresponding agency by which it attained its present stage of available energy. The aggregations of energy in the form of protons, electrons, molecules, cosmic dust, stars, and planets, are there. However vast may be the scale of the physical order, it appears to be finite, and it is wasting at a finite rate. However long the periods of time may have been, there must have been a beginning of the mere waste, and there must be an end to it. From nothing, there can come nothing.

譯 **1-37** 동물의 삶에 있어서의 이성의 원초적 기능에 관한 이 일반 기술에 있어서, 그 자체로 완비(完備)된 조직을 가지고 있는 살아있는 몸과 전체로서의 물질적 우주의 완비된 물리적 조직과의 유비관계는 밀접한 것으로서 연구되어왔다. 물질적 우주는 그 자체내에 상향하고자 하는 에너지로서의 어떤 신비한 충동을 구비하고 있었으며, 아마도 지금까지도 그런 충동을 가지고 있을 것이다. 이 충동은, 그 전체적 작용에 관한 한 우리의 경험적 관찰로부터 자신을 베일속에 감추고 있다. 그러나 과거 어느 시점의 기원에 있어서 양성자, 전자, 분자, 별과 같은 것을 뭉치게 만드는 지배적인 경향이 존재했음에 틀림이 없다. 허나 오늘날에는, 우리의 물리학적 관찰이 말하는 한에 있어서는, 이런 것들은 쇠잔해져가고 있다. 우리는 우리의 개인적 경험의 매체를 통하여 동물의 몸에 관하여 더 많이 알고 있다. 동물의 몸에 있어서는, 우리는 이성을 선택의 주체로 하는 상향의 욕구를 관찰할 수가 있다. 일반 물리적 우주에 있어서는, 유용한 에너지를 가지고 있는 현재 단계를 달성시킨 우리 몸의 이성에 상응하는 어떤 기관에 관한 직접적인 지식을 획득하기는 불가능하다. 양성자, 전자, 분자, 우주의 먼지, 별, 행성의 형태로서의 에너지의 집적이란 그냥 거기에 그렇게 엄존하고 있는 것이다. 물리적 질서의 스케일이 아무리 광막하다 하여도, 그것은 유한한 것으로 나타나며, 그리고 유한한 비율로 소모되어가고 있다. 시간의 단위가 제아무리 길다하여도, 분명 이러한 단순한 소모의 시작이 존재했음에 틀림이 없으며, 또 거기에는 그 종료가 존재할 것임에 틀림이 없다. 무(無)로부터는 아무 것도 나올 수 없는 것이다.

案 1–37 물리적 세계로서의 우주와 생명적 우주로서의 우리몸을 동일한 차원의 유비관계로서 논하는 화이트헤드 유기체철학의 기발함과 광대한 스케일에 우리는 다시한번 경이와 존경의 넘을 표하지 않을 수 없다. 화이트헤드는 우주의 현상을 단순한 물리적 법칙에 지배받는 인과적 추이로 해석하지 않는다. 물리적 우주에 내재하는 상향의 충동, 그리고 우리의 경험론적 관찰을 거부하는 그 신비한 에너지, 그것을 동양인들은

"기"(氣)라고 불러왔고 몸에서는 "경락"(經絡)이라고 불러왔다. 허나 기라는 것은 그렇게 어떤 신비적인 상향의 충동에만 해당되는 것이 아니라 하향적 소모에도 관련되는 포괄적 일반개념으로 이해되어야 마땅하다. 화이트헤드의 우주는 종말론적은 아니다. 비그뱅으로 시작하여 종말로 끝나는 우주가 아니라 어떤 영속적 과정을 전제로 하여 끊임없이 상향적 충동을 계속하는 우주를 상정하고 있는 것이다. 따라서 무로부터의 유의 창조도 있을 수 없고, 유로부터 무로의 진입도 있을 수 없다. 우주적 실체를 집적하는 힘과 인간의 이성적 힘을 동일시하는 그의 우주론적 발상만을 여기서 기억해두는 것이 좋을 것이다. 화이트헤드시대에는 비그뱅과 같은 명료한 이론구성이 없었다. 허지만 화이트헤드의 논의는 비그뱅이론이 그리고 있는 우주론의 그림과 대체적으로 일치한다. 이것은 화이트헤드의 우주론이 시대를 앞질러 어떤 통찰력을 과시하고 있다는 느낌을 갖게하는 것이다. 소모의 시작과 종료를 인정하지만 그 종료가 無는 아니다. 그렇다고 화이트헤드의 우주가 비그뱅이론과 대치하는 스테디스테이트(steady-state)적인 이론의 소산도 아니다. 비그뱅적인 현상을 인정하면서도 그 비그뱅적인 전체싸이클을 인정하고 있는 것은 아니다. 따라서 이 단의 논의에서 별은 지금도 생성과 소멸을 계속하고 있음으로 전체적으로 고정된 시점에서의 생성과 그후의 지속적인 쇠잔이라고하는 맥락에서 이해될 수는 없다.

이 단의 가장 핵심적인 논의는 물리적 대우주와 인간이라고 하는 소우주의 동양철학적 혹은 신비적 유비의 통찰이 아니다. 우주는 전체적으로 통찰할 수 없지만, 우주의 일부분일 수밖에 없는 인간, 즉 우주의 일반법칙과 상응되는 체계를 가지고 있다고 할 수밖에 없는 인간에게 있어서 "이성"이라고 하는 상향작용이 확실히 관찰됨으로 역으로 우주에 있어서도 그러한 이성적 상향작용이 있다고 조심스럽게 상정해볼 수 있다는 것이다. 이것은 매우 신중한 과학적 일반통찰이지, 신비를 함부로 말하는 점성술가나 역술가의 논의가 아니다. 왜 별은 뭉치는가? 왜 별은 지금도 생성되어야만 하는가? 그 뭉치게 만드는 힘! 즉 氣散의 방향에 대한 氣聚의 방향이 분명히 엄존하고 있다는 것이다. 바로 우주에 있어서의 氣聚의 방향성이야말로 우리가 살고 있는 우주가 이성적 우주일 수밖에 없다고 하는 논의를 시사하고 있는 것이다.

마지막 부분에 "However vast"로 시작하는 문장과, "However long"으로 시작하는 두 문장은 우주의 공간(전자)과 시간(후자)의 유한성을 말하며, 그 유한성은 엔트로피의 증가라고 하는 현상 속에서 이해될 수밖에 없다는 것을 시사하고 있지만 그 배면의 숨은 논의는 종말론적 논의나 비그뱅적 직선적 방향성의 논의가 아니다. 바로 최후의 한마디, 즉 "From nothing, there can come nothing."이라고 하는 한마디는 그러한 우주에 종말이 있을 수 없다고 하는 逆의 논의를 시사하는 것이다. 무로부터는 아무 것도 나올 수 없다. 종말로부터는 아무 것도 나올 수 없는 것이다. 따라서 無로부터의 시작도 불가능하다. 따라서 우리는 그러한 엔트로피의 증가현상에 대한 역현상! 바로 아래서 "역기능"이라고 부르는 상향, 즉 이성을 동시에 상정하지 않을 수 없다는 것이다.

1-38 The universe, as construed solely in terms of the efficient causation of purely physical interconnections, presents a sheer, insoluble contradiction. The orthodox doctrine of the physiologists demands that the operations of living bodies be explained solely in terms of the physical system of physical categories. This system within its own province, when confronted with the empirical facts, fails to include these facts apart from an act of logical suicide. The moral to be drawn from the general survey of the physical universe with its operations viewed in terms of purely physical laws, and neglected so far as they are inexpressible in such terms, is that we have omitted some general counter-agency. This counter-agency in its operation throughout the physical universe is too vast and diffusive for our direct observation. We may acquire such power as the result of some advance. But at present, as we survey the physical cosmos, there is no direct intuition of the counter-agency to which it owes its possibility of existence as a wasting finite organism.

譯 1-38 순수하게 물리적인 상호연결의 동인적(動因的) 인과의 술어들로써만 해석된 우주는 도무지 해결할 수 없는 순전한 모순을 우리에게 제시한다. 생리학자들의 정통적 학설들은 살아있는 몸의 작동체계가 오로지 물리적 범주의 물리적 시스템의 술어들로써만 설명될 것을 강요한다. 허나 이 시스템은 그 자신의 영역내에서, 경험적 사실에 직면했을 때, 논리적 자살의 행위를 범치아니하고서는 도무지 이러한 명백한 경험적 사실들을 수용할 길이 없다. 순수하게 물리적인 법칙의 맥락으로 관찰된 작용, 그리고 그러한 맥락으로는 표현될 수 없는 것은 다 무시해버린 작용, 이러한 작용만을 가진 물리적 우주에 관한 전체적 개관으로부터 도출되는 교훈은 우리가 어떤 전체적인 역기능을 생략했다는 것이다. 물리적 우주 전체에 퍼져있는 작용에 내재하는 이 역기능은 우리의 직접적인 관찰로 파악하기에는 너무도 광범하고 산재되어 있다. 우리는 앞으로 어떤 과학의 진보의 결과로서 그러한 파악의 능력을 획득하게 될른지도 모른다. 그러나 현재로서는 물리적 우주를 개관하는 바에 있어서, 이 우주를 소모되고 있는 유한한 유기체로서 존재하게 만든 그 가능성의 주범이라 할 수 있는 그 역기능에 대한 어떠한 직접적 직관도 있을 수가 없다.

案 1-38 생리학의 영어에 해당되는 말은 피지올로지(physiology)인데 이 말은 "물리"라는 말과 동원이다. 생리는 생명의 이치요, 물리는 물질의 이치다. 그런데 생리학이라는 말자체가 서양에서는 물리학이라는 말과 일치되는 뉴앙스를 갖는다는 것은 이미 앞서 설명한 바와 같다. 다시 말해서 생의 리가 물의 리로 다 환원될 수 있다는 신념에서 생리학이 출발한 것이다. 허나 어떠한 경우에도 생의 리는 물의 리로 다 환원될 수 없다. 화이트헤드의 시대만해도 생리학자들의 생리의 물리에로의 환원에 대한 믿음은 확고한 것같이 보인다. 허나 오늘날의 개명한 생리학자들은 반드시 생의 리가 물의 리로 다 환원될 수 있다는 환원주의를 고집하지는 않는다. 허지만 오늘날 동·서의학의 편견, 특히 서양의학자들의 동양의학적 생리의 가능성에 대한 편견의 완고함을 생각한다면 화이트헤드가 지금 혐오스럽게 생각하고 있는 편견과의 투쟁의 연장선상에 오늘의 생리학이 지속되고 있다는 생각을 떨쳐버릴 수가 없다.

이 단에서 우리가 꼭 명확히 이해해야할 술어는 이 "역기능"이라는 단어이다. 이 역기능은 앞에서부터 설명해온 전체적 맥락에서 우주에 광범하게 산재되어 있으면서도 우리의 직접적 관찰을 거부하는, 그러면서도 엄존하는 우주의 "상향성"을 말하는 것이다. 그런데 이 상향성은 항상 反語的이다. 우주의 하향성은 반드시 이 상향성을 전제로 해서만 이루어질 수밖에 없다는 것이다. 이것이 바로 화이트헤드의 유기체적 우주관의 특질이요 본질이다. 逆으로 말하면, 하향성의 우주를 관찰할 수 있기에 거꾸로 상향성의 존재를 시인할 수밖에 없다는 것이다. 生理學的 우주의 최대의 오류는 바로 물리적 법칙에 대한 신념 때문에, 수리적으로 量化된 세계의 기계적 운동(동력인)의 제일성 때문에, 바로 이 逆기능을 생략했다는 것이다. 화이트헤드의 논의에 있어서 역기능은 항상 上向과 일치한다. 제일 마지막 구문이, "소모되고 있는 유한한 유기체로서의 존재의 가능성을 빚지고 있는 역기능"이라고 해서 역기능을 엔트로피의 증가방향으로 해석해서는 안된다. 바로 유한한 유기체로서의 소모는 바로 이 역기능 때문에 역설적으로 가능한 것이다. 그것이 바로 그가 "빚졌다"는 표현의 정확한 의미가 되는 것이다. 上向이 있기 때문에 下向의 가능성이 있는 것이다.

1-39 Thus the orthodox physiological doctrine has the weakness that it rests its explanations exclusively upon the physical system, which is internally inconsistent.

In the animal body there is, as we have already seen, clear evidence of activities directed by purpose. It is therefore natural to reverse the analogy, and to argue that some lowly, diffused form of the operations of Reason constitute the vast diffused counter-agency by which the material cosmos comes into being. This conclusion amounts to the repudiation of the radical extrusion of final causation from our cosmological theory. The rejection of purpose dates from Francis Bacon at the beginning of the seventeenth century. As a methodological device it is an unquestioned success so long as we confine attention to certain limited fields.

譯 1-39   그러므로 정통적인 생리학의 학설은 그 설명방식이 내재적으로 일관성이 없는 물리적 시스템에만 오로지 의존해야한다고 하는 약점을 지니고 있다.

　동물의 몸에 있어서는 우리가 앞서 관찰한 대로, 그 활동이 목적에 의하여 방향지워지고 있다고 하는 명료한 증거가 있다. 그러므로 이러한 유비를 역으로 적용하는 것은 결코 어색하지 않다. 그래서 우리는 이성의 작용의 어떠한 저급하고 확산된 형태가 그 광막한 산재된 역기능을 구성하고 있으며 그것에 의하여 이 물리적 우주가 탄생케 되었다고 의논할 수도 있는 것이다. 이러한 결론은 우리의 우주론으로부터 목적인을 근원적으로 추방하려는 의도의 거부를 의미하는 것이다. 이 목적의 추방은 17세기 초 프란시스 베이컨으로부터 시작되었다. 그리고 그것은 하나의 방법론적 장치로서, 우리의 관심을 어떤 제한된 분야에 국한시키는 한에 있어서는 의심할 바 없는 눈부신 성공을 거두었던 것이다.

案 1-39   화이트헤드시대의 물리학의 우주론이 이 "역기능"이라고 하는 것을 어떻게 규정하고 있었는가 하는 것에 대해서 세밀한 고찰이 필요할 것이다. 앞에서도 말했지만 화이트헤드시대에는 비그뱅이론과 같은 어떤 명료한 이론조성이 없었다. 허지만 맥락적으로 이 역기능이 우주의 "목적론"적 인과와 관련이 있다는 것은 이 단에서 명료해진다. 여기서 말하는 역기능을 우주가 팽창한다는 전제가 없이 만유인력에 대한 만유척력(repulsive force)을 상정했던 아인슈타인의 발상과 비교해서 연상해 볼 수도 있겠지만, 화이트헤드가 말하는 역기능의 맥락은 그러한 논의와는 좀 구별되는 것이며 형이상학적 전제로부터 추론된 것으로 보아야할 것이다. 화이트헤드의 역기능은 대체적으로 생명의 상향을 가능케하는 어떤 물리적 우주의 바탕적 경향성과 관련된다. 물리적 우주의 엔트로피는 전체적으로 증가하지만 부분적으로 감소하는 현상이 얼마든지 존재한다는 것을 생각하면 "광막한 산재된 역기능"이라고 하는 화이트헤드의 논의는 너무도 정당한 논의가 될 것이다.

이 단에서 가장 핵심적인 논의는 바로 생명체현상이 물리적 법칙으로 환원된다는 논의에 대하여 역으로 물리적 세계가 생명체현상에 의하여 추론될 수 있다는 아주 과감한 발상이다. "유비를 逆으로 적용한다"는 말은 참으로 통쾌한 일갈이다. 다시 말해서 물리적 우주의 탄생 자체가 우리가 생체에서 관찰할 수 있는 역기능 때문에 가능했다고도 말할 수 있다는 것이다. 우주의 탄생 자체가 氣聚의 힘 때문에 가능했다면 얼마든지 그 배경의 원초적 힘을 본원적으로 전제할 수 있기 때문이다. 이렇게 되면 생리학에서 목적적 인과를 배제하는 것이 불가능할 것은 물론 우주론에 있어서도 목적적 인과의 배제는 근원적으로 불가능하게 될 것이다. 목적적 인과의 추방은 17세기 초 프란시스 베이컨으로부터 출발하는 물리적 경험론의 과학주의로부터 시작했고 그것은 과학의 세기에 있어서 그 분야를 한정해 말한다면 놀라운 객관성의 성과를 거두었던 것이다.

1-40   Provided that we admit the category of final causation, we can consistently define the primary function of Reason. This function is to constitute, emphasize, and criticize the final causes and strength of aims directed towards them.

The pragmatic doctrine must accept this definition. It is obvious that pragmatism is nonsense apart from final causation. For a doctrine can never be tested unless it is acted upon. Apart from this primary function the very existence of Reason is purposeless and its origination is inexplicable. In the course of evolution why should the trend have arrived at mankind, if his activities of Reason remain without influence on his bodily actions? It is well to be quite clear on the point that Reason is inexplicable if purpose be ineffective.

譯 1-40　목적적 인과론의 범주를 용인한다고 가정한다면, 우리는 이성의 원초적 기능을 일관성있게 정의할 수 있게 된다. 그 기능이란 바로 목적인과 그 마지막 목적을 향한 목표들의 강도를 구성하고 강조하고 비판하는 것이다.

　실용주의 이론은 반드시 이 정의를 수용해야만 한다. 실용주의가 목적인을 떠나서는 무의미하다는 것은 너무도 명백하다. 왜냐하면 한 이론이란 목적적 인과에 의하여 실제로 작동되지 않는한 그것은 시험될 길이 없기 때문이다. 이러한 원초적 기능을 무시하고서는 이성의 존재 자체가 무목적적이 되고 말 것이며 이성이 도대체 왜 존재하게 되었는지를 설명할 길이 없게 될 것이다. 만약 인간의 이성의 활동이 인간의 몸의 행동에 아무런 영향을 주지 않는 그러한 것으로 남아 있다면, 진화의 과정에서 왜 하필 인간이라는 존재의 탄생에까지 오게 되었을까? 목적이 아무런 결과를 지향하지 않는다면 이성은 설명될 수 없다고 하는 이 점은 이제 매우 명백해졌으리라!

案 1-40　실용주의란 우리의 상식적 언어가 말하는 그런 실용성의 주의를 포괄하여 당대 미국에서 유행하였던, 모든 존재는 프래그머틱 테스트를 거쳐서 그 진가가 드러난다고 하는 실험주의적 성격을 갖는 프래그머티즘을 전반적으로 지칭한 것이다. 이성과 진화의 목적성의 관계가 계속 논의되고 있다.

실용주의는 인간의 지식을 도구적으로 파악한다. 지식은 만족스러운 경험을 조직하기위한 도구이다. 그리고 개념은 신념의 습관이나 행동의 규칙일 뿐이다. 따라서 진리는 인식론적 기준에 의하여만 결정될 수 없다. 인식론적 기준 그 자체가 희구하는 목표나 행위를 야기시키는 가치로부터 독립되어 결정될 수 있는 것이 아니기 때문이다. 인간의 경험 그 자체가 유기체와 환경사이의 끊임없는 교섭의 산물이다. 그러므로 주체나 객체나 모두 그 교섭의 과정에서 구성되는 것이다. 모든 초기조건은 지향하는 목표에 의하여 의도적으로 개변되어 나간다. 따라서 지식은 관심과 가치에 의하여 인도된다. 실용주의에 있어서는 행동이 이론에 우선하며, 경험이 고정된 원칙에 우선하며, 관념이 관념의 결과에 의하여 그 의미를 획득한다. 이러한 실용주의적 이론은 바로 이성의 기능이 목적인과 목적의 강도를 구성하고 강조하고 비판하는데 있다는 정의를 반드시 받아들여야 한다. 실용주의적 세계관은 목적인에 의하여 연쇄되는 전가치의 場이기 때문이다. 진리의 기준이 유용성(usefulness)이나 효용성(workability)이나 실용성(practicality)에 있다고 하는 실용주의는 목적적 인과를 떠나서는 의미가 없어질 것이다. 실용주의적 이론은 반드시 행동으로 옮겨져야만 시험될 수 있다. 허나 모든 행동은 목적적 인과에 의한 가치의 연쇄선상에 있는 것이다. 이러한 기능이 없이는 이성은 무목적적이 되고 그 발생자체가 설명할 길이 없어진다. 결국 진화가 인간이라는 동물에까지 이르게 된 것은 이러한 목적적 인과의 전체 연계속에서의 上向이라고 하는 이성의 활동이 없이는 불가능했던 것이다.

나 도올은 지금 왜 이 책을 쓰고 있는가? 인세를 벌어 생계를 꾸리기위한 실용적 목적이 있을 것이다. 허나 인세를 벌어 입에 풀칠을 한다는 목적은 그것으로 완료되는 것이 아니라 그것을 넘어서는 또 다른 수없는 목적과 연계되어 있다. 한국의 젊은이들에게 다른 사유의 방법을 가르침으로서 나 존재의 만족을 얻는다든가, 동서문명의 상호적 이해를 증진시킨다든가, 세계평화를 도모한다든가, 하는 등등의……. 따라서 이성의 활동이 내가 이 붓을 옮기고 있다고 하는 육체적 활동에 아무런 영향을 끼치지 않고 있다면 나라는 인간 존재 그 자체의 설명이 불가능해진다는 것이다. 그리고 나를 지배하는 목적·가치가 아무런 결과를 낳는 것이 아니라고 한다면 이성 그 자체도 설명불가능해지는 것이다. 인간의 진화는 궁극적으로 인간의 활동이 이성적인 어떤 것을 지향해왔기 때문에 가능한 역사의 진행이었다.

1-41 Thus at the very outset the primary physiological doctrine has to be examined. This examination leads to the distinction between the authority of science in the determination of its methodology and the authority of science in the determination of the ultimate categories of explanation. We are then led to consider the natural reaction of men with a useful methodology against any evidence tending to limit the scope of that methodology. Science has always suffered from the vice of overstatement. In this way conclusions true within strict limitations have been generalized dogmatically into a fallacious universality.

譯 1-41 그렇다면 애초부터 그 원초적인 생리학의 이론들이 검증의 대상이 되어야 하는 것이다. 이 검증은 방법론의 결정에 있어서의 과학의 권위와 설명의 궁극적 범주의 결정에 있어서의 과학의 권위를 구별짓는데 우리를 이르게 한다. 그렇게 되면 우리는 곧 사람들이, 하나의 유용한 방법론에 대하여, 그 방법론의 범위를 제한하는 경향이 있는 증거들이 출현했을 때, 그 증거들에 대항하여 자기의 유용한 방법론만을 고집하려고 하는 자연스러운 보수적 경향에 직면하게 된다. 과학은 이와같이 해서 항상 과장된 진술의 악덕에 시달려 왔다. 다시 말해서 아주 엄격하게 특정한 제한속에서만 참일 수 있는 결론들을 하나의 오류적인 보편성으로 일반화시키는 독단을 서슴치않고 자행하여 온 것이다.

案 1-41   지난 번에 말한 맹목의 방법, 잠시의 방법, 리듬의 방법에 대하여 우리는 다음과 같은 얘기를 할 수 있을지 모른다. 맹목의 방법이란 구사종(俱舍宗)이 말하는 有論的 성격을 말하는 것이요, 잠시의 방법이란 제행무상의 無常이요, 성실종(成實宗)이 강조하는 空의 측면이 강하다고 한다면, 리듬의 방법이란 업감연기의 연기의 세계요, 삼론종(三論宗)이 제시하는 중론(中論)적 세계라 말할 수 있을 것이다. 허나 화이트헤드의 "中"에 가장 중요한 것은 연기의 평면이 아니요 창조의 입체적 도약이다. 그러한 창조적 충동속에 이성의 기능을 상정하는 것이며 그러한 이성의 기능은 생명체와 물리적 우주질서에 공유되는 것이라고 보는 것이다. 따라서 생리학의 이론이 비생명적 물리적 질서만으로 환원되는 것은 불가하다는 것이다.

  이 단의 논의에서 방법론의 결정에 있어서의 과학의 권위와, 설명의 궁극적 범주의 결정에 있어서의 과학의 권위를 구분한다고 했는데 문맥상으로, 과학이 자신의 방법론을 결정하는 당초의 권위는 인정될 수 있지만 설명의 궁극적 범주를 결정하는데 있어서의 권위는 개방적으로 남아있어야 한다는 의미를 내포하고 있다. 그리고 과학의 모든 방법이 일정한 한계속에 갇혀 있는 것임에도 불구하고 그것이 마치 모든 사태에 적용되는 보편적 진리인 것인냥 그 한계를 불인하는 "일반화의 독단"을 지적한 것은 진실로 모든 과학도들이 항상 반추해봐야할 중요한 지적이다. 유용한 방법론을 소지한 인간들의 보수성이야말로 과학의 진보의 최대 저해요소라는 지적은 이 책을 통해 끊임없이 제기되고 있는 것이다.

1-42 This pragmatic function of Reason provides the agency procuring the upward trend of animal evolution. But the doctrine of the upward trend equally requires explanation in the purely physical cosmos. Our scientific formulation of physics displays a limited universe in process of dissipation. We require a counter-agency to explain the existence of a universe in dissipation within a finite time. The analogy of the animal body suggests that the extreme rejection of final causation from our categories of explanation has been fallacious. A satisfactory cosmology must explain the interweaving of efficient and of final causation. Such a cosmology will obviously remain an explanatory arbitrariness if our doctrine of the two modes of causation takes the form of a mere limitation of the scope of one mode by the intervention of the other mode. What we seek is such an explanation of the metaphysical nature of things that everything determinable by efficient causation is thereby determined, and that everything determinable by final causation is thereby determined. The two spheres of operation should be interwoven and required, each by the other. But neither sphere should arbitrarily limit the scope of the alternative mode.

譯 **1-42** 이러한 이성의 실천적 기능은 동물진화의 상향(上向)을 조달하는 어떤 주체를 제공한다. 그러나 이러한 상향의 이론은 순수하게 물질적인 질서의 세계에 있어서도 같은 설명을 요구한다는 것이다. 최근 물리학의 과학적 이론구성은 기산(氣散)의 과정에 있어서 하나의 제한된 우주의 모습을 과시하고 있다. 그러나 제한된 시간속에서 흩어지고 있는 우주의 존재를 설명하기 위해서는 우리는 하나의 역기능을 상정해야 한다는 것이다. 동물의 몸이라고 하는 우주의 대비는, 우리의 설명의 범주로부터 목적적 인과를 극단적으로 배제한다는 것은 분명한 오류라고 하는 것을 암시하고 있다. 모든 만족스러운 우주론은 반드시 동력적 인과와 목적적 인과를 한 천에 섞어 짜아넣어야 하는 것이다. 만약 이 인과의 두 양태에 관한 우리의 이론이 한 양태의 개입으로 다른 한 양태의 범위가 제한되어버리는 그러한 단순한 형태를 취한다면 그러한 우주론은 명백히 하나의 엉터리 설명에 불과하고 말 것이다. 우리가 추구하는 것은, 동력인에 의해 결정될 수 있는 모든 것이 동력인에 의해 결정됨과 동시에 목적인에 의해 결정될 수 있는 모든 것이 목적인에 의해 결정되는, 사물의 형이상학적 본성에 관한 그러한 우주론의 설명이다. 이 두 작용의 영향권은 섞여 짜어지며, 또 서로의 요구에 의해 서로를 요구하게 되는 것이다. 그러나 하나의 세력권이 자의적으로 일방적으로 타 세력권의 범위를 제한해서는 아니될 것이다.

案 **1-42** 여기에 또 다시 "역기능"이라는 말이 등장하는데 상기의 문맥에서 이 역기능이 "상향"과 관련있다는 것은 너무도 명백하다. 氣의 聚散으로 얘기한다면 우주가 팽창한다든가 우주가 흩어진다고 하는 것은 氣의 散을 의미하는 것이다. 허나 이 散에 대해서 동시에 반드시 聚라고 하는 역기능(counter-agency)을 상정해야 한다는 것이다. 그런데 이 聚에는 반드시 "목적적 인과"라고 하는 가치 혹은 사실이 전제되어야 한다는 것이다. 단순히 "동력적 인과"로써만은 그 聚의 역기능을 설명할 수 없다는 것이다. 여기서 말하는 목적적 인과나 동력적 인과는 물론 서양철학전통에 있어서 아리스토텔레스로부터 토마스 아퀴나스의 철학에 이르기까지 개념화된 전통적 범주이다. 그런데 화이트헤드는 이러한 아리스토텔레스의 개념에 대하여 자기류의 해석을 내리고 있다. 인과란 현실적 계기간의 관계 그리고 합생의 과정적 단계간의 관계를 말하는 것이며, 아리스토텔레스가 제시한 四因이 모두 우주에 自內的인 것이다. 그런데 아리스토텔레스의 생물학주의는 중세기에 내려와서는 목적인을 과도하게 강조하는 방향으로 진행되었다. 이에 우리는 "목적인"이라고 하는 것이 서양사조사에 있어서 기독교신학의 초월주의와 관련된 것임을 알 수 있다. 그런데 근대 과학세기에 내려오면서 이러한 중세기전통에 대한 반발로 목적인에 대하여 동력인을 과도하게 강조하는 경향이 지배적이게 되었다는 것이다. 여기서 우리는 "동력인"이 자내의 동력에 의하여 스스로 움직이는 기계론적 물리적 우주관과 관련되어 있음을 알 수 있다. 화이트헤드의 형이상학의 소임은 바로 이 두 극단적 견해, 목적인의 지나친 강조와 동력인의 지나친 강조를 조화시키는데 있다는 것이다. 독자들은 "모든 만족스러운 우주론은 이 두 인과의 교직(交織)을 설명해야 한다"라는 화이트헤드의 말을 명심하여 주기를 바란다. 화이트헤드철학에 있어서 동력적 인과와 목적적 인과의 관계는 合生(concrescence)의 최초의 순응적 단계(the initial, conformal phase)와 그후로 이루어지는 추가적 단계들(the succeeding supplemental phases)사이의 관계를 말하는 것이다. 다시 말해서 최초의 단계는 동력적 인과의 단계며 그것은 인과적 효과성 (causal efficacy)의 단계이다. 그리고 추가적, 보족적 단계라고 하는 것은 그것이 의미있는 것이라면 그것은 創新(novelty)의 단계며, 목적적 조정 (purposive adjustment)의 단계이다. 비생명적인 물리적 객체로 구성되는 단순한 계기들에 있어서는 추가적 단계들이 무기력하며 따라서 동력적 인과가 지배하게 된다. 허나 보다 복잡한 현실적 계기들에 있어서는 추가적 단계들이 매우 중요하게 되며, 순수하게 동력적인 인과의 개념들로 기술한다는 것은 온전한 실재로부터 연루된 현실적 존재들을 추상해 버리는 결과를 낳게됨으로 그 전체의 그림은 왜곡에 이르게된다. 한 마디로 화이트헤드의 철학에서는 최초의 단계속에 이미 최후의 단계가 내재한다고 말할 수 있을 것이다.

목적적 인과와 동력적 인과는 독립적(independent)인 동시에 상호의존적(interdependent)인 것이다. 성공적 우주론은 목적적 인과와 동력적 인과의 양측면을 서로 배타함이 없이 포섭해야한다는 화이트헤드의 주장은 실제로 우리가 우리의 환경을 생각하고 그것의 이론적 결정체로서의 우주론을 구상할 때에 반드시 고려해야 할 철칙일 것이다. 그것은 사실과 가치의 궁극적 융합, 자인(Sein)과 졸렌(Sollen)의 궁극적 통합을 의미하는 것이다.

1–43 Meanwhile, we find that the short-range function of Reason, characteristic of Ulysses, is Reason criticizing and emphasizing the subordinate purposes in nature which are the agents of final causation. This is Reason as a pragmatic agent.

In this function Reason is the practical embodiment of the urge to transform mere existence into the good existence, and to transform the good existence into the better existence.

But if we survey the universe of nature, mere static survival seems to be the general rule, accompanied by a slow decay. The instances of the upward trend are represented by a sprinkling of exceptional cases. Thus the general fact, as empirically presented to us, appears to be the upward trend of the few, combined with a slow slipping away of the old widespread physical order forming the basis from which the ascent is made.

This empirical fact constitutes one of the deepest unsolved mysteries.

譯 1-43 한편, 율리씨즈에게 특징적인 이성의 가까운 현실적 기능은 자연에 내재하는 목적적 인과의 대행자인 종속적 목적들을 강조하고 비판하는 것이다. 이것은 실용적 주체로서의 이성이다.

이러한 기능에 있어서는 이성이란 단순한 존재를 좋은 존재로, 그리고 좋은 존재를 더 나은 존재로 변화시키는 충동의 실천적 구현이다.

그러나 우리가 자연의 우주를 개관할 때, 그 일반적 성향이라고 하는 것은 점진적 쇠퇴를 수반하는 단순한 정적인 생존이라고 말할 수 있을 것이다. 상향의 사례라고 하는 것은 몇몇의 번뜩이는 예외적 사태로써 대변되는 것이다. 그러므로 경험적으로 우리에게 나타나는 바대로, 일반적 사실이라고 하는 것은 극히 소수의 상향일 뿐이다. 그리고 이 소수의 상향은 구태의연한 광범위한 물리적 질서가 그것으로부터 상향이 이루어질 수 있는 토대를 형성하면서 서서히 쇠퇴하여가는 사실과 결합되어 있다.

이러한 경험적 사실이야말로 오묘한 미해결의 신비를 구성하는 것이다.

案 1-43 화이트헤드가 "오묘한 미해결의 신비"라고 부른 이 사태는 요즈음 생물학에서 말하는 "돌연변이"를 포함하여 上向의 신비로운 사태 전반을 지칭하는 것이다. 그러나 이러한 상향의 돌연변이가 광범위한 물리적 질서의 부패, 쇠퇴, 탈구성의 일반성향의 와중에서 이루어진다고 하는 그 아이러니칼한 우주의 창조적 힘이야말로 미해결의 신비라고 표현하고 있는 것이다. 여기서 화이트헤드는 사변이성 이전의 실천이성의 구체적 기능에 관하여 중요한 정의를 하나 내리고 있다.

"the short-range function"이란 긴박하고 구체적인 생존전략의 기능과 관계되는 것이다. 이것은 물론 율리씨즈의 영역이다. 그러나 이 율리씨즈의 영역에 있어서도 맹목적 생존의 방법만이 있는 것이 아니라 "비판"과 "강조"의 기능이 있다. 허나 이 비판과 강조의 대상이 어디까지나 "종속적 목적"(the subordinate purposes)이다. 종속적 목적은 기본적으로 자연에 내재하는 동물적 요구다. 그러나 이 동물적 요구가 있기 때문에 목적적 인과가 실현될 수 있는 것이다. 먹이를 찾는다든가 배우자를 구한다든가 하는 종속적 목적을 비판적으로 검토해나가는 이성의 기능, 이것이 곧 실용적 주체로서의 이성인 것이다.

이렇게 구체적인 실용적 기능에 있어서도 이성은 단순한 삶을 좋은 삶으로, 좋은 삶을 더 나은 삶으로 변화시키는 충동을 실천적으로 구현한다. 여기 "실천적 구현"(the practical embodiment)이라는 말이 매우 중요하다. 이것은 "사변적 구현"은 아닌 것이다. 그러나 여기서 우리가 주목해야할 것은 실천이성조차 그 생존의 목전의 범위의 기능에 있어서 "더 나은 존재"(the better existence)에까지 상향의 충동을 구현한다는 것이다. 따라서 엄밀하게 실천이성과 사변이성이 이원적으로 구분될 수 없다는 것이 여기서 명료해지게 되는 것이다.

그러나 자연의 대세는 항상 散이요, 쇠퇴요, 下落이다. 사실 상향의 예라는 것, 실천이성이 더 나은 존재로의 비약을 시도하는 예라는 것은 경험적으로도 극히 소수에 불과한 것이다. 그리고 이 소수의 상향은 광범위하게 일어나고 있는 하향과 결합되어 있다. 그 소수의 상향의 발가락 사이로 엄청난 광범위한 물리적 질서가 흩어져 빠져나가고 있는 것이다. 허나 바로 이러한 下向의 질서가 또다시 上向(the ascent)이 이루어질 수 있는 토대를 형성하고 있다는 이 경험적 사실이야말로 우주의 아이러니며, 가장 심오한 미해결의 신비를 구성하고 있는 것이다.

1-44 When we have recognized these two tendencies at work, it is inevitable that we ask how we can conceive the nature of things so as to include this double character. We all remember Bergson's doctrine of the *élan vital* and its relapse into matter. The double tendency of advance and relapse is here plainly stated. But we are not given any explanatory insight. The older doctrine of individual substances with their inherent qualities does not give the slightest reason for the double aspect. But there is another obvious duality in the world which it is the first business of every cosmology to consider—Body and Mind. If we follow

Descartes and express this duality in terms of the concept of substance, we obtain the notion of bodily substances and of mental substances. The bodily substances have, on this theory, a vacuous existence. They are sheer facts, devoid of all intrinsic values. It is intrinsically impossible to give any reason why they should come into existence, or should endure, or should cease to exist. Descartes tells us that they are sustained by God, but fails to give any reason why God should care to do so. This conception of vacuous substantial existence lacks all explanatory insight. The movement to exclude final causation has thus ended by making the doctrine of efficient causation equally inexplicable. Descartes had to call in God, in order to push his bodies around. The two tendencies upward and downward cannot be torn apart. They exist together. Also Descartes' clean cut between bodies and mind is a misreading of the empirical facts.

譯 **1-44** 우리가 사물에 작용하고 있는 이 두 경향성을 인지하게 되었을 때, 이 이중적 성격을 포함시킬 수 있도록 어떻게 사물의 본성을 인식할 수 있을 것인가 하는 것을 질문하는 것은 너무도 필연적인 것이다. 우리 모두 베르그송의 **엘랑비탈**이라고 하는 생의 약동과 그 약동의 물질에로의 퇴보라고 하는 이론을 잘 기억하고 있다. 진보와 퇴보의 이 이중경향은 여기서도 매우 명백하게 진술되어 있다. 그러나 이 이론은 우리에게 어떠한 해설의 통찰을 제공하는 바가 없다. 각기 고유한 속성을 지닌 개별적 실체의 낡은 이론은 이러한 이중적 측면에 대한 실오라기의 이유조차 제공하지 않는다. 그러나 이 세계에 존재하는 또 하나의 명백한 이중성, 모든 우주론의 제일업무로서 고려해야 할 이중성이 있다. 그것은 바로 **육신**과 **정신**이라고 하는 것이다. 데카르트의 이론을 수용하고, 그가 정의하는 "실체"의 개념의 맥락에서 이 이중성을 표현한다면, 우리는 육체적 실체들과 정신적 실체들이라고 하는 관념에 이르게 된다. 그런데 이 이론에 의하면, 육체적 실체들이라고 하는 것은 완전히 텅빈 공허한 존재다. 그것들은 여하한 내재적 가치도 지니지않는 단순한 사실일 뿐이다. 그것들이 왜 존재하게 되었으며, 왜 그 존재를 계속하는지, 그리고 왜 존재하지 않게 되는지 어떠한 이유나 설명을 제시한다는 것은 본질적으로 불가능하다. 데카르트는 단지 그러한 육체적 실체들이 神에 의하여 지속된다고 말하고 있는데 또 왜 신이 그렇게 지속시키느라고 애쓰는지에 대한 설명은 하지 못한다. 이러한 공허한 실체적 존재의 개념은 모든 해석적 통찰을 결여한다. 그러므로 목적적 인과를 배제시키려는 근세적 운동은 결국 동력적 인과의 이론조차도 똑같이 설명불가능하게 만들어버림으로써 종말을 고하게되는 것이다. 데카르트는 그의 육체적(물질적) 실체들을 변호하기위하여 신을 끌어들여야만 했다. 상향과 하향의 두 경향성은 본디 두 개로 찢겨질 수 있는 것이 아니다. 그들은 "함께" 존재하는 것이다. 그리고 데카르트가 물체들과 정신을 깔끔하게 둘로 갈라버린 것 자체가 이미 경험적 사실을 誤讀한 결과인 것이다.

案 **1-44** 여기서 화이트헤드가 베르그송과 데카르트가 말하는 서양의 전통적 철학개념들에 대하여 비판을 가한 언사는 매우 평이하고 명료하다. 베르그송이 말하는 "공간화된 시간"과 "현실지속"으로서의 시간이라는 이원성, 결정론과 자유의지, 습관기억과 순수기억, 엔트로피증가적 하향과 생명, 지성(분석)과 직관 등등의 모든 이원성이 궁극적으로 신체와 정신이라는 두개의 실체의 이원성을 전제로 해서 이루어지고 있는 것이다. 베르그송 조차도 이중의 경향성은 언급했지만 그 이중의 경향성을 가능케하는 우주에 대한 포괄적 설명이 없다. 이원적 대비속에서 순수지속이니 엘랑비탈이니 직관이니 하는 것들에 대한 예찬만을 했을 뿐이다.

데카르트철학에 있어서 가장 중요한 것은 "실체"에 관한 정의 그자체이다. 그는 실체를 "그 자신의 존재성을 위하여 타자를 필요로 하지 않는 것"이라 하였는데 그것은 기실 중세기 카톨릭신학의 "자기원인"의 관념을 그대로 계승한 것이다. 이러한 "실체"의 정의 때문에 육체와 정신이 육체적 실체와 정신적 실체로 나뉘게 되고 그 양자간에는 어떠한 교섭도 있을 수 없게 된 것이다. 자신의 존재성을 위하여 타자를 필요로 한다면 그것은 "실체"의 자격이 없음으로—. 그리고 여기서 화이트헤드가 "공허하다"(vacuous)고 말한 것은, 데카르트의 육체(물체)는 단지 연장(extension)을 속성으로 갖는데 이 연장이란 단지 기하학적 속성을 말함으로 결국 아무런 내용이 없는 공허한 것이 되고 마는 것이다. 이 내용이 없는 공허한 사태를 여하한 내재적 가치도 지니지 않는 "단순한 사실"(sheer facts)이라고 표현한 것이다. 그리고 이러한 유한실체들의 무교섭 상태를 설명하기 위하여 무한실체인 神을 끌어들였는데 神조차 구체적인 존재성이나 기능성이 아무것도 없는 것이다. 한마디로 서양철학의 역사는 오류의 역사다. 그것은 경험적 사실의 오독의 역사다. 그리고 서양철학의 진리는 일언이폐지하면 유치하다. 그 유치함을 가리기위해 교묘한 수사학적 언어만 발전시켜왔을 뿐이다. 이제야말로, 21세기야말로, 다시 한번 상식이 눈을 떠야할 때가 아닌가? 기독교라는 미신에 가려버린 서양철학의 "과학적"언어라는 대미신(大迷信)으로부터 해방될 때도 되지 않았는가.

心身의 술어에 관한 문제인데, 영어로도 "Body and Mind," "Matter

and Mind," "Matter and Spirit" 등 여러 술어가 있다. "Body"쪽으로 쓰는 우리말은 "身," "육신," "육체," "신체," "물체," "물질" 등 무수한 말이 있고 "Mind"쪽으로 쓰는 말은 "心," "마음," "정신," "영혼" 등등의 말이 있다. 영어로 "Body and Mind"라고 할 때는 역시 인간중심주의적으로 하는 말이며 이때의 "Body"는 "신체" "육신" "육체" 등의 표현이 맥락에 따라 可할 것이다. "Matter and Mind"라 할 때는 인간중심적만이 아닌 인간을 포함한 우주의 실체를 보편적으로 지칭하는 뉴앙스가 강함으로 이때의 "Matter"는 "물체" "물질" 등의 번역이 可할 것이다. 허나 결국 "Body"와 "Matter"는 궁극적으로 상호교환적이라는데 이 심신이원론의 특징과 한계와 오류가 내재한다. 다시 말해서 "bodily"라고 할 때는 그것은 "신체적"이라는 말이지만 그것이 유기체적 맥락을 포함하여 순수물리적인 "물체적"이라는 말과 혼효됨으로 그 유기체적 "신체"의 특성이 전혀 고려되지 않는다는 뜻이다. 그렇지만 나는 "Body"라는 말을 쓸 때는 역시 "신체" "육체" "육신"의 개념으로 번역되어야 근세서양계몽주의철학을 올바르게 대변한다고 본다.

우리말의 "몸"은 영어의 "Body"와 일치하지 않는다. 그리고 나의 기철학이 말하는 몸(MOM)은 바로 화이트헤드가 역설하는 "경험적 사실" 그 자체며, 全觀的인 華嚴的인 과정 그 자체이다. 몸은 인간의 현실태의 과정 그 전체를 가리키며 궁극적으로 우주의 과정 그 전부다.

데카르트의 이원론은 근세 과정철학의 선구라고 불리우는 베르그송에게 있어서까지도 부정적인 맥락일지라도 그 틀은 유지되고 있다. 그러나 데카르트의 이원론은 그 이원론의 전제하에서 새롭게 논의될 수 있는 이론이 아니다. 그것은 단순히 경험적 사실의 誤讀일 뿐이며, 따라서 전적으로 포기되어야 하는 것이다. 아직도 데카르트의 이원론의 극복 운운하면서 그 이원론의 틀 속에서 페티한 논의를 일삼고 있는 한국철학계의 현황이 자못 걱정스럽고 한심스럽게만 느껴질 뿐이다.

1-45   We   shall   never   elaborate   an   explanatory
metaphysics unless we abolish this notion of valueless,
vacuous existence. Vacuity is the character of an
abstraction, and is wrongly introduced into the notion of
a   finally   real   thing,   an   actuality.   Universals   and
propositions are vacuous, but are not actualities. But if
we discard the notion of vacuous existence, we must
conceive each actuality as attaining an end for itself. Its
very   existence   is   the   presentation   of   its   many
components to itself, for the sake of its own ends. In
other words, an actuality is a complex unity, which can
be analysed as a process of feeling its own components.
This is the doctrine that each actuality is an occasion of
experience, the outcome of its own purposes.

  Now I am pursuing the ordinary scientific method of
searching for an explanation. Having found one example
of a fundamental duality in the universe, namely the
physical   tendency   towards   degradation   and   the
counter-tendency upwards, I am enumerating the other
basic dualities, with the hope of tying them up into one
coherent concept in which they explain each other. We
have now to ask how we can interpret the upward and

the downward trends, and body and mind, as two coordinate dualities essential in the nature of experience.

譯 **1-45** 우리가 이와같은 공허하고 무가치적인 존재의 관념을 포기하지 않는 한 우리는 참으로 설명적인 형이상학을 구성해낼 수 없을 것이다. "공허함" 그 자체가 하나의 추상의 성격인데도 불구하고 그것이 최종적으로 실재하는 것, 즉 하나의 현실태의 관념으로 도입되는 오류를 저질렀던 것이다. 보편자나 명제라고 하는 것은 공허하며 현실태가 아니다. 그러나 만약 우리가 공허한 존재의 관념을 포기한다면 우리는 반드시 모든 현실태를 그 자체로서 목적을 달성하는 체계로서 간주해야만 하는 것이다. 그 바로 그 존재성이라고 하는 것이, 자체의 많은 성분을 자신의 목적을 위하여 자기에게 현시하는 것이다. 환언하면, 하나의 현실태라는 것은 하나의 복합적 단위이며, 그 단위는 그 자신의 성분을 느끼는 과정으로서 분해될 수 있는 것이다. 이것이 바로 모든 현실태는 경험의 계기이며, 그 자신의 목적들의 결과라고 하는 유기체철학의 이론인 것이다.

나는 지금 하나의 설명을 가능케하는 지극히 평범한 과학적 방법을 추구하고 있는 것이다. 퇴보를 향한 물질적 경향과 그에 반하는 상향의 경향이라고 하는, 우주에 있어서의 매우 근본적인 이중성의 한 실례를 발견했을 때, 나는 또 다른 근본적인 이중성들을 열거하고 있는 것이다. 그리고 동시에 이 모든 이중성들이 서로를 설명할 수 있는 하나의 일관된 개념으로 묶여질 수 있게 되기를 희망하고 있는 것이다. 그럼 이제 우리는 이 상향과 하향의 경향과 육체와 정신이라고 하는 것을, 우리의 경험의 본성속에 본질적인 두개의 상호관련된 이중성으로서 어떻게 해석할 수 있을 것인가를 먼저 질문해봐야 하는 것이다.

案 **1-45**   화이트헤드의 너무도 복잡한 유기체철학의 간단명료한 윤곽을 대철학자 화이트헤드 자신의 입을 빌어 아주 명쾌하게 듣고 있는 기분이다. 무엇이든지 他律的으로, 依他的으로, 他力的으로 해결하기는 쉽다. 허나 그것은 궁극적 해결이 아니다. 기독교이론의 용이함에 대해 불교이론의 난삽함이 그 자족성에서 유래하듯이, 화이트헤드의 우주 또한 自律的이며, 依自的이며, 自力的인 것이다. "自足"한 체계라는 것은 그만큼 어렵다. IMF의 돈을 꾸어 돈의 결손을 메꾸기는 쉽지만, 돈을 밖에서 꾸지않고도 自足할 수 있는 유기체상태로 만든다는 것은 어렵다. 화이트헤드의 우주는 기독교전통의 우주와 달리 自足한 우주며 자기향유(self-enjoyment)의 우주다. 그래서 화이트헤드의 형이상학은 그만큼 복잡하고 어려워진다. 모든 것을 自內에서 해결해야 하니까.

공허함(vacuity)을 추상의 성격(the character of an abstraction)이라 말한 것은 공허함의 아주 명쾌한 정의라 할 수 있다. 추상은 추상일뿐이며 현실적 존재가 아니다. 그런데 데카르트의 연장따위의 추상을 바로 최종적인 실재사물의 관념속으로 도입시켰다는데 과거 모든 형이상학의 오류가 存하는 것이다. 여기 화이트헤드가 말하고 있는 "명제"(propositions)라는 말에 특별한 주목을 해야한다. 화이트헤드가 말하는 명제는 참·거짓의 대상이 되는 인식론적 명제를 말하는 것이 아니라 "느낌의 유혹"(a lure for feeling)으로 기능하는, 영원한 객체와 현실적 존재사이에 있는 중간자적 존재이다. 그러므로 그것은 보편자처럼 아직은 공허한 무엇이며 현실적인 것이 아니다.

공허한 존재의 관념을 포기하고 이 세계의 모든 존재론적 사실을 사실로 받아들일 때 우리는 사실이외의 어떠한 공허한 가설도 세울 수 없다. 따라서 모든 존재는 자기 자체내에 구유하는 주체적 목적을 구현할 수밖에 없고, 자기 존재의 모든 부분도 자신의 목적을 구현키위하여 자기자신에게 현시할 수밖에 없게 된다. 그럼으로 모든 현실태는 경험의 계기이고 자기자신의 목적의 결과일 뿐이다.

上向과 下向이라는 우주의 설정 자체가 바로 이러한 자족적 우주, 즉 上向과 下向이 자내의 힘으로써 작용하면서 자내의 목적을 구현해가는 장치로서 설정된 것이다. 따라서 上向과 下向이라는 이 근원적 설정 외로 다른 수없는 이원성의 짝들, 예를 들면, 육체와 정신, 공간화된 시간과 지속적 시간, 분석과 직관, 물리적 결정론과 창진적 진화 등등의 수없는 이원론의 짝들을 열거하는 이유는 바로 그런 이원성들이 모두 이 上向과 下向이라는 근원적인 틀 속에서 하나로 會通될 수 있는 신념이 화이트헤드에게 存하기 때문인 것이다. 지금 당장 우선 우리가 물어야 할 것은 心과 身, 上向과 下向이 어떻게 하나의 자족적 우주속에서 회통되는가? 그 인식론적 근거를 물어보는 일이다. 그리고 아마도 이것은 바로 유기체 철학의 핵심을 구성하는 작업일 것이다. 다음부터 전개되는 제1부의 남은 몇단이야말로 이 大著의 가장 농축된 클라이막스를 형성하는 것이다.

1-46 Bodily experience is sheer physical experience. Such experience is the sheer final enjoyment of being definitely something. It is self-definition as constituting one sheer fact among other things, namely among other actualities and selected forms of definiteness. Physical experience is the matter-of-fact enjoyment of just those items which are given to that occasion. Every component in physical experience is playing its part in sheer matter-of-fact.

But every occasion of experience is dipolar. It is

mental experience integrated with physical experience. Mental experience is the converse of bodily experience. It is the experience of forms of definiteness in respect to their disconnection from any particular physical experience, but with abstract evaluation of what they **can** contribute to such experience. Consciousness is no necessary element in mental experience. The lowest form of mental experience is blind urge towards a **form of** experience, that is to say, an urge towards a **form for** realization. These forms of definiteness are the Platonic forms, the Platonic ideas, the medieval universals.

譯 **1-46** 신체적 경험이란 순전한 물체적 경험이다. 그러한 경험은 구체적으로 무엇이 된다고 하는 것의 순수한 마지막 향유다. 물체적 경험이란 다른 많은 것들 중에서 하나의 순전한 사실을 구성하는 것으로서의 자기정의라 말할 수 있다. 즉 다른 현실태들과 구체성의 선택된 형식들 가운데서 하나의 사실을 구성하는 것으로서의 자기정의인 것이다. 물체적 경험이란 그 계기에 주어진 그 항목들의 그냥 사실 그대로의 향유다. 물체적 경험에 있어서의 모든 성분들은 순전한 물적 사실에 있어서의 부분적 역할만을 수행하고 있는 것이다.

그러나 모든 경험의 계기들은 양극적이다. 다시 말해서 정신적 경험이 물체적 경험과 통합되어 있는 것이다. 정신적 경험은 신체적 경험의 반대이다. 정신적 경험이란 구체성의 형식의 경험이며, 그것은 어떠한 특정한 물체적 경험으로부터 자신을 유리시키는 맥락에 있어서의 구체성의 형식의 경험이다. 그러나 그것은 그러한 형식들이 그러한 경험에 무엇을 공헌할 *수 있나*하는 것을 추상적으로 평가하는 것이다.

의식은 정신적 경험에 있어서 반드시 필요한 요소가 아니다. 정신적 경험의 최저의 형식은 경험*의 형식*을 향한 충동이며, 그것은 다시 말하자면, 실현*을 위한 형식*을 향한 충동이다. 이러한 구체성의 형식들은 역사적으로는 플라톤의 형상이요, 플라톤의 이데아요, 중세교부들의 보편자였다.

案 **1-46** 이『이성의 기능』은 화이트헤드 유기체철학의 성전이라고 말할 수 있는『과정과 실재』의 거시적 스케치라고 말할 수 있다. 그러기 때문에 유기체철학의 구상의 핵심을 보다 거시적으로 조감할 수 있게 해주는 말들이 나열되어 있다. 따라서 여기서 화이트헤드가 말하고 있는 물체(신체)와 정신에 관한 논의들은 아주 면밀하게 짚어 검토할 필요가 있다. 나는 독자들이 그 핵심을 알아차릴 수 있도록 면밀하고 쉽게 번역하였다. 정독을 요청한다. 그리고 의식이 정신적 경험의 필요한 요소가 아니라고 한 화이트헤드의 말은 우리의 상식을 뒤엎는 명언이다. "의식"이란 화이트헤드의 철학체계에 있어서는 合生(concrescence)의 최종단계에서 발생하는 것이다. 의식은 경험의 "모자"이지 "발바닥"이 아니다. 발이 없으면 존재할 수 없지만 모자는 써도 되고 안써도 되는 것이다. 우리의 의식에 대한 통념의 오류는 최종적인 것을 최초적인 것으로 오인하는 것이다. 정신의 기저로서의 "의식"을 운운하는 것은 모두 어리석음의 소치다. 의식은 경험을 전제로 하지만, 경험은 의식을 전제로 하지 않는다. 따라서 의식에 나타나는 생생함이 우리 판단의 기준이 된다고 하는 것은 불교에서 말하는 마야(환영)를 진리의 기준으로 삼는 것과도 같은 것이다. 의식에 명석하고도 판명하게 돌출하는 경험의 요소들은 결코 기초적인 사실들이 아니다. 그것은 모두 파생적인 변조자들일 뿐이다. 화이트헤드는 이러한 "의식"의 이론에 기초하여 데이비드 흄의 "인과론"의 논의를 여지없이 비판해 버린다.

나는 여기서 "physical experience"를 "물체적 경험"이라 번역하지

"물리적 경험"이라고 번역하지 않았다. "물리"라고 하면 이미 "理"라고 하는 영원한 객체(eternal object)적인 관념이 개입하기 때문이다.

　자아！ 여기서 다시 한번 전단에서 제기된 문제와 관련하여 이단의 핵심적 논의를 되짚어볼 필요가 있다. 전단에서 화이트헤드는 어마어마한 질문을 던졌다. 과연 上向과 下向, 心과 身을 어떻게 통합할 것인가? 그 통합의 인식론적 근거는 무엇인가? 그런데 이 어마어마한 질문, 인류사의 정신사를 뒤엎고도 남을 이 어마어마한 질문에 대한 화이트헤드의 궁극적 답변은 참으로 매우 간단하다. 어찌보면 어처구니없이 단순하다. 그 답변은 이 한마디로 요약되는 것이다: "Every occasion of experience is dipolar." 다시 말해서 모든 경험의 계기들은 근원적으로 兩極的이라는 것이다. 이것은 곧 데카르트적 논의를 더 이상 하지 않겠다는 것이다. 다시 말해서 우주의 아주 기초적 사실에서부터 새로운 가설을 출발시켜야 한다는 것이다. 그것은 단순한 관념적 가설이기전에 새로운 경험의 사실이다. 경험을 가능케하는 모든 계기에 있어서 애초에 출발부터 身極(Physical pole)과 心極(Mental pole)이 共存하는 것이다. 이 共存의 사실이 곧 "dipolar"라는 표현이다. 이 말을 독자들을 위하여 쉽게 예시하면 이러한 것이다. 즉 우리는 心이라는 현상을 현대의학의 지식을 빌어 뇌(Brain)라는 기관에 부속되는 현상으로 상정하기 쉬우나, 화이트헤드의 心極이란 그런 것이 아니다. 우리 몸의 머리터럭의 한 끝을 구성하는 세포의 핵속의 한 분자구조에도 心極과 身極은 공존하는 것이다. 따라서 당연히 心極은 "의식"이라고 하는, 고도로 복합적인 기관의 현상을 전제로 할 필요가 없게 된다. 그리고 心의 속성을 사유로, 身의 속성을 연장으로 보는 데카르트적 사고도 한낱 誤置된 구체성의 오류가 되고, 사유와 연장이라는 개념자체가 그런 맥락에서는 무의미하게 붕괴되어버리고 말 것이다.

새술은 새푸대에 담아야 한다는 것은 **萬古**의 **至論**이다. 데카르트의 이원론은 해결될 수도 없고 해결할 필요도 없는 단지 낡은 사고의 유물일 뿐이다. 애초로부터 가설을 바꾸어야 하는 것이다. 인식론적 진실성을 가장한 모든 진리가 어찌보면 정치권력의 소산일 수도 있다는 것은 매우 슬픈 사실이다. 우리가 믿고 있는 모든 철학이 다분 정치적일 수 있다는 사실은 우리를 슬프게 하지만 동시에 새로운 정치적 전략을 과감히 수립할 수 있다고 하는 용기를 주는 것이다. 서구 계몽주의의 철학적 진리가 근세 자연과학이라고 하는 어마어마한 권력체계의 모태라고 해서 그 진리에 예속되는 것은 참으로 가련한 것이다. 우리는 이제 그 낡은 사고를 근원적으로 파기해버려야 하는 것이다.

이 단에서 화이트헤드는 신체적 경험(bodily experience)과 물체적 경험(physical experience)을 구분하여 쓰고 있다. 신체적 경험은 역시 유기체의 몸이라는 맥락이 강하고 물체적 경험은 보다 하위적인 일반 우주론적 물체적 사실의 맥락이 강할 것이다. 나의 몸에서 순수한 물체적 경험이라고 하는 것은 구체적으로 무엇이라고 하는 그 마지막 지정의 구체성의 향유이며, 그것은 어떤 능동적 선택의 개념적 장치가 개입되지 않은 그냥 주어진 요소들의 물적 사실로서의 향유일 뿐인 것이다.

그런데 반하여 우리의 정신적 경험이라고 하는 것은 구체성의 형식의 경험이다. 여기 우리는 구체성의 형식, 즉 포옴(forms)이라고 하는 말에 특별한 주목을 할 필요가 있다. "구체성의 형식"이란 "영원한 객체" (eternal object)를 말하는 것이다. 영원한 객체란 시간성 속에 현현하는 어떠한 구체적 현실적 존재에 관한 아무런 지시를 포함하지 않는 개념적 인지(conceptual recognition)를 말하는 것이다. 상기의 본문에서 "어떤 특정한 물리적 존재와 연루되지 않는 어떤 구체성의 형식의 경험이 곧 정신적 경험"이라고 말한 것은, 정신적 경험은 영원한 객체의 경험임을 말한 것이다. 영원한 객체는 현실적 존재의 성격을 규정하는 구체성의 형식인 것이다. 정신적 경험은 직접 물체와 연루되지는 않지만 최소한 그러한 구체성의 형식들이 자신의 경험에 무엇을 공헌할 수 있는가 하는데 대한 추상적인 평가(abstract evaluation)는 할 수 있다. 이러한 구체성의 형식, 그 형식, 포옴은 역사적으로 플라톤의 형상이며, 이데아며, 그를 이은 중세기의 보편자다. 여기서 화이트헤드는 현실적 계기(氣)에 대한 영원한 객체(理)의 측면이 플라톤의 전통을 전승한 것임을 명백하게 시인하는 발언을 하고 있다. 허나 화이트헤드의 플라톤의 전승은 플라토니즘의 이원론에로의 회귀가 아니라 플라토니즘의 이원성을 근원적으로 파기하는 일원론적이며, 유기체론적이며, 방편론적 계승임을 알아야할 것이다.

1-47 In its essence, mentality is the urge towards some vacuous definiteness, to include it in matter-of-fact which is non-vacuous enjoyment. This urge is appetition. It is emotional purpose: it is agency. Mentality is no more vacuous than is physical enjoyment. But it brings the sheer vacuity of the form into the realization of experience. In physical experience, the forms are the defining factors: in mental experience the forms connect the immediate occasions with occasions which lie beyond. The connection of immediate fact with the future resides in its appetitions.

The higher forms of intellectual experience only arise when there are complex integrations, and reintegrations, of mental and physical experience. Reason then appears as a criticism of appetitions. It is a second-order type of mentality. It is the appetition of appetitions.

Mental experience is the organ of novelty, the urge beyond. It seeks to vivify the massive physical fact, which is repetitive, with the novelties which beckon. Thus mental experience contains in itself a factor of anarchy. We can understand order, because in the recesses of our own experience there is a contrasting element which is anarchic.

But sheer anarchy means the nothingness of experience. We enjoy the contrasts of our own variety in virtue of the order which removes the incompatibility of mere diversity. Thus mental experience must itself be canalized into order.

譯 **1-47** 그 본질에 있어서 정신이란 어떤 공허한 구체성(한정함)을 향한 충동이다. 그리고 그 충동은 그 공허한 구체성을 공허하지 않는 향유인 물적 사실 속으로 포착시키려고 한다. 이러한 충동을 나는 욕망(애피티션)이라고 부른다. 이 욕망은 정서적 목적이며 그것은 행위자이다. 물체적 향유가 공허하지 않은 것만큼 정신 또한 공허하지 않다. 그러나 정신은 형식의 순전한 공허함을 경험의 실현으로 향하게 한다. 물체적 경험에 있어서는 형식이란 한정하는 요소들이다. 정신적 경험에 있어서는 형식은 즉각적으로 현시되는 계기들을 그것을 넘어서 있는 계기들과 연결시킨다. 바로 이 목전의 사실을 미래와 연결시키는 것은 바로 그 사실의 욕망에 내재하는 것이다.

지성적 경험의 고도의 형식들은 이러한 정신적 경험과 물체적 경험이 복잡하게 융합되고 또 재융합되는 과정에서 출현하는 것들일 뿐이다. 이때 이성은 이 욕망들의 한 비판자로서 등장한다. 이성은 정신의 제이차적 간접질서의 타입이다. 그것은 바로 욕망들의 욕망인 것이다.

정신적 경험은 새로움의 기관이다. 그것은 넘어서려고 하는 내재적 초월의 충동이다. 그것은 반복적이기만 하던 압도적으로 거대한 물체적 사실을 유혹하는 새로움으로 생동치게 만든다. 그러므로 정신적 경험은 그 자체내에 무정부주의적 요소를 내포한다. 우리 자신의 경험의 한 구석에서 무정부주의적인 하나의 대비적 요소를 발견할 때 비로소 우리는 질서라고 하는 것을 이해하게되는 것이다.

그러나 순전한 무정부상태는 경험의 무화(無化)를 의미한다. 단순한 다양성의 비양립성을 제거하는 질서덕분에 비로소 우리는 우리자신의 다양성의 대비들을 향유하게 되는 것이다. 이와같이 해서 정신적 경험은 그 자체로 반드시 질서로 구비쳐나가야 하는 것이다.

案 **1-47** 이 단의 화이트헤드의 언어는 매우 함축적이지만 인간의 문제를 가장 리얼하게 표현한 차라리 한 편의 詩라고 말할 수 있다. 이것은 사람이 사람을 위하여 사람을 말한 노래다. 21세기의 『詩經』이다！

욕망과 이성의 관계를 다시 한번 주목하라！ 욕망은 즉각적인 물체적 느낌을 개념적 파악과 연결시키는 충동이다. 그리고 이성은 욕망들의 욕망이다. 정신적 경험은 그 자체내에 무정부주의적 요소를 내포한다. 이런 말들은 너무도 우리의 가슴을 설레게 만든다. 그것은 끊임없는 새로움에로의 충동이기 때문이다. 영원히 젊은 白頭여 白頭山이여！

孟子는 「告子章句上」에서 다음과 같이 말한 적이 있다: "養其一指, 而失其肩背而不知也, 則爲狼疾人也."(한 손가락만 기를 줄 알고 그 어깨나 등짝이 상실되는 것을 모르고 있는 놈은 정신없이 달리기만 하는 늑대같은 놈이다.) 멍쯔는 여기서 분명 몸의 사회(society)의 단계를 인정하고 있는데 일지(한 손가락)라 한 것과 견배(어깨와 등)라 한 것이 그것이다. 다시 말해서 일지의 욕망만 알고 견배의 잘못됨을 모른다는 것이다. 이때 늑대같은 놈이란 결국 화이트헤드가 말하는 "무정부상태"를 말하는 것이다. 이러한 멍쯔의 논의는 "心之官"이라는 大體에까지 나아가게 되는데 이 心之官이야말로 "욕망들의 욕망"이며, 무정부상태에 대한 질서이며, 이성이라 할 수 있는 것이다. 내가 여기서 멍쯔의 大體를 화이트헤드의 이성과 비교하는 것은 바로 멍쯔의 논의가 철저히 "몸"이라고 하는 질서속에서 논의된 것이기 때문이다.

이 단에서 논의되고 있는 것은 본서의 핵심을 이루고 있을 뿐 아니라 화이트헤드 유기체철학의 본령을 구성하는 것이다. 번역술어만으로써는 실종되어버릴 뉴앙스들이 있을 것 같아 그 세부적인 조목들을 차례로 한번 다시 짚어보자 ! 우선 맨 첫줄에, "mentality is the urge towards some vacuous definiteness,"라고 한 말부터 좀 세심한 주목을 할 필요가 있다. 주어가 되고 있는 "mentality"라는 말은 앞단의 "mental experience"라는 말과는 구분되어 쓰여지고 있다. 여기 "mentality"라는 말은 "Mental Pole"이라 할 때의 "멘탈"이라는 형용사의 명사화된 표현이며, 그것은 또 "Body"와 대비되는 "Mind"라는 일상용어나 "정신"이라는 전통철학용어와도 구분되는 것이다. 즉 心極의 "心됨" 즉 心性을 나타내는 말이다. 이 心性은 추상적인 구체성 즉 구체성의 형식 즉 이데아적인 것이 아니라, 그러한 구체성을 향한 충동이다. 즉 멘탈리티는 "어지"(urge) 즉 충동과 일치되는 말이다. 여기 또 "공허한 구체성" (vacuous definitness)이란 표현에서 "공허한"이라는 말은 데카르트의 이원론을 비판할 때에 쓰인 것과 같은 부정적인 맥락이 아니라 물체성을 가지고 있지 않다는 의미에서 긍정적 맥락으로 쓰인 것이다. 다시 말해서 心性이란 공허한 구체성을 향한 충동이다. 그러나 충동 그 자체는 공허한 것이 아니다. 그것은 힘이요, 현실이요, 무엇을 태동시킬 수 있는 주체적인 것이다. 그러므로 그 힘은 공허한 구체성을 공허하지 않은 향유의 물체적인 것으로 體化시킨다. 정신(心性)이란 바로 이러한 공허한 것을 공허하지 않은 것으로 體化시키는 충동이며 힘이다. 이러한 心性의 충동을 그는 욕망(appetition)이라고 부른다. 욕망은 단순히 맹목적인 욕망이 아니다. 그것은 정서적 목적이다. 다시 말해서 개념적인 세계를 향한 느낌의 지향성이 내재되어 있는 주체적인 것이라는 뜻이다. 이러한 멘탈리티, 心性, 즉 정신은, 물체적 향유(physical enjoyment)가 공허하지 않다고 한다면, 물체적 향유가 공허하지 않은 것만큼 그것도 공허하지 않다. 멘탈리티, 즉 心極의 心性은 플라톤적인 형상적인 것이 아니라 충동이며 힘이기 때문에 당연히 공허하지 않다. 그것은 바로 형식의 순수한 공허함을 경험으로 실현시키는 힘인 것이다. 다시 말해서 욕망이란 형식의 순수한 공허성을 경험의 현실성으로 변모시키는 힘인 것이다.

물체적 경험에 있어서는, 형식이란 그 물체됨의 구체성을 한정하는 요소일 뿐이었다. 허나 정신적 경험에서는 형식이란 목전의 계기를 그 계기를 넘어서 있는 다른 계기들과 연결시켜주는 작용을 한다. 다시 말해서 물체적 경험에서는 형식이 그 물체의 구체성의 고정성에 묶여있지만 정신적 경험에서는 형식이 계기와 계기들을 연결시켜주는 관계성・초월성과 더 관련되는 것이다. 바로 이 목전의 사실, 즉각적 현재의 사실을 미래의 사실과 연결시켜주는 기능이 욕망에 내재하는 것이다. 그러므로 욕망이란 화이트헤드의 철학에 있어서도 退溪가 천시하듯이 七情之欲의 단계에 머물러 있는 맹목적인 것만이 아니라 奇高峰이나 戴震이 말하는 것과 같은 理的인 세계까지를 포함하는 초월적 열망인 것이다. 다시 말해서 모든 욕망 속에는 초월적 목표가 반드시 내재하는 것이다.

우리가 상식적으로 말하는 고등한 형태의 지적 경험(intellectual experience)이란 이미 정신적 경험과 물체적 경험이 융합되고 또 융합되어 매우 복합적 양상을 띨 때만 露呈되는 것이다. 이렇게 정신적 경험과 물체적 경험이 고도로 융합된 복합적 지적 경험의 세계에서는 理性이란 이 욕망들의 비판자로서 등장한다. 이러한 욕망들의 비판자로서의 이성이란 멘탈리티의 高級의 유형인 것이다. 이러한 이성은 욕망들의 욕망이요, 욕망 중의 욕망이다. "Reason is the appetition of appetitions." 사실 이 『이성의 기능』이라는 책에서 주장하는 이성의 기능이란 "이성은 욕망들의 욕망"(the appetition of appetitions)이라는 이 한마디를 벗어나지 않는다. 이 한마디야말로 본서의 최종적 요약이라고 할 수 있다.

"the appetition of appetitions"라는 표현은 "the king of kings"(王中王)이라는 표현과 같이, 모든 다른 욕망들을 결정하고 규제하고 다스리는 욕망이요, 욕망중의 욕망, 즉 왕중 왕인 것이다. 그러나 이성이 제아무리 왕중 왕이어봤자 그것은 역시 욕망일 뿐이다. 바로 이 "욕망들의 욕망"이라는 표현속에 이성이 머물러 있다는 것 자체가 화이트헤드가 여태까지 인간의 몸밖에 두었던 이성을 몸속으로 끌어들였다고 하는 혁명적 발상, 즉 데카르트이래 초월주의적 신비론에 묶여있던 이성을 상식적 경험의 차원으로 즉 생물학적 현실의 차원으로 끌어내린 그 혁명적 발상을 표상하는 것이다. 이성이 초월이나 선험이나 비시간성에 머물러 있다는 것은 이성이 우주내 사건이 아니라 우주밖 사건이었다는 것을 뜻한다. 그러한 오류적 이성이 근대적 인간(Modern Man) 모두를 괴롭혀왔던 것이다. 그것은 서구문명의 최대 오류였다. 퇴계가 말하는 七情之欲은 바로 화이트헤드가 말하는 "blind appetition"이다. 퇴계가 말하는 四端之理는 바로 화이트헤드가 말하는 "the appetition of appetitions"인 것이다. 실천이성으로부터 시작하여 사변이성에 이르기까지 이성은 欲을 떠날 수는 없다. 허나 欲에는 하이어라키가 있다. 저급적 욕망에서 고급적 욕망까지…… 그 고급적 욕망의 궁극에는 우주의 심미적 충동까지 깊게 자리잡고 있는 것이다.

이 욕망과 관련된 정신적 경험이라는 것은 새로움의 기관이다. 그것은 자신을 넘어서려는 충동이다. 정신이 있는 한 우리는 현재의 답보상태에 반복적으로 안주할 수 없다. 정신이란 반드시 새로움을 창출하는 기관이어야 한다. 정신적 경험은 반복적이기만 한 대다수의 물리적 사실을 그 새로움의 도입으로 생동치는 것으로 만든다. 이 새로움이 없는 반복은 그 것이 아무리 그럴듯한 주기성·리듬성을 가지고 있어도 퇴화의 일로를 걸을 뿐이다. 그러기에 정신적 경험 속에는 그것이 새로움을 수반하기에 반드시 무정부적 요소가 있다. 이 무정부적 요소는 바로 老莊이 말하는 혼돈이며 禪이 말하는 破와 不立이다. 모든 새로움은 혼돈이다. 모든 새로움은 무정부적 상태를 동반한다. 모든 새로움은 不定性이다. 그러나 우리는 바로 이러한 무정부상태를 대비적으로 경험하는 사태를 통해서만 우리는 질서를 이해한다. 카오스의 경험으로 통해서만 우리는 대비적으로 코스모스를 인식하는 것이다. 근세과학사상이 제아무리 量化된 수학적 질서의 신념속에서 이 우주를 해석했지만, 그 반면에는 우주의 혼돈의 경험이 대비적으로 자리잡고 있는 것이다. 여기서 우리는 또 화이트헤드가 쓰는 "대비"(contrast)라는 용어에 전문적 주목을 기울일 필요가 있다. 콘트라스트, 즉 대비란 경험의 요소들이 대조되는 현상을 말하지만 대비가 가능하다는 것 자체가 이 대비되는 요소들사이에 공통분모, 일정한 유니티(unity)가 있다는 것을 뜻한다. 대비(contrast)란 공통분모가 없는 전혀 다른 요소들 사이에서는 일어날 수가 없는 현상이다. 그러므로 카오스와 코스모스, 무정부와 질서 사이에 콘트라스트가 성립한다는 것은 그 사이에 일정한 유니티가 있다는 것을 의미한다. 즉 콘트라스트는 양립불가능성(incompatibility)의 제거를 의미하는 것이다. 즉 양립가한 요소들 사이에서만 콘트라스트는 가하게 되는 것이다.

따라서 순수한 무정부는 경험을 無化시킨다. 즉 무정부가 진짜 순수한 무정부라고 한다면 질서의 태동의 가능성이 없을 것이며, 아무런 경험도 그것으로부터 성립할 수 없다는 뜻이다. 우리는 단순한 다양성의 並立不可能性을 제거시키는 질서덕분에 비로소 우리 경험의 다양성을 향유할 수 있게 되는 것이다. 이렇게 되면 새로움을 출현시키는 정신적 경험은 무정부에만 머물러 있는 것이 아니라 반드시 질서로 다시 구비쳐 나가야 하는 것이다.

1-48 In its lowest form, mental experience is canalized into slavish conformity. It is merely the appetition towards, or from, whatever in fact already is. The slavish thirst in a desert is mere urge from intolerable dryness. This lowest form of slavish conformity pervades all nature. It is rather a capacity for mentality, than mentality itself. But it *is* mentality. In this lowly form it evades no difficulties: it strikes out no new ways: it produces no disturbance of the repetitive character of physical fact. It can stretch out no arm to save nature from its ultimate decay. It is degraded to being merely one of the actors in the efficient causation.

譯 **1-48** 가장 저급한 형태에 있어서는 정신적 경험은 노예적 순응의 상태로 유도된다. 그것은 이미 사실화되어 있는 것들로부터 혹은 그런 것에로의 단순한 욕망일 뿐이다. 사막에 있어서의 노예적 갈증이란 견디기 어려운 증발상태로부터 생겨나는 단순한 충동이다. 이 노예적 순응의 저급한 형태는 모든 자연에 편재하고 있다. 그런 것은 정신의 가능성을 말하는 것이며 정신 그 자체는 아니다. *그러나 그것은 분*

명 **정신은 정신이다.** 이 저급한 형태에 있어서는 정신은 어떠한 곤란도 회피할 줄을 모른다: 그리고 어떤 새로운 방법을 고안해내지도 않는다: 그리고 그것은 물체적 사실의 반복적 성격을 교란시키는 그런 일도 하지 않는다. 그것은 자연을 그 궁극적 퇴락으로부터 구원하려는 손길도 뻗치지 않는다. 그것은 동력적 인과의 한 행위자 중의 하나로 머무르는데 만족하는 것으로 퇴화되어 있을 뿐이다.

案 1-48 정신적 경험의 저급한 상태에 대한 포괄적 논의며 아직 새로움의 비약이 도입되어 있질 않다. "노예적"(slavish)이란 "창조성을 수반하지 않는 저급한"이란 뜻으로 새기면 可하다. 정신적 경험에도 분명 하이어라키가 있다. 정신적 경험의 저급한 상태는 노예적인 순응의 상태며 일체의 창진성(創進性)이 결여된다. 그것은 이미 사실화되어 있는 것으로부터의 욕망이거나, 기껏해야 이미 사실화되어 있는 것으로 향해가려는 욕망일 뿐이다. 사막에서 우리몸의 수분은 엔트로피증가법칙에 따라 체외로 증발해버리기 마련이고 이때 우리는 심한 갈증을 느끼게 될 것이다. 이 때 우리가 노예적 순응으로서만 갈증을 느낀다는 것은 단순한 충동일 뿐이다. 그 갈증을 해결하기 위하여 오아시스를 찾아간다든가 오아시스를 찾기위하여 별자리를 계산한다든가 하는 일체의 사변성을 거부할 때 그것은 단순한 충동으로 머무를 뿐이다. 이러한 노예적 순응의 단순한 충동은 자연현상에서 광범위하게 발견된다. 그것은 사실 정신(멘탈리티)의 가능성이지 아직 정신 그 자체라 말할 수는 없지만, 충동을 느낀다는 의미에서는 분명 정신은 정신이다. 이러한 충동이 상향을 거부한 채 저급한 형태로만 머물러 있을 때는 어떠한 곤란이 닥쳐도 개선할 생각을 안하고, 새로운 방법을 고안치도 않으며 물리적 사실의 반복적 성격을 뒤흔들 시도도 하지 않는다. "it evades no difficulties."란 표현은 어려운 상황이 생겨도 개선함이 없이 그냥 견딘다는 뜻이다. 물이 새도 지붕을 고칠 생각 않고 그냥 견딘다는 식으로—. 이러한 정신은 자연이 부패되어가는 것에 아무런 구원의 손길을 뻗치지 않는다. 이렇게 소극적이고 저급한 정신은 기계적 자연의 동력의 인과의 한 행위의 고리로 퇴화되어 있을 뿐이다. 기계적 순응의 삶을 유지시키려 할뿐이다. 이러한 정신작용의 단계에서는 이성이 등장치 않는 것이다. 정신(mentality)과 이성(Reason)의 구분적 용법을 다시 한번 유념할 필요가 있다. 그리고 정신이 고도의 의식을 전제로 하지 않는다는 것도 다시 한번 상기할 필요가 있다.

1-49 But when mentality is working at a high level, it brings novelty into the appetitions of mental experience. In this function, there is a sheer element of anarchy. But mentality now becomes self-regulative. It canalizes its own operations by its own judgments. It introduces a higher appetition which discriminates among its own anarchic productions. Reason appears. It is Reason, thus conceived, which is the subject-matter of this discussion. We have to consider the introduction of anarchy, the revolt from anarchy, the use of anarchy, and the regulation of anarchy. Reason civilizes the brute force of anarchic appetition. Apart from anarchic appetition, nature is doomed to slow descent towards nothingness. Mere repetitive experience gradually eliminates element after element and fades towards vacuity. Mere anarchic appetition accomplishes quickly the same end, reached slowly by repetition. Reason is the special embodiment in us of the disciplined counter-agency which saves the world.

譯 **1-49** 그러나 정신이 고위적 상태에서 작용하게 되면 정신적 경험의 욕망들 속으로 새로움을 도입시킨다. 이러한 기능에는 순전한 무정부적 요소가 내포되어 있다. 그러나 이제 정신은 자기를 제어하기 시작한다. 정신은 자신의 판단에 의하여 그 작용들을 질서지우기 시작한다. 그것은 자신이 내어놓은 무정부적 산물들을 차별화시키는 고차원의 욕망을 도입시킨다. 드디어 이성이 출현한다. 바로 이러한 맥락에서 이해된 이성이야말로 이 책의 논의의 주제로서 등장하는 것이다. 우리는 무정부의 도입과, 무정부로부터의 반역, 그리고 무정부의 활용, 그리고 무정부의 규제를 동시에 고려해야 하는 것이다. 이성은 무정부적 욕망의 야만적 힘을 치리(治理)한다. 이러한 무정부적 욕망이 없다면 자연은 무(無)로 향해 천천히 죽음(하향)의 행진을 계속할 뿐이다. 단순한 반복적 경험은 요소 다음에 오는 요소들을 차례로 제거시킨다. 그리고 공허함으로 시들어져간다. 단순한 무정부적 욕망은 반복에 의하여 점차로 이루어진 동일한 귀결을 재빨리 달성해버릴 뿐이다. 이성이야말로 우리에게 내재하는, 이 세계를 구원하는 훈련된 역기능의 특별한 구현체인 것이다.

案 **1-49** 여기서 『이성의 기능』 제1부가 끝난다. 화이트헤드 언어의 시적 감각과 그 호흡의 장엄함에 다시 한번 고개를 숙인다. 여기서 "무정부"(anarchy)라고 한 번역은 어의상 과히 좋은 번역이 아니지만 일상언어의 용례때문에 그냥 쓴다. "무정부"는 "무질서" "혼돈"과 같은 의미로 생각하면 좋다. 이성은 무정부적 욕망의 야만적 힘을 치리한다. 이 한마디를 기억해주기를! 그리고 이 한마디를 삶에서 실천해 주기를! 그리고 이 한마디가 서양철학사의 왜곡된 이성의 개념을 어떻게 바로잡고 있나를 생각해 주기를! 그리고 콘포드가 화이트헤드야말로 플라톤을 왜곡한 두 개의 전형중의 하나라고 매도했는데, 콘포드 자신이야말로 화이트헤드철학의 전체맥락을 알고 하는 얘기인지, 그 무지한 입을 다무는 것이 더 현명한 처사가 아닐지 !

　정신은 그 본성상 저급한 상태에서 순응하는 것만으로 만족할 수는 없다. 정신이 고급의 차원에서 작용할 때에는 정신은 정신적 경험의 욕망들에 "새로움"을 도입시키게 되는 것이다. 여기서 "정신"(mentality)이 "정신적 경험"(mental experience)의 "욕망들"(appetitions)에 "새로움"(novelty)을 도입한다는 말, 화이트헤드의 주요개념들이 밀집되어 나타난 이 문장에서 각 개념의 정의를 맥락적으로 이해하는 것이 좋겠다. 정신은 곧 정신적 경험의 주체고, 그것의 기능은 새로움을 도입하는 것이다. 앞서 말했듯이 이러한 새로움에는 항상 무정부적 요소가 도사리고 있다. 허나 정신은 이미 고차원으로 진입했기 때문에 자기규율적 工夫를 가지고 있고, 자기 자신의 행위를 자기 자신의 판단에 의하여 질서있게 유도한다. 그러기 때문에 이러한 정신은 정신이 산출한 무정부적 사물들을 식별하고 차별화시킬 수 있는 고차원의 욕망을 도입시키게 되는 것이다. **바로 정신의 고차원적 욕망의 도입이라는 이 순간에 이성이 등장케되는 것이다.** 여기서 우리는 왜 화이트헤드가 이성을 "욕망중의 욕망"이라 했는지 그 구체적 맥락을 포착하게 된다. 바로 이러한 맥락속에서 등장한 이성이야말로 이 책의 주제며, 여기서 말하는 이성은 실천이성과 사변이성을 포괄하는 이성의 가장 보편적 정의가 되는 것이다. 정신은 아나키를 도입하고, 항거하고, 사용하고, 규제한다. 그리고 이성은 이렇게 광범위한 정신의 작용중에서 아나키적인 욕망의 야만적 힘을 문명화시킨다. "to civilize"는 "治理한다," "고상하게 한다," "점잖게 만든다"의 뜻이 있지만 궁극적으로 문명의 질서속으로 끌어들인다는 뜻이 있다. 즉 이성은 문명과 유리될 수 없고, 문명은 또 궁극적으로 자연과 유리될 수 없다. 이

것이 바로 화이트헤드 유기체철학이 동양철학적 우주관과 상통하는 웅혼처다.

그러나 이성이 治理의 대상으로 삼고 있는 그 무정부적 욕망, 그 욕망이 근원적으로 부재하면, 자연은 無를 향한 서서한 下向의 행진을 계속할 뿐이다. 따라서 여기서 말하는 무정부적 욕망은 부정적인 것이 아니요 긍정적인 것이다. 화이트헤드에게는 유가적인 질서의 예찬과 도가적인 혼돈의 예찬이 항상 共存하지만 본질적으로는 도가적인 혼돈의 예찬이 더 강렬하게 나타난다. 화이트헤드는 20세기의 莊子요, 21세기의 逍遙人이요, 東西文明의 齊物人이다. 退溪나 高峰이 다투고 있는 四端·七情의 論辨의 협애한 구성을 훨씬 뛰어넘고 있다. 아마도 退溪나 高峰이『莊子』內篇만 숙독했더라도 그 논변이 더 웅혼한 스케일로 발전했을 것이다.

무정부적 욕망이 없으면 자연은 無化한다. 물론 여기서 말하는 無化는 道家的 "無爲化"가 아닌 타락과 부패를 말하는 부정적인 것이다. 그런데 무정부적 욕망(anarchic appetition)과 정반대적인 개념이라 할 수 있는 "단순한 반복적 경험"(mere repetitive experience)은 또 경험의 물리적 요소들을 차례로 제거시키면서 또 공허를 향해 시들어져 간다. "fades towards vacuity"라 할 때의 "vacuity"는 여기서는 부정적 맥락이며, 바로 전 문장에서 말한 "nothingness"와 상통한다. 무정부적 욕망의 제거도 자연을 무화시키며, 단순한 반복적 경험의 안착도 자연을 무화시킨다. 그런데 최악의 사태라 할 수 있는 단순한 무정부적 욕망(mere anarchic appetition), 그러니까 여기서 말하는 단순함이란 "콘트라스적인 요소"를 갖지 않는, 즉 질서를 내포하지 않은 순수한 무정부적 욕망을 말하는데, 이런 단순한 무정부적 욕망은 반복적 경험에 의해서 서서히 달성되었던 기나긴 시간의 부패를 일시에 달성시켜 버린다. 예를 들면,

맛있는 것이라해서 먹고 싶은대로 아무거나 다 먹고, 기분좋다해서 마시고 싶은대로 매일 밤 술마시고, 쾌락을 준다해서 매일밤 욕망껏 성교한다고 생각해보자! 아무 생각없이 단순한 반복속에서 몇십년동안 서서히 달성해온 말단공무원의 뇌리깨리한 부패를 몇일 사이에 다 달성하는 성과를 올릴 것이다. 바로 이성은 이러한 단순한 무정부적 욕망의 안티테제로서 우리몸에 등장하는 규율의 요소인 것이다. 우리 인간 존재에 아주 특별하게 구현된, 그 실천성과 사변성을 포함하여, 훈련된 역기능인 것이다. 그것은 내가 말하는 역기능의 工夫인 것이다. 이성은 工夫요, 工夫는 이성인 것이다. 이 工夫야말로, 이 理性이야말로 이 세계를 구원하는 마지막 희망이요 마지막 힘인 것이다.

CHAPTER TWO

제 2 부

2-1   In the preceding chapter, two aspects of the function of Reason have been discriminated. In one aspect, the function of Reason was practical. To its operation, the piecemeal discovery and clarification of methodologies is due. In this way it not only elaborates the methodology, but also lifts into conscious experience the detailed operations possible within the limits of that method. In this aspect, Reason is the enlightenment of purpose; within limits, it renders purpose effective. Also when it has rendered purpose effective, it has fulfilled its function and lulls itself with self-satisfaction. It has finished its task. This aspect of the operations of Reason was connected with the legend of Ulysses.

譯 **2-1**   제1부에서는 이성의 기능의 두 측면이 분별되어 논의되었다. 한 측면에 있어서 이성의 기능은 실천적이었다. 이러한 실천적 이성의 작용 때문에, 방법론의 점진적 발견과 명료화가 가능했다. 이러한 식으로 실천이성은 방법론을 정교하게 만들었을 뿐만 아니라, 그 방법론의 범위 안에서 가능한 세세한 작용들을 의식적 경험의 차원으로 제고시켰다. 이런 측면에서 보면, 이성은 목적의 계몽이다. 제한된 속에서 이성은 목적을 효과적으로 만든다. 그리고 이성이 목적을 효과적으로 만들었을 때는 이성은 그 기능을 완성한 것이 된다. 그리고 그것은 자기만족 속으로 잠들어버린다. 그것은 그 임무를 완수한 것이다. 이러한 이성의 작용의 측면은 율리씨즈의 전설과 연결되어 논의되었던 것이다.

案 **2-1**   앞에서 말했듯이 화이트헤드의 실천이성은 칸트의 실천이성, 즉 이론이성의 범주를 넘어있는 것에 대한 신념적 이성을 말하는 것이 아니다. 화이트헤드는 칸트의 이론이성(순수이성)과 실천이성의 하이어라키를 逆轉시켰다. 화이트헤드의 실천이성은 오히려 미국의 실용주의가 말하는 "실천적 앎"의 의미에 더 가깝다. 그것은 삶의 직접적 방법을 발견하고 목적을 계몽하는 것이다. 그것은 원초적인 실존의 문제다. 앞으로 전개될 제2부에서는 실천이성을 넘어서는 순수한 사변의 세계를 다루고 있다. 사변이성이란 인간과 우주에 대한 더 나은 이해를 추구하는 것이다.

이 단에서 우리가 꼭 기억해야 할 사실은 실천이성은 "방법론의 발견과 명료화"라는 과제속에 국한되는 것이며, 그 과제가 실현되었을 때는 그 작용은 휴식이나 소극적 소강상태로 진입한다는 것이다. 그리고 명료화라는 그 방법론의 한계내에서는 목적을 가능한 효과적으로 만드는 上向작용이 있다는 것도 기억할 필요가 있다. 허나 그 上向은 명료한 한계를 지니는 것이다.

2-2   The other aspect of the function of Reason was connected with the life-work of Plato. In this function Reason is enthroned above the practical tasks of the world. It is not concerned with keeping alive. It seeks with disinterested curiosity an understanding of the world. Naught that happens is alien to it. It is driven forward by the ultimate faith that all particular fact is understandable as illustrating the general principles of its own nature and of its status among other particular facts. It fulfils its function when understanding has been gained. Its sole satisfaction is that experience has been understood. It presupposes life, and seeks life rendered good with the goodness of understanding. Also so long as understanding is incomplete, it remains to that extent unsatisfied. It thus constitutes itself the urge from the good life to the better life. But the progress which it seeks is always the progress of a better understanding. This is the urge of disinterested curiosity. In this function Reason serves only itself. It is its own dominant interest, and is not deflected by motives derived from other dominant interests which it may be promoting. This is the speculative Reason.

譯 **2-2** 이성의 기능의 다른 측면은 플라톤이라고 하는 사상가의 삶의 작품과 연결되었다. 이 기능에 있어서 이성은 世間의 실천적 업무를 벗어난 곳에 그 옥좌를 자리잡았다. 이러한 이성은 단순히 살아있는 상태를 유지하는 일에 매달려있지 않다. 그것은 매우 관조적인 호기심을 가지고 세계의 이해를 추구한다. 일어나는 모든 사건이 그의 관심을 벗어나는 것이라곤 없다. 그것은, 모든 개별적 事象들이 그 자신의 본성의 일반원리를 설명하고 또 다른 개별적 사실들 가운데 있어서의 그것의 상태의 일반원리를 설명하는 것으로서 이해될 수 있다고 하는 아주 확고하고 궁극적인 신념에 의해서, 앞으로 진전한다. 그것은 이해가 도달되었을 때 그 기능을 달성한다. 그것의 유일무이한 만족은 경험이 이해되었다는 사실이다. 그것은 이해의 훌륭함으로 훌륭하게 되는 삶을 추구하고, 그러한 삶을 전제로 한다. 이해가 불충분한 한에 있어서 그것은 그만큼 불만족스럽게 된다. 그러므로 그것은 그자체로 좋은 삶에서 더 좋은 삶으로 향하는 충동을 구성한다. 그러나 그것이 추구하는 진보는 항상 더 나은 이해의 진보다. 이것은 비이해(非利害)관계적 호기심의 충동이다. 이 기능에 있어서 이성은 오직 자기 자신만을 섬긴다. 그것은 그 자신의 지배적인 관심이다. 그리고 그것은 자신이 지원하고 있을지도 모르는 다른 지배적 관심으로부터 파생된 동기에 의해 빗나가게 되지도 않는다. 이것을 바로 우리는 사변이성이라고 부르는 것이다.

案 2-2 사변이성에 대한 정의가 매우 명료하게 내려져 있다. 그리고 사변이성을 플라톤의 지적활동과 연결시킨 것은 내가 생각키에 매우 정당하다. 뒤에서 상술하겠지만 그 배경에는 희랍철인들의 삶에 대한 포괄적 이해가 자리잡고 있다. 콘포드(Francis Macdonald Cornford)가 플라톤철학의 왜곡의 전형으로 플라톤에 대한 화이트헤드의 이해방식을 꼽고 있으나, 그 비판의 핵심은 화이트헤드가 플라톤철학을 순수하게 사변적이고 초월주의적으로 전제했다는데 있다. 허나 이것은 콘포드자신이 화이트헤드철학의 본질적 성격에 대한 이해가 부족한데서 오는 단견일 뿐이다. 플라톤을 가장 크게 왜곡시킨 것은 네오플라토니스트들이고 중세기에 내려오면 플라톤은 거의 기독교적 사상가로 탈바꿈되고, 플라톤의 "이데아"는 거의 기독교적(영지주의적) "천상의 세계"로 탈바꿈되어 버린다. 콘포드를 포함한 20세기 플라톤연구의 대세는 플라톤의 콘텍스트에서 텍스트 그자체로 환원하자는 운동이며 플라톤의 사상을 초월주의적 후대의 해석과는 달리, 희랍인의 삶의 언어의 구체적 맥락속에서 정밀하게 그 본의가 재해석되어야 한다는 것이다. 『폴리테이아』의 "동굴의 비유"가 되었든 『티마에우스』의 "데미우르고스"가 되었던 플라톤은 신화의 세계를 자기 사상의 설명의 방편으로 생각했을뿐, 신화적 세계에 대한 종교적 믿음을 가지고 산 사람은 아니었다는 것이다. 그리고 그의 이데아도 초월주의적 성격에 그 본질이 있는 것이 아니라 삶의 행위를 이해하기 위한 인간의 지성의 역할에 관한 것이며, 그의 에피스테메도 결국 그가 처했던 민주주의라는 역사적 상황, 그리고 그가 생각했던 이상적 삶의 방식과 관련된 것이라는 것이다. 그가 말하는 "아레테"나 "테크네" "코스모스" "수" (數)라고 하는 개념이 모두 삶의 적도(適度, to metrion)와 관련되어 있다는 것이다.

그러나 이러한 주장에 대하여 과연 화이트헤드가 플라톤을 왜곡했느냐 하는 것은 별개의 문제다. 화이트헤드철학에 있어서는 화이트헤드가 플라톤을 어떻게 이해하든지간에, 근원적으로 기독교적 전통이 말하는 "초월주의"는 배태되어 있질 않기 때문이다. 사변이성도 그 사변성의 무관심적 특성이 엄존하지만 궁극적으로 실천이성과 이원화되지 않는다. 다음에 "솔로몬의 지혜"가 암시하듯, 실천이성과 사변이성은 뛰어넘을 수 없는 담을 쌓지 않는다. 오히려 실천이성과 사변이성이 융합되는 곳에 인간의 실존의 현실태가 엄존한다. 콘포드가 화이트헤드가 플라톤을 곡해했다고 할 때 오히려 콘포드 자신이 주장하려했던 플라토니즘의 본질을 바로 화이트헤드는 구현하고 있는 것이다. 공부좀 했다고 하는 주석가들이 흔히 범하는 오류, 자신의 학문의 치밀성이 초래하는 협애함속에서 세계를 독단하는 오류, 井中之蛙의 오류라고나 할까 !

이 단에서 우리가 기억해야 할 것은 사변이성은, 실천이성이 삶의 방법론에 매달려 있다면, 그 방법론의 유용성에 얽매이지 않는, 그 방법론을 가능케하는 우주에 대한 비이해관계적 이해에 치중되어 있다는 것이다.

그러기 때문에 사변이성은 모든 개별적인 사실(all particular facts)도 그것이 일반적 원리들을 예시하는 것으로서 이해할려고 한다는 것이다. 그러한 이해가 도달되면 만족해하지만 그렇지 못하면 항상 불만을 느낀다는 것이다. 사실 이러한 만족은 한 방법론의 성공이 도달하는 만족처럼 쉽사리 달성이 되지 않을 것은 뻔한 일이다. 도달하고자 하는 이해가 개별적이고 구체적인 것이 아니라 일반적인 것이기 때문이다. 그러기 때문에 그러한 이해가 부족한 만큼 그것은 끊임없이 좋은 삶에서 더 나은 삶으로의 충동을 구성하는 것이다. 내가 살아봐도 그렇지 않은가? 내 존재에서 일어나고 있는 경험들이 이해되지 않는 것이 너무도 많지 않은가? 왜 갑자기 열이 나는가? 왜 갑순이는 갑자기 토라졌는가? 왜 학생들이 길거리서 피흘리며 죽어가는가? 도대체 형이상학이란 무엇인가? 침이란 무엇인가? 작명가가 말하는 운세란 과연 들어맞는 것인가? 성교는 한달에 몇번을 하는 것이 제일 좋은가? 사변이성이란 내 삶의 경험을 이해하려는 것이다. 단순히 매일매일 먹고 산다고 하는 생존의 방법을 구하려는 것이 아니다. 그것은 沒利害的 호기심의 충동이다. 그리고 사변이성은 사변이성 자신만을 위해 봉사한다. 그리고 자신의 호기심으로 인하여 유발될 수 있는 다른 관심의 동기에 의하여 한눈팔지 않고 오로지 자신이 추구하는 일반원리와 같은 지배적 관심을 일관되게 밀고나가려는 경향이 있다. 이것이 바로 사변이성이다.

2-3 There is a strong moral intuition that speculative understanding for its own sake is one of the ultimate elements in the good life. The passionate claim for freedom of thought is based upon it. Unlike some other moral feelings, this intuition is not widespread.

Throughout the generality of mankind it flickers with very feeble intensity. But it has been transmitted through the generations in a succession of outstanding individuals who command unquestioning reverence. Also the perennial struggle between Reason and Authority, is tinged with bitterness by the intrusion of this sentiment of an ultimate moral claim.

The whole story of Solomon's dream suggests that the antithesis between the two functions of Reason is not quite so sharp as it seems at first sight. The speculative Reason produces that accumulation of theoretical understanding which at critical moments enables a transition to be made toward new methodologies. Also the discoveries of the practical understanding provide the raw material necessary for the success of the speculative Reason. But when all allowance has been made for this interplay of the two functions, there remains the essential distinction between operations of Reason governed by the purposes of some external dominant interest, and operations of Reason governed by the immediate satisfaction arising from themselves. For example, truthfulness as an element in one's own self-respect issues from a reverence for Reason in its own right. Whereas truthfulness as a dodge usually necessary for a happy life depends upon the notion of

Reason as serving alien purposes. Sometimes these two grounds for truthfulness are at issue with each other. It may happen that the moral issues depending on the latter ground for immediate truthfulness, or for its abandonment, may be superior to those depending on the former ground. But the point of immediate interest is that these two grounds for truthfulness bear witness to the two functions of Reason.

譯 **2-3** 그 자체로서 완결되는 그 자신을 위한 사변적 이해야말로 좋은 삶의 궁극적 요소 중의 하나라고 하는 아주 강력한 도덕적 직관이 있다. 사실 알고보면 사상의 자유라고 하는 매우 정열적인 주장도 이 직관에 기초하고 있다. 보통의 다른 도덕적 느낌과는 달리, 이 직관은 그리 널리 유포되어 있질 않다. 인간성의 전개를 전체적으로 전관할 때에, 이 직관은 매우 가냘픈 강도로서 명멸(明滅)한다. 그러나 이 직관은, 의심할 바 없는 위대한 존경을 받는 탁월한 개체들의 계승의 방식에 의해 세대를 통하여 전수되어 왔다. 그리고 또 "이성"과 "권위" 사이의 영원한 대결도, 바로 이러한 궁극적인 도덕적 주장의 정조(情調)의 개입으로 야기되는 신랄함으로 물들여져 있다.

 "솔로몬의 꿈"이라고 하는 전체 이야기는 이 이성의 두 기능사이의 관계가 피상적으로 얼핏 보듯 그렇게 날카롭게 대립되어 있지는 않다고 하는 것을 암시해 준다. 사변적 이성은 이론적 이해를 축적해나가며, 그러한 축적은 어떤 결정적 순간에 이르게 되면 새로운 방법론을 개발하게 되는 추이를 가능케 만든다. 그리고 실천적 이해의 발견은 사변적 이성의 성공에 필요한 원자재를 제공하는 것이다. 그러나 이 두 기능의 교호작용에 대하여 아주 융통성있는 자세를 취한다 할지라도, 어떤 외재적인 지배적 관심의 목적에 의하여 지배되는 이성의 작용과, 그 자체로부터 야기되는 즉각적 만족에 의하여 지배되는 이성의 작용 사이에는 본질적이고도 뚜렷한 구별이 남게 된다. 예를 들면, 한 사람의 자존심의 한 요소로서의 진실성은 그 자체로서 정당한 이성에 대한 존경심으로부터 우러나온다. 허나 그 반면에 행복한 삶을 위하여 필요한 교묘한 수단으로서의 진실성은 외재적인 목적에 봉사하는 이성의 관념에 의존하게 된다. 진실성에 대한 이 두개의 다른 근거는 때때로 어긋나 서로 의견이 맞질 않는다. 목전의 진실성이나 혹은 그 진실성의 포기를 위한 후자의 근거에 의존하는 도덕적 의견이 전자의 근거에 의존하는 도덕적 의견보다 더 우월할 수 있는 일이 생겨날 수도 있다. 그러나 우리의 목전의 관심의 핵심은 이 진실성에 대한 두 근거가 이성의 두 기능을 입증하는 두 측면이라는 사실이다.

案 **2-3** 사변이성의 특징은 자족적인 체계라는 것이며 화이트헤드는 이 사변이성의 자족성을 "사상의 자유"의 궁극적 근거로서 피력한다. 그리고 이러한 사변이성의 존재야말로 권력과 이성의 대립이라고 하는 인간정치사의 가장 중요한 대립을 신랄하게 만드는 인간성의 근원이라고 주장한다. 권력에 불굴하는 이성은 바로 이 사변이성인 것이다. 그리고 이러한 이성은 절대적인 존경을 한몸에 입는 탁월한 창조적 소수들에 의하여 전승되어 온 것이다. 실천이성은 이해관계적(interested)이며 따라서 실천적이며, 사변이성은 비이해관계적(disinterested)이며 따라서 묵조적이다. 실천이성은 산다고 하는 행위 자체에 관한 것이며, 사변이성은 산다고 하는 행위 자체를 이해하는 것이다. 실천이성은 삶의 방법을 개발하기위한 것이요, 사변이성은 삶을 더 잘 이해함으로써 삶을 더 좋게 만들려고 애쓴다.

　여기서 화이트헤드가 언급하고 있는 "솔로몬왕의 꿈"은 『구약』「열왕기상」 3장 3절부터 15절까지에 수록되어 있다. 솔로몬은 왕이 된 후 기브온의 산당에 번제를 지낸다. 그때 꿈에 야훼가 나타나 묻는다: "내가 너에게 무엇을 해주면 좋겠느냐?" 솔로몬은 말한다: "당신께서는 소인을 제아비 다윗을 이어 왕으로 삼으셨습니다만 저는 아이에 지나지 않음으로 어떻게 처신하여야 할지를 알지 못합니다. 그러하오니 소인에게 명석한 머리를 주시어 당신의 백성을 다스릴 수 있고 흑백을 잘 가려낼 수 있게 해 주십시요." 이러한 솔로몬의 청이 야훼의 마음에 들었다. 그래서 야훼는 이렇게 대답한다: "네가 장수나 부귀나 원수갚는 것을 청하지 아니하고 이렇게 옳은 것을 가려내는 머리를 달라고 하니 자, 내가 네말대로 해주리라. 이제 너는 슬기롭고 명석하게 되었다. 너같은 사람은 전에도 없었고 앞으로도 없으리라. 뿐만아니라 네가 청하지 않은 것, 부귀와 명예도 주리라. 네 평생에 너와 비교될 만한 왕을 보지못할 것이다." 솔로몬이 깨어보니 꿈이었다. 그리고 「열왕기상」의 기사는 바로 이어 두 창녀가 한 아이를 가지고 와서 서로 자기애라고 우기는데 대한 그 유명한 솔로몬재판의 이야기를 수록하고 있다. 그런데 이 솔로몬이 아기를 칼로 반으로 짤르라고 해서 그 반응을 보아 참어미를 가려낸 명판결은 그 판결의 내용자체에 의미가 있는 것은 아니다. 그 재판으로 인하여 파생된 결과를 「열왕기상」은 다음과 같이 기록하고 있다: "온 이스라엘이 왕의 이 판결소식을 들었다. 그리고 왕에게 하느님의 슬기가 있어 정의를 베푼다는 것을 알고는 모두들 왕을 두려워하게 되었다."

솔로몬은 역사적으로 다윗왕조의 완성자며, 이스라엘역사에서 가장 이상적인 통치자의 모든 덕성을 구현한 인물로 칭송되었다. 솔로몬 등극은 그 어머니 바쎄바의 슬기로움으로 이루어졌다. 솔로몬의 등극이 되자마자 그의 등극을 훼방놓았던 모든 일족들을 단호히 처참하면서 절대왕권을 확립하고 12지파의 편파주의를 극복하며 예루살렘을 찬란한 시온, 성전의 도시로 만든다. 다윗과 솔로몬의 관계는 아마도 우리나라 역사의 이방원과 세종의 관계로 정확히 환치될 수 있을 것이다. 다윗이나 이방원이나 자수성가한 왕(self-made king)이라면 그 기반위에서 솔로몬과 세종은 찬란한 문화의 꽃을 피웠던 것이다.

솔로몬은 역사적으로 모든 문헌에서 "지혜"로 상징된다. 이 지혜(Wisdom)는 역사적으로 여성으로 실체화되었으며 그녀는 신과 인간의 중매자로서 기능한다. 화이트헤드는 이 "지혜"를 바로 실천이성과 사변이성의 중매로 생각한 것 같다. 솔로몬의 재판속에는 실천이성적 요소와 사변이성적 요소가 다 들어있다고 생각하는 것이다.

솔로몬의 판단은 분명 어떤 사변적 통찰에서 우러나온 것이지만 그것은 어린아이의 진짜 주인을 찾게 만드는 실천적 효과를 달성한 것이다. 그러나 이 "솔로몬의 꿈"(Solomon's dream)이라는 의미는 「열왕기상」 3장의 원래 텍스트적 의미맥락, 그리고 실천이성과 사변이성의 조화라고 하는 지혜적 성격을 떠나 중세기로 내려오면 연금술사나 마술사, 그리고 교부들에 의하여 아주 신비적으로 해석되어 버린다. 보통 영어에서 "솔로몬의 꿈"하며는, 우주의 신비를 푸는 열쇠, 우주의 모든 원리를 단 하나로 설명할 수 있는 신비한 암호적 지식, 그런 뜻을 내포하는 것이다.

자족적인 사변적 이해가 좋은 삶의 궁극적 요소라는 것은 하나의 강렬한 도덕적 직관(intuition)이다. 여기서 우리는 직관이라는 말에 주목해야 한다. 직관은 사실이 아니며 느낌이요 육감(hunch)이다. 이러한 육감은 보통의 규범화된 도덕적 느낌처럼 평범한 모든 이들에게 있는 육감이 아니요, 그것은 매우 소수의 인간들에게 강렬하게 타오르는 연약한 불길이다. 이 불길이야말로 인간세에서 "사상의 자유"를 구가하게 되는 근원이요, 또 이성과 권위의 대립이라고 하는 인간역사의 주제를 파생시킨 것이다. 참으로 이성적인 사람은 反권위주의적(anti-authoritarian)이 된다고 하는 것은 정당한 결론이지만 이러한 삶의 태도를 보지하는 사람은 불굴의 의지를 가지고 사는 몇몇의 지극히 존경스러운 개체에 한정되는 것이다. 사실 이들 때문에 사변이성의 역사는 전개되어온 것이다. 우리는 여기서, 이 책의 제일 첫머리, 즉 1-2문단에서 "이성과 권위"의 짝이 들어 있었다는 것을 기억할 필요가 있을 것이다.

이 문단의 후반부는 좀 지리하게 기술되어 문맥을 따라 잡기가 어려울 수도 있다. 그러나 그 대체는 다음과 같다. 솔로몬의 꿈을 통하여 사변이성과 실천이성의 변증법적 교호작용(interplay)을 설명한다. 그러나 이러한 교호작용을 우리가 충분히 숙지한다 하더라도 결국 실천이성과 사변이성의 방편적 대립은 해소가 되지 않는다는 것이다. 그리고 실천이성과 사변이성이 대립될 때, 즉 서로간에 마찰을 야기시킬 때, 그 대체적 추세는 사변이성의 도덕성이 실천이성의 도덕성에 대하여 우위를 점한다는 것이다. 그러나 이러한 논의의 당장의 의미는 결국 도덕성(진실성)의 두 근거가 엄존한다는 것이고 이 두 근거는 이성의 두 기능이 있음을 증명한다는 것이다.

마지막 부분의 문장에서 "외재적 지배적 관심의 목적에 의하여 지배되는 이성의 작용"이 실천이성이며 전자다. "그 자체로부터 야기되는 즉각적 만족에 의하여 지배되는 이성의 작용"이 사변이성이며 후자다. 그러나 그 다음 문장에서는 이 전자와 후자가 뒤바뀌어 있다. "자존심의 요소로서의 진실성"(정직함, 일관성, 지적 결백성 같은 것)이 사변이성이며, "행복한 삶을 위하여 필요한 피난처로서의 진실성"(처세술의 진실성 같은 것)이 실천이성이다. 그리고 "its abandonment"라는 말은 우리에게 있어서 진실성의 포기, 그러니까 "배반"같은 것이 우리에게 보다 도덕적인 의미를 가질 수도 있음을 의미하는 것이다. 어떤 집단에 내가 충실할 때의 진실성이 있고 또 배반할 때의 진실성이 同在할 수 있는 것이다.

2-4 The history of the practical Reason must be traced back into the animal life from which mankind emerged. Its span is measured in terms of millions of years, if we have regard to the faint sporadic flashes of intelligence which guided the slow elaboration of methods. A survey of species seems to show that a customary method soon supersedes the necessity for such flashes of progress. In this way custom supersedes any trace of thought which might transcend it. The species sinks into a stationary stage in which thought is canalized between the banks of custom.

譯 **2-4** 실천이성의 역사는 그로부터 인류가 출현하게 된 동물적 삶에까지 소급해 올라가야만 한다. 만약 우리가 방법의 점진적 정교화를 유도한 지성의 아주 희미한 우발적 번뜩임에까지 언급을 하게 된다고 한다면 우리는 시간의 범위를 수백만년의 단위로 측정해야할 것이다. 종의 역사의 개괄은 하나의 습관적 방법이 곧 진보의 번뜩임의 필연성을 대체하고 만다는 것을 잘 말해주고 있다. 이런 식으로, 관습은 그것을 초월할지도 모르는 사유의 흔적을 말살시킨다. 그렇게 되면, 종은 사유가 오로지 관습의 둑 사이로만 고정적으로 흐르게 되는 정체기로 쇠락해버린다.

案 **2-4** "창조와 정체 그리고 재창조"라는 사고의 패러다임은 화이트헤드의 과정철학에서 끊임없이 반복되어 나타난다. 여기서 우리가 주목해야 할 사실은 화이트헤드가 "이성의 역사" 즉 이성의 시간성을 사실적으로 논구하고 있다는 사실이다. 이성은 더 이상 이데아적인 초시공적 실체가 아니다. 그것은 현실적 존재며 따라서 생물의 진화라고 하는 구체적 종의 현실속에서 논의되어야 하는 것이다. 플라톤·아리스토텔레스로부터 시작하여 토마스 아퀴나스를 거쳐 데카르트에 이르기까지, 이성을 존재론적 실체로서만 논의한 사람들에게는 참으로 충격적인 발언이 되겠지만, 이성은 정확한 생물학적 역사를 갖는다는 것이다. 이것은 우주밖에 있던 이성을 우주내로 끌어들이는 작업이다. 헤겔은 절대이성의 시공내의 현현의 과정을 말했지만 그것은 절대이성의 초월성을 이미 실체화하고 이미 선제적으로 설정한 것이다. 그러나 화이트헤드는 이성의 시공내에서의 발현을 자내적으로 말하는 것이다. 헤겔과 화이트헤드의 논리는 엄연히 구분되어야 한다.

그리고 이 단의 논의에서 그가 "방법"이나 "방법론"이라는 말을 얼마나 원초적인 의미로 쓰고 있나하는 것을 잘 알 수 있을 것이다. 희미한 산발적인 지성의 번뜩임이란 원초적 방법론을 개발하는 인간 실천이성의 최초의 출발을 의미하는 것이다. 그리고 이 단에서 우리가 주목해야 할 것은 실천이성의 역사는, 사변이성의 역사가 수천년대에 들어오는 것과는 대조적으로, 수백만년대로 잡을 수 있는 장구한 시간의 축적이 깔려 있다는 것을 인류학적 근거에 의하여 말하고 있다는 것이다.

2–5 The history of the speculative Reason is altogether shorter. It belongs to the history of civilization, and its span is about six thousand years. But the critical discovery which gave to the speculative Reason its supreme importance was made by the Greeks. Their discovery of mathematics and of logic introduced method into speculation. Reason was now armed with an objective test and with a method of progress. In this way Reason was freed from its sole dependence on mystic vision and fanciful suggestion. Its method of evolution was derived from itself. It ceased to produce a mere series of detached judgments. It produced systems instead of inspirations. The speculative Reason, armed with the Greek methods, is older than two thousand years only by a few centuries.

譯 2-5 사변이성의 역사는 통털어 매우 짧다. 그것은 문명의 역사에 소속되는 것이며 그 범위는 6천년정도이다. 그러나 사변이성에게 그 지고의 중요성을 부여한 결정적인 발견은 희랍인들에 의하여 이루어진 것이다. 희랍인의 수학과 논리학의 발견은 인간의 사유체계속으로 방법을 도입시켰다. 이성은 이제 객관적인 증험을 거칠 수 있게 되었으며 진보의 방법으로 무장할 수 있게 되었다. 이런 방식으로 이성은 신비적 비젼과 환상적 암시에 오로지 의존하던 상태로부터 해방될 수 있었다. 이성의 진화의 방법은 이성 그 자체로부터 파생된 것이다. 이성은 톡톡 끊어지는 초연한 판단들의 단순한 시리이즈를 생산하는 것을 중단하였다. 그것은 순간 순간의 영감대신에 엄밀한 연속적 체계를 생산하기 시작한 것이다. 희랍적 방법으로 무장된 사변이성이란 2천년하고도 불과 몇 세기밖에는 오래되지 않은 것이다.

案 2-5 이 단의 논의는 다시 한번 우리에게 엄청난 충격을 던져준다.

실천이성의 역사는 인간의 동물적 단계까지 소급될 수 있음으로 몇백만 년전까지 그 시간의 길이를 논할 수 있지만 사변이성의 역사는 불과 6천 년밖에는 안된다는 것이다. 6천년이라는 숫자의 과감한 제시의 언사는 참으로 화이트헤드와 같은 깡좋은 철학자가 아니면 내뱉기 어려운 말이다.

현대언어학에 있어서도 언어현상의 역사성은 잘 논구하지 않는다. 20세기 구조주의의 대세는 통시적 구조에 대해 공시적 구조를 논하는 것이다. 물론 철학도 마찬가지다. 근세 계몽주의 철학의 인식론의 최대오류는 인간존재기능의 역사성을 전적으로 무시한다는데 있다. 비트겐슈타인의 언어철학에 이르기까지 서양철학의 한결같은 오류는 철학적 성찰을 역사적 맥락으로 투영하기를 거부한다는데 있다. 철학은 역사를 거부했다. 그런데 그것은 때때로 단순히 철학자의 몰상식이나 무지 혹은 독단의 편협함에서 기인하는 것일 뿐이다. 역사적 상식이 없는 철학자는 철인의 자격이 없다. 그것은 인간존재의 한 단면에 대한 방법론적 고집일 뿐이다. 역사는 언급하기가 두렵다. 역사자체가 끊임없는 생성의 변덕꾸러기니까. 과거도 고정된 것이 아니라 현재 속에서 생성하는 것이다. 따라서 보편성을 지향하는, 인식의 보편적 지평을 지향하는 모든 이들의 공통된 경향은 애써 역사에 무지하려는 노력이다. 기독교의 아포칼립스나 창조론이나 다 이러한 보편주의의 오류이고, 플라톤의 에피스테메 속에도 그러한 동일한 보편성의 오류가 함장되어 있다. 허지만 변덕꾸러기인 역사를 거부하기보다는 보편성의 한 방편으로 수용해야 할 것이다. 화이트헤드는 생성철학자, 과정철학자, 유기체철학자다웁게, 명실공히, 역사적 지식에 매우 충실하다. 그의 『관념의 모험』을 보면 그가 얼마나 인간의 역사에 대한 정확하고도 디테일한 지식을 소유하고 있는지가 역력히 드러난다. 캠브릿지대 학시절에도 화이트헤드는 항상 역사의 탐구에 심취했고, 소소한 역사적 주제로써 토론의 좌중을 놀라게하곤 했단다. 스코트란드의 어느 마을에서 일어난 중세기 몇년 몇일의 사건 운운해가면서―. 화이트헤드는 역사적 시각을 철학적 성찰속으로 항상 끌어집어넣는다. 그렇지만 그것은 文·史·哲을 同一한 學(Learning)의 카테고리로 간주하는 우리 동방 철학의 전통 속에서는 너무도 당연한 상식일 뿐이다.

사변이성의 역사가 기껏해야 6천년이라는 화이트헤드의 발언은 가히 충격적이다. 칸트가 말하는 순수이성의 역사도 기껏해야 이 6천년의 역사적 시간의 산물에 불과한 것이 되고말기 때문이다. 물론 이것은 정당하다. 화이트헤드는 일체의 선험적 자아를 상정하지 않기 때문이다. 화이트헤드의 주체는 객체를 구성하는 것이 아니라 객체로부터 발현되는 슈퍼젝트일 뿐이다.

인도인의 시간의 길이에 대한 과장의 벽은 좀 중증이다. 몇 억만 겁의 윤회를 자랑하는 아라야식(阿賴耶識, Alaya-vijnana)의 연기도 사실 알고보면 6천년밖에는 되지않는 것일까? 우리가 身·語·意 三業을 생각할 때, 아마도 身의 카르마는 화이트헤드가 말하는 실천이성에 가까울지도 모른다. 그러나 語·意는 사변이성에 가까울 것이다. 장식(藏識)의 종자(種子)가 개념적 인식의 틀을 빌리는 한에 있어서 그것은 분명 6천여년의 훈습의 역사밖에 지니지 않는다고 보아야한다. 인간의 집(執)의 구조가 결국 언어의 틀과 무관할 수 없다고 한다면 아라야의 연기도 인간의 언어와 문명의 역사 속에서 이루어진 것이다.

사변이성의 6천년의 역사! 이 6천년이라는 말을 들으니까 생각나는 것이 하나 있다. 20세기에 들어서서 활발히 진행된 고고학적 발굴의 성과는 중국의 고대문명을 생각하는데 신석기시대의 두 문화를 개념화시킨다. 그 하나가 仰韶文化(1921년 앤더슨[J. G. Anderson]이 河南省 澠池縣 仰韶村에서 발굴한데서 명명이 기인, 5000~3000 BC)요, 다른 하나가 龍山文化(1928년 山東省 章丘縣 龍山鎭 城子崖유적에서 발굴한데서 명명됨, 2800~

2300 BC)다. 앙소문화와 용산문화는 둘다 黃河中下遊에 같이 분포되어 있으며 지층대만을 달리한다. 앙소문화는 모계씨족공동사회로 알려져 있으며 용산문화는 부계씨족공동사회로 규정된다. 앙소문화는 彩陶文化를 주로하고 용산문화는 黑陶文化를 중심으로 한다는 뚜렷한 구별이 부장품에서 드러난다.

그런데 사변이성의 6천년의 역사라는 이 한마디와 더불어 나의 인상에 강렬히 떠오르는 앙소의 彩陶가 하나 있다. 그것은 1981년『中原文物』에 河南 臨汝 閻村에서 출토된 앙소문화도기로서 보고된 "鸛魚石斧圖陶缸"이다(항아리의 높이는 47cm, 구경은 32.7cm, 항아리 밑바닥 직경은 19.5cm). 그런데 이 도기항아리의 역사를 대강 잡으면 화이트헤드가 말하는 6천년이라는 숫자와 대강 일치한다. 그런데 우리의 관심을 끄는 것은 이 항아리에 채색된 회화의 상징성과 그 상징성에 깃든 사변이성의 가능성이다.

그 항아리에는 정교한 자루의 모습을 지닌 아주 웅장한 도끼가 하나 오른편으로 세워져 그려져 있고, 그 옆으로 눈이 과도하게 강조된 새가 두발을 앞쪽으로 콱 버티듯 지탱하면서 물고기를 한 마리 물고 서있다. 과연 이 선명하고 아름다운 채도 부장품을 어떻게 해석해야 할 것인가? 異論의 여지가 많을 수도 있으나 갑골문 연구와 고고학적 연구성과에 힘입어 우리는 대체적인 합의에 이를 수 있을 것이다.

우선 도끼는 권력의 상징이다. 선비 士의 글자가 원래 도끼모양에서 유래하였다는 것도 명백한 관련이 있다. 그렇다면 이 늠름한 자루의 문양이 새겨진 이 陶缸은 분명 범인의 것은 아닐 것이다. 그것은 바로 이 씨족의 권위를 상징하는 추장의 옹관이었을 가능성이 높다.

그렇다면 이 옹관에 그려진 황새와 잉어는 어떠한 의미를 우리에게 전달하려는 것일까? 황새와 잉어의 그림에서 가장 대조적인 것은 "눈깔"이다. 황새의 눈깔은 거대하고 둥그렇게 부리부리 빛을 발하고 있는 모습이 강조되어있고, 잉어의 눈은 아주 자그맣게 실눈처럼 그리고 힘없이 폭 꺼져들어가듯이 그려져 있다. 황새는 바로 이 추장이 소속된 씨족의 토템이었을 것이다. 고대 씨족사회가 바로 이 토템의 아이덴티티에 의하여 나누어졌고 그것이 타부(taboo)·족외결혼(exogamy)과 연결되어 있다는 것도 연상할 필요가 있을 것이다. 그렇다면 이 옹관의 그림의 의미는 명확해진다. 물고기는 바로 이 황새토템씨족과 적대관계에 있던 씨족의 토템이었을 것이다. 황새가 잉어를 물고 있는 모습, 커다란 눈을 부라리며 뭉뚱한 힘찬 발로 버티고 서서 몸부림치는 잉어를 물고 있는 이 모습이야말로, 그 옆에 있는 웅장한 도끼와 함께, 바로 황새토템씨족의 잉어토템씨족에 대한 혁혁한 戰勝을 의미하는 것이다. 기나긴 두 씨족의 血戰의 역사에서 황새씨족에게 결정적인 승리를 안겨준 위대한 그들의 지도자의 무덤에 그들은 그들의 역사를 이 한 폭의 찬란한 그림으로 표현했던 것이다. 피카소의 『게르니카』의 모습보다 더 강렬하고 소박한 멧세지를 던지는 이 앙소의 채도 앞에 나는 인간 사변이성의 승리를 읽는다. 사변이성의 역사가 6천년이라고 하는 화이트헤드의 말을 생각하면서 나는 이 채도의 회화의 언어적 상징성, 강렬한 채색과 선율의 상징성에 인간이성의 고도의 추상성의 한 돌파의 계기를 발견한다. 삶자체의 방법론을 넘어서서 삶의 의미를 표현하고자했던 사변이성의 한 분수령을 나는 이 앙소의 채도에서 발견하는 것이다.

"detached judgments"란 그 앞에서 말한 "mystic vision and fanciful suggestion"과 관련성이 있다. 어떠한 일반적 체계성을 결여한 현실과 단절된 판단들이라는 뜻이다. 이 단에서 중요한 대립적 단어는 "체계"(systems)와 "영감"(inspirations)이다. 사변이성은 역시 체계쪽으로 무게가 실려있다. 그리고 "객관적 실험"(an objective test)과 "진보의 방법"(a method of progress)도 사변이성의 조건으로서 기억해두어야

할 말이다. 이러한 방법을 구유한 사변이성의 역사는 최종적으로 2천년밖에는 되지 않는다. 겨우 이 2천년의 역사를 놓고 5단계니 몇단계니, 고대니 현대니 운운하는 사학도들의 좁은 견식이 가소롭지 아니할까? 화이트헤드라는 大鵬이 蒼蒼한 하늘에서 내려보고 얘기하는 다음 단의 논의를 계속 살펴보자!

2-6   The ascription of the modern phase of the speculative Reason wholly to the Greeks, is an exaggeration. The great Asiatic civilizations, Indian and Chinese, also produced variants of the same method. But none of these variants gained the perfected technique of the Greek method. Their modes of handling speculative Reason were effective for the abstract religious speculation, and for philosophical speculation, but failed before natural science and mathematics. The Greeks produced the final instrument for the discipline of speculation.

If, however, we include the Asiatic anticipations, we may give about three thousand years for the effective use of speculative Reason. This short period constitutes the modern history of the human race. Within this period all the great religions have been produced, the great rational philosophies, the great sciences. The inward life of man has been transformed.

譯 **2-6** 사변이성의 근대적 단계를 오로지 희랍인들의 성과에만 귀속시키는 것은 좀 과장스러운데가 있다. 인도문명이나 중국문명과도 같은 위대한 아시아문명들도 또한 동일한 방법의 다른 양태들을 산출해냈기 때문이다. 그러나 문제는 이 다른 양태들이 어떠한 경우에도 희랍인의 방법의 완벽한 기술의 수준에는 미치지 못했다는데 있다. 그들이 사변이성을 다루는 방식은 추상적인 종교적 사변이나 철학적 사변에는 매우 효율적인 것이었을지는 모르지만 자연과학이나 수학앞에서는 패배의 고배를 마실 수밖에 없었다. 희랍인들이야말로 사변의 훈련에대한 궁극적 도구를 생산해내는데 성공하였던 것이다.

그러나 어찌되었든 우리가 아시아적 성과를 포함하여 생각한다면, 사변이성의 효율적 사용의 역사를 약 3천년은 할당할 수 있을 것이다. 이 짧은 기간이 인류라 하는 동물의 근대사를 구성하는 것이다. 이 기간동안에, 모든 위대한 종교가 탄생되었고, 모든 위대한 합리적 철학과 위대한 과학이 산출되었던 것이다. 인간의 내면적 삶의 전화가 이 시기에 일어났던 것이다.

案 **2-6** 화이트헤드가 과연 얼마나 인도문명과 중국문명에 대한 이해가 있는가 하는 것에 대해선 회의적일 수밖에 없다. 허나 그의 필로로지나 디테일에 대한 지식은 不及한 것이라하여도 그의 거대한 통찰력의 정확성은 폄하키 어려운 느낌이 든다. 인도문명이나 중국문명이 희랍문명이 성취한 동일한 방법을 개발했다고 인정하는 것은 우선 서구중심주의(Eurocentricism)의 오류를 벗어난다. 허나 화이트헤드는 인도문명에는 추상적 종교적 사유를, 중국문명에는 심오한 철학적 사유를, 희랍문명에는 명철한 자연과학과 수학적 사유를 각각 할당하고 있고, 이것은 거칠게 말해서 매우 정확한 형량이다. 그러나 사변이성의 역사의 궁극적 강점은 역시 "수학"에 있고 이 수학적 방법의 기술이 인류사를 움직이는 가장 큰 원동력이 되었다고 하는 주장에는 우리 역시 승복하지 않을 수 없다. 서양의 강점은 역시 고등수학에 있다. 인도인은 매우 수학적인 사람들이었지만 그들의 개념적 수학은 종교적 직관앞에 해체의 일로를 걸었다. 수학이라고 하는 개념적 약속으로는 철학이나 종교의 근원적 문제를 접근할 수는 없는 것이다. 그러므로 수학이라는 사변이성의 효용면에 있어서는 희랍문명의 탁월성을 그 어느 문명도 흉내낼 수가 없다.

화이트헤드는 인도문명과 중국문명에게 희랍문명에 앞서 1천년이라는 장구한 세월을 첨가하였고 그 3천년이라는 전체시간의 길이를 사변이성의 찬란한 역사로 보는 것은 쉽게 이해가 간다. 그런데 화이트헤드적 통찰의 위대성과 그랜드 스케일감은 바로 이러한 3천년의 역사를 무차별하게 인류의 근대사(the modern history of the human race)로 파악하고 있다는 데에 있다.

칼 맑스는 바로 이 3천년을 쪼개서 원시공산사회로부터 시작해서 노예제, 봉건제, 자본제사회, 공산사회로 이르는 5단계를 설정하였고 결국 "근대성" "근대사"라고 하는 것은 자본주의의 맹아와 관련된 인류사의 최근의 발전, 즉 구체적으로는 산업혁명이래의 인간의 삶의 가치의 변화와 필연적으로 관련하여서만 허락되는 역사적 단계로 보고 있으나, 화이트헤드는 이러한 역사를 올망졸망한 쪼무래기 史觀의 所産으로 보는 것이다. 결국 희랍인이 수학의 기본틀을 완성하였다면 산업혁명도 수학 때문에 가능한 것이고, 그렇다면 사회과학적 통시성의 배면에 있는 사변이성이라는 측면에서 보면, 인류의 역사는 사변이성의 전개의 3천여년 동안에 기본적으로 동질적인 근대성을 확보하고 있었다고도 말할 수 있는 것이다. 3천년의 세월을 "짧다" 말하고 그것을 몽땅 통털어 "근대사"라고 말하는 화이트헤드의 스케일감에서 우리는 편협한 역사규정의 물신주의로부터 해방되는 자유로움을 획득해야 할 것이다.

화이트헤드가 말하는 "근대사"는 사변이성의 등장으로 인간의 내면의 삶이 변화된 시기를 말하는 것이다. 근대사의 추상적 속성인 근대성을 르네쌍스 과학혁명 이래의 특수한 사변이성의 개념에 국한시키지 않는 화이트헤드철학의 結構속에서는 우리가 생각하는 근대성이란 너무 협애하게 규정된 과학만능주의적 쇼크에 불과한 것일 수도 있다. 즉 우리는 근대성의 개념을 보편적 정신사적 개념으로 확대해서 생각할 필요가 있다. 『詩經』의 언어나 『論語』의 언어가 우리 삶의 디테일의 양식에까지 그대로 합치되는 共感性을 과시하고 있다면 그것은 양자간에 어떤 근대성의 패러다임이 공유되기 때문일 것이다.

2-7 But until the last hundred and fifty years, the speculative Reason produced singularly little effect upon technology and upon art. It is arguable that on the whole within the modern period art made no progress, and in some respects declined. Having regard to the rise of modern music, we may reject the theory of a general decline in art. But, on the whole, as artists we certainly have not surpassed the men of a thousand years before Christ, and it is doubtful whether we reach their level. We seem to care less about art. Perhaps we have more to think about, and so neglect to cultivate our esthetic impulses.

譯 **2-7** 그러나 최근 한 백오십년전 까지만 해도, 사변이성은 기이하게도 테크놀로지와 예술방면으로 한오라기의 영향조차 끼치지 못하는 무기력한 모습을 노출시키고 있었다. 대체적으로 말해서 최근세시대에 예술은 아무런 진보도 성취하지 못했을 뿐만아니라 어떤 면으로는 퇴보했다고까지 말하는 것이 정당할 수 있다고 생각한다. 근세음악의 발흥에 국한하여 말한다면 우리는 인류예술의 퇴보라는 일반이론을 거부할 수 있을런지도 모른다. 허나 대체적으로 예술가로서의 우리들은 기원전 1천년전의 사람들을 전혀 능가하지 못한다. 진실로 우리가 그들의 수준에 미치고 있는가 하는 것조차 심히 의심스러운 것이다. 이것은 근본적으로 우리가 예술에 대해 관심이 없다는 것을 나타낼지도 모른다. 아마도 우리는 딴 방면으로 사유할 것이 너무도 많아서 우리의 심미적 충동들을 배양시킬 수 있는 기회들을 묵살시키고 있는 것이다.

案 2-7 이 단의 언급 역시 인류 예술사, 특히 미술사에 식견이 있는 사람이라면 엄청나게 충격적인 발언으로 느껴질 것임에도 불구하고 화이트헤드는 아주 평범하게 아주 잔잔하게 이야기하고 있다. 우리는 일상적으로 근대예술에 대해 엄청난 자부감을 가지고 있다. 그리고 3천년전의 인간의 예술활동이나 아프리카 어느 마을의 예술을 "원시미술"이라는 개념의 틀속에서 기이하게 그리고 객관화(소외화)시켜 바라보는 습성에서 벗어나고 있질 못한다. 그런데 화이트헤드는 묻는다: "과연 오늘의 인간의 예술활동의 수준이 삼천년전 사람들의 예술적 감성의 수준에 미치고 있는가?" 화이트헤드는 단언한다: "최근세 인간들의 최대의 특징은 예술의 퇴보며 심미적 충동의 묵살이다." 근대인(Modern Man), 그러니까 상식적 의미에서의 근대인들의 모든 예술활동은 과거 3천년전의 사람들의 예술활동의 발꼬락지에 낀 때에도 못미친다.

과연 오늘날 인사동골목의 갤러리에 걸리고 있는 한국예술가나 세계적 대가라고 하는 사람들의 그림이 객관적으로 현실적으로 알타미라의 동굴

벽화나 6천년전의 앙소채도의 그림보다 더 가치있고 더 파우워플하고 더 세련된 것일까? 과연 오늘날 각 절깐에서 비싼돈으로 지어지고 있는 그 수많은 불상들이 산자락에 내팽겨진 신라인의 깨진 돌부처하나에라도 미치는 것이 있는가? 오늘날의 철골과 유리로 끼워 맞춘 드높은 마천루의 천박한 날렵함이 과연 희랍인의 아크로폴리스의 파르테논이나 중세기 고딕성당의 장엄함에 미칠 수 있는 것일까?

『이성의 기능』이 쓰여진 때가 1929년임으로 우리는 화이트헤드가 우리가 지금 20세기 예술의 성과를 형량하는 것과 같은 위치에 있지를 못했다고 말할 수 있을런지도 모른다. 『타이타닉』이라는 영화를 보면(1912년 4월 14~15일 침몰) 피카소의 그림을 어느 파리의 젊은 놈의 싸구려 그림으로 걸어놓고 있으니까 말이다. 내가 생각키로 근세 인상주의화풍의 성과는 평가할 것이 있다고 생각하지만, 사실 궁극적으로 피카소는 조선의 겸재나 앙소채도·알타미라의 무명씨의 화풍의 가능성에서 일보도 전진하지 못한 인물일지도 모른다. 아니, 분명 퇴보한 측면이 있다.

허나 화이트헤드는 "근세음악"에 대해서만은 예외적 평가를 하고 있는데 이러한 평가에 대해선 나 도올 역시 크게 동감이다. 조선조 말기의 "散調"의 발흥이나, 크게 말해서 고전주의·낭만주의로부터 스트라빈스키의 카코포니나 쉔베르크의 무조음악에 이르기까지, 그리고 아주 좁게 한정하면 째즈로부터 시작해서 오늘의 랩에 이르기까지 블랙계통의 팝뮤직의 발흥은 사변이성의 역사라는 그랜드 스케일의 사관에서 볼 때에도 과거 인간들이 미치지못했던 새로운 진보가 엿보인다는 것이다. 미술을 靜이라하고 음악을 動이라하면 근대인의 성과는 역시 정적 미술보다는 동적 음악에서 찬란한 진보를 이룩했다고 말할 수 있을 것이지만, 근대인의 최대의 특성이 감성의 충동을 배양하여 예술적 표현으로 승화시키는 에너지가 그만큼 줄어들었다는 사실에 있다는 주장은 참으로 우리에게 반성을 요구하는 대목이다. 사변이성의 확대가 상대적으로 심미적 감성의 축소를 초래했다는 것이다. 현대인의 삶 그자체가 심미적 감성의 섬세함과 우아함이 없다. 머리카락이나 지지고 볶고 헐렁한 바지에 아무렇게나 굴러다니며 패스트푸드나 질겅질겅 씹고 앉아있는 닭털보다 가벼운 홀태새끼들한테 무슨 심미적 감성이나 인간의 내면을 감동시키는 중후한 예술적 표현을 기대할 수 있을까?

20세기 동방의 철인 方東美교수가 언젠가 이런 말을 한 적이 있다. 西洋文化는 動的이고 東洋文化는 靜的인 대체적인 경향성의 지배하에 있다. 그래서 서양에서는 동적 예술인 음악이 발달하고, 미술이 볼품없는 반면, 중국에서는 정적 예술인 미술이 발달하고, 음악이 볼품이 없다. 이 方교수의 말은 대체적으로 적확하다. 화이트헤드 역시 서양의 미술전통이 볼품없다는 현실을 정확히 파악하고 있다. 중국의 미술은, 20세기 인상파 이래의 서구 미술의 도약은 눈부신 것이지만 그러한, 서양미술의 모든 가능성을 포괄하여 그것을 훨씬 뛰어넘는 요소들을 내포하고 있다. 동양미술의 가치를 정확히 재형량하는 안목이 요청된다.

원래 기술(테크놀로지)이나 예술은 반드시 사변이성의 도움을 전제로 해서 발전하는 것은 아니다. 예술은 사변성이 부족한 감성만으로도 때때로 놀라운 천재성을 과시할 때가 있다. 그리고 기술은 기본적으로 실천이성의 진보에 힘입어 발전한 것이며 반드시 과학의 사변적 결과물로 생겨나는 것은 아니라는 것을 시종 염두에 둘 필요가 있다. 테크놀로지는 사변이성의 도움이 없이도 인간의 실용적 요구에 의하여 개발될 수 있는 것이다. 고등수학을 발전시키지 못한 동양문화에 있어서의 생활기술의 발전의 수준, 청동기, 도자기, 석굴불상조성, 사찰건축, 비단직조 등의 고도성을 연상하면 화이트헤드가 무슨 말을 하고 있는지 쉽게 이해가 갈 수 있을 것이다.

2-8 Technology has certainly improved during the last three thousand years. But it would be difficult to discern any influence of the speculative Reason upon this progress, until the most recent period. There does not seem to have been much quickening of the process. For example, the technology of Europe in the eighteenth century had made a very moderate advance over that of the Roman Empire in its prime. The advance does not seem to be much greater than that made in the two thousand years preceding this culmination of the classical civilization.

The enormous advance in the technology of the last hundred and fifty years arises from the fact that the speculative and the practical Reason have at last made contact. The speculative Reason has lent its theoretic activity, and the practical Reason has lent its methodologies for dealing with the various types of facts. Both functions of Reason have gained in power. The speculative Reason has acquired content, that is to say, material for its theoretic activity to work upon, and the methodic Reason has acquired theoretic insight transcending its immediate limits. We should be on the threshold of an advance in all the values of human life.

譯 **2-8** 테크놀로지는 지난 3천년동안 확실히 진보하였다. 그러나 이러한 진보에 관한 사변이성의 영향을, 최근세 한 150년 이전까지는, 식별하기가 어렵다. 그리고 최근세이전까지의 테크놀로지의 발전의 과정은 별로 가속화되는 양상을 찾아볼 수 없다. 예를 들자면, 18세기의 유럽의 테크놀로지는 로마제국이 그 전성기에 달성한 테크놀로지의 수준을 약간 웃돈 느낌이 있지만, 그 진보가 로마제국 고전문명의 전성기 이전의 2천년동안에 달성된 그러한 진보보다 더 대단한 것이라고 간주될 수는 없는 것이다.

  지난 150년간 테크놀로지가 엄청난 진보를 이룩했다는 것은 사변이성과 실천이성이 드디어 랑데뷰를 시작했다는 사실에서 유래되는 것이다. 사변이성은 그의 이론적 활동을 제공하였고, 실천이성은 다양한 종류의 사실을 처리하는 방법론들을 제공하였다. 이성의 이 두 기능은 모두 같이 위력을 더해갔다. 사변이성은 실내용을 얻었다. 다시 말하면 이론적 활동이 구체화될 수 있는 소재를 얻은 셈이다. 그리고 방법적 이성 즉 실천이성은 그의 목전의 한계를 뛰어넘는 이론적 통찰을 획득하게 된 것이다. 바로 우리는 지금 인간 삶의 모든 가치에 있어서 하나의 도약의 문턱에 서있는 것이다.

案 **2-8** 앞의 문장에서 독자는 예술과 더불어 기술 즉 테크놀로지에 대한 사변이성의 무영향을 논구하는 대목에서 의아스러운 느낌을 가졌을지도 모르지만 그런 의아심은 여기서 풀려나간다. 화이트헤드의 관점은 하여튼 거시적이다. 그는 인류의 역사의 디테일을 거시적 스케일에서 통찰하는 놀라운 형안을 과시하고 있다. 앞서 말했듯이 테크놀로지는 테크네, 즉 삶의 방법의 발견이며 고도의 추상성이나 일반적 체계를 전제로 하지 않는다는 의미에서 사변이성의 영향을 필수조건으로 삼지 않는다. 그러나 이러한 상황에 대하여 예외적인 사태는 최근 150년간의 테크놀로지의 눈부신 발전이다. 이 발전은 과거의 발전과는 달리 체계적이며 사변적이며 전체이론적이며, 그것은 곧 사변이성과 실천이성의 성공적 랑데뷰를 의미하는 것이다. 그런데 이 최근 150년간의 예외적 상황을 제외하면 그 이전의 약 3·4천년간의 테크놀로지의 발전의 역사는 가속화된 양상을 발견하기 어렵다는 것이다.

나 도올이 김우중 회장님과 함께 아프리카 여행을 갔을 때, 나는 아프리카토속인들의 평상적 삶의 모습이 바로 나의 어렸을 때 모습임을 발견했다. 아주 최소화된 오두막집, 단순한 취사, 소박한 살림도구…. 다시 말해서 한국인인 나의 경험에 있어서는 화이트헤드가 말하는 150년이라는 단위가 약 4·50년으로 축소될 수도 있다. 40년전 나의 삶의 체험의 양태가 최소한 서민적 삶의 기술의 양태상으로 소급한다면 고조선 사람들의 모습과 거의 일치한다고도 말할 수 있는 것이다. 고조선의 주거유적을 보면 그 온돌의 형태와 구조, 그리고 가옥의 형태가 40년전 평범한 초가집의 양상과 다를 바가 하나도 없다. 40년전에도 대부분의 가옥에 전기가 없었고 구멍탄조차도 없었다.

로마제국 문명의 전성기는 옥타비아누스, 그러니까 아우구스투스황제(63 BC~AD 14)가 확립한 팍스 로마나(Pax Romana)를 기준으로 삼는다면, 최근 18세기의 서구유럽의 테크놀로지 수준이 바로 이 로마전성기의 수준에 비해 전혀 가속화된 양상을 보이지 않는다는 것이다. 18세기 수준이 1800년전 로마문명의 테크놀로지 수준보다 크게 나을 것이 없다는 것이다. 그리고 18세기 유럽문명의 테크놀로지 수준은 로마전성기 이전의 2000년 동안의 성취에 비해 더 대단할 것이라고는 아무것도 없는 것이다.

18세기 유럽인들의 삶만 해도 전기도 없었고 닭털깃으로 글씨를 썼다. 제대로 된 변변한 변소도 없었다. 그리고 그들의 의료수준은 3800년전의 에집트문명의 의료수준보다도 저열한 것이었다. 『주홍글씨』의 여주인공 헤스터 프린의 남편은 의사다. 그런데 그 문학작품에서 의사를 리치

(leech)라고 부르고 있는데 이들은 약초나 캐러 다니고 피나 뽑는 돌팔이 건재상의 수준이다. 그 리치의 수준이 저열한 것이 아니라 나다니엘 호손 시대의 미국의학의 수준을 간접적으로 대변해주는 것이다. 따라서 화이트 헤드의 문장에 卽해서 말한다면 서구의 경우 18세기까지만 해도 그 이전의 3800년의 테크놀로지 수준은 거의 다 비슷한 정도를 과시하고 있었다는 얘기다. 이것은 참으로 중요한 발언이다. 우리가 과거역사의 모습을 너무 오늘의 체험 속에서 순응적으로만 왜곡시키는 습관에 젖어있음을 날카롭게 지적하고 있는 것이다. 그러나 오늘의 우리의 체험은 지난 인류 역사 4천년간의 삶의 양태의 연속성에 비하면 너무도 특수한 것이다. 이러한 특수성은 바로 사변이성과 실천이성의 최초의 본격적 결합으로 이루어진 것이다. 사변이성은 실천이성에게 이론적 활동을 제공했고 실천이성은 사변이성에게 다양한 사실을 다룰 수 있는 방법론을 제공했다. 이런 상호교섭은 서로의 기능을 강화시켰다. 사변이성은 이론적 활동의 내용을 강화시켰고, 실천이성은 목전의 한계를 넘어설 수 있는 이론적 통찰을 강화시켰다. 그러므로 우리는 바야흐로 이 양자의 결합으로 인간 삶의 전가치체계가 도약할 수 있는 문턱에 이르게 된 것이다. 그러나 잠깐만! 이러한 도약의 낙관론은 금물이다! 잠깐! 낙관론 속에는 항상 비관적 요소들이 숨어있게 마련이다. 이제 우리는 그 비관적 요소들을 통찰해야 한다. 다음을 보라!

2-9 But such optimism requires qualification. The dawn of brilliant epochs is shadowed by the massive obscurantism of human nature. Obscurantism is the inertial resistance of the practical Reason, with its millions of years behind it, to the interference with its fixed methods arising from recent habits of speculation. This obscurantism is rooted in human nature more deeply than any particular subject of interest. It is just as strong among the men of science as among the clergy, and among professional men and business men as among the other classes. Obscurantism is the refusal to speculate freely on the limitations of traditional methods. It is more than that: it is the negation of the importance of such speculation, the insistence on incidental dangers. A few generations ago the clergy, or to speak more accurately, large sections of the clergy were the standing examples of obscurantism. Today their place has been taken by scientists—

By merit raised to that bad eminence.

The obscurantists of any generation are in the main constituted by the greater part of the practitioners of the dominant methodology. Today scientific methods are dominant, and scientists are the obscurantists.

譯 **2-9** 그러나 그러한 낙관론은 정확한 규정을 요구한다. 인간세의 찬란한 획기적 기원들의 여명은 인간본성에 내재하는 대량의 몽매주의에 의하여 그늘지워졌다. 이러한 반계몽주의적 몽매주의는 수백만년의 세월의 배경을 가지는 실천이성의 관성적 저항이다. 그것은 근자에 형성된 사변의 습관으로부터 유래하는 고정된 방법을 해체시키는 간섭에 대한 관성적 저항인 것이다. 이러한 몽매주의는 어떠한 특정의 관심주제보다도 아주 깊게 깊게 인간본성에 뿌리박고 있다. 이 몽매주의는 성직자들 사이에서 강한 만큼이나 과학자들 사이에서도 강한 것이며, 어떤 다른 조직적 계층의 사람들 사이에서 강한 만큼이나 전문직종의 사람들과 비즈니스맨사이에서도 강한 것이다. 이 반계몽적 몽매주의란 곧 전통적 방법의 한계에 대해 자유롭게 사유하는 것을 거부하는 것이다. 아니, 사실 그것은 이 이상의 것이다: 즉 그것은 그러한 사유의 중요성의 본질적 거부며, 그러한 사유로부터 부수적으로 일어날 수도 있는 가벼운 위험에 대한 과도한 완고함이다. 몇세대전까지만 해도 성직자들, 보다 더 정직하게 까놓고 말하자면 성직자들의 대부분의 인간들이 이러한 몽매주의의 찬란한 표본들이었다. 오늘날 그들의 찬란한 성직자들의 지위는 불행하게도 과학자들에 의하여 대신 점령되었다 ―

바로 그 자신의 악덕의 공로로 저 虛名의 高位까지 올랐으니 !

어떠한 세대든지간에 몽매주의자들의 주류는 바로 지배적인 방법론의 실천가들의 대세에 의하여 구성되는 것이다. 오늘날은 바로 과학적 방법이 지배적이지 않은가? 그래서 과학자들이야말로 몽매주의자들이 되어가고 있는 것이다.

案 2-9 아~ 아~ 통쾌하다 ! 그 누가 여기서 언어의 신랄함과 양식의 통렬함과 양심을 찌르는 반성의 요구를 느끼지 않을 자가 있겠는가? 나는 평소 20세기를 과학이 종교를 대치한 세기라고 생각해왔다. 종교현상이 매우 극단적인 광신형태를 도처에서 보이지만 그것은 이미 역사의 주류를 상실한 광기 허세에 불과한 것이요, 내면의 종교성을 상실한 제도적 사기행각에 불과한 것이다. 19세기말까지 지배적이었던 종교적 가치가 20세기에 들어서는 완전히 역전되었다고 말할 수 있고, 20세기의 진정한 성직자들은 교회목사나 신부수녀가 아닌 바로 중세수도원의 분위기를 방불케하는, 과학실험실 속에서 묵묵히 플라스크를 들고 있는 과학자들이라 말할 수 있는 것이다. 그런데 이 과학자들의 문제는 바로 그들의 전임자들이었던 성직자들의 편협함과 완고함 그리고 자기가 진리라고 믿는 방법의 체계 이외의 일체를 거부하는 독단성을 충실히 계승하였다는 것이다. 현재 우리사회의 과학자들의 99.99%가 모두 기존의 주어진 방법론들의 충실한 走狗들이다. 그런데 이 주구라는 사실에서 그치는 것이 아니라 그 주구됨이 이 사회의 새로운 진리의 가능성을 봉쇄하고 그러한 가능성을 낳게하는 인성의 가능성까지 말살시키고 있다는데 그 20세기 과학의 비극이 있는 것이다.

나는 최근 어느 축구감독의 종교행태의 포폄으로 건강한 사회적 논의를 일으킨 적이 있다(『중앙일보』, 1997. 10. 24.). 허나 나의 논지는 한 체육인에게만 돌아가는 것이 아니다. 그것은 바로 우리사회를 지배하는 모든 몽매주의자들에게 보내는 선물인 것이다.

여기서 말하는 몽매주의(obscurantism)는 계몽주의의 반대라고 할 수 있다. 우리말의 몽매의 "蒙"은 『周易』의 蒙卦에서 그 어원이 온 것인데, "어두움"을 뜻하는 것이다. 몽매주의란 "어두움"의 지속이다. "계몽"이 그 어두움(몽)을 열려는(계) 것이라면, 몽매주의는 그 어두움을 계속 닫혀 있는 상태로 지속하려는 것이다. 이것은 바로 성공적인 방법론의 한계를 인정치 않는 실천이성의 관성적 저항이다. 본문에서 "the inertial resistance to the interference with its fixed methods arising from recent habits of speculation."이라는 말은 자칫 잘못하면 해석의 혼동이 심할 수 있는 문장이다. 예를 들어 보자! 최근 컴퓨타의 도입으로 모든 저술이 컴퓨타로 이루어지고 그것은 하나의 고정적 방법을 형성한다고 해보자! 허나 이 고정적 방법을 깨버리는 시도가 있다면 컴퓨타의 방법의 편의성과 효율성 때문에 그러한 시도를 무산시키려고 저항할 것이다. 항상 새로운 습관은 고정적 방법을 형성하게 마련이고 이 고정적 방법은 하나의 관성체계를 이루며 그것에 간섭하는 것에 저항한다. 허나 이러한 실천이성의 관성적 저항은 수백만년의 역사적 배경을 가진 것이다.

여기 이탤릭으로 된 인용구는 그 출전이 밀튼(John Milton, 1608~1674)의 『失樂園』(*Paradise Lost*, 1667) 제2편 제6행(Book Ⅱ, Line 6)이다. 失明된 밀튼이 말년에 완성한 이 위대한 서사시에서, 아담과 이브를 만나기전 사탄들이 회의를 여는 장면의 초두에 실려있으며 그것은 사탄에 대한 묘사다. 결국 이 문단에서 몽매한 과학자들은 사탄에 비유되고 있는 것이다.

2-10 In order to understand our situation today we must note that in the sixteenth and seventeenth centuries the educated section of western Europe inherited the results of about five centuries of intense speculative activity. The mistaken expectation of obtaining a dogmatic finality in speculative first principles has obscured the very considerable success of this speculative epoch. By reason of the preservation of manuscripts to an extent enjoyed by no previous nascent civilization, this ferment of speculation could appropriate the thoughts of the earlier classical speculation, Pagan and Christian, terminating with the decadence of Rome. This advantage carried with it a weakness. The medieval movement was too learned. It formed a closed system of thinking about other people's thoughts. In this way, medieval philosophy, and indeed modern philosophy, detracted from its utility as a discipline of speculative Reason by its inadequate grasp of the fecundity of nature and of the corresponding fecundity of thought. The scholastics confined themselves to framing systems out of a narrow round of ideas. The systems were very intelligently framed. Indeed they were marvels of architectonic genius. But there are more ideas in heaven and on earth than were thought of in their philosophy.

譯 **2-10** 오늘날 우리상황을 이해하기 위하여서는, 우리는 16·17세기의 서유럽 지성계가 약 5세기에 걸친 아주 농축된 사변활동의 결과물들을 유업으로 계승했다는 사실을 언급해야만 한다. 사변적 제1원리들을 지배하는 하나의 독단적 궁극성을 획득하려는 그릇된 기대가 이 사변적인 중세시대의 상당한 성공을 몽매스럽게 만들었다. 이전의 어떠한 신생문명들이 누릴 수 없었던 그러한 정도의 방대한 문헌의 보존으로 인하여, 이 사변의 씨앗들은, 이교도의 것이든 기독교도의 것이든, 초기 고전적 사변의 사상들을 개화시켰고, 결국 로마문명의 쇠망으로 같이 종결되게 된다. 이러한 문헌의 보존으로 인한 유리함은 그것과 더불어 불리함을 지니고 있었다. 즉 중세기의 운동은 너무 지적이었다는 것이다. 너무도 습득된 지식만의 전개였던 것이다. 그것은 타인의 사상에 대한 사고의 폐쇄된 체계를 형성시켰다. 이러한 방식으로, 중세철학은 그리고 실상 근세철학까지도, 자연의 풍요로움과 그에 상응하는 사유의 풍요로움에 대한 부적절한 파악으로 인하여 사변이성의 디시플린으로서의 효용으로부터 멀어져만 갔다. 스콜라철학자들은 관념의 매우 좁은 터전위에서 체계의 틀을 짜는데만 광분해 있었다. 그 체계들은 실로 매우 지적으로 짜여진 것이다. 그것들은 실로 구성적 천재성의 경탄할만한 결과물들이다. 그러나 그들이 그들의 철학속에서 생각한 것들보다 저 푸른 하늘과 이 누런 땅위에 더 많은 생생한 아이디어가 있다는 것을 그들은 몰랐던 것이다.

案 2-10   아마도 서양의 중세기를 이해하는데 이 보다 더 적확하고 간결한 언급은 찾아보기 어려울 것이다. 여기에서 우리가 가장 주목해야할 것은 "사변적 제1원리들을 지배하는 독단적 궁극성의 추구"라는 말일 것이다. 무엇이든지 궁극적 원리를 추구하는 것은 인간 사변의 당연한 성향일지는 모르나, 모든 것에 하나의 독단적 궁극원리가 있다고 생각하는 것은 참으로 어리석은 것이다. 기독교가 인류사에 저지른 최대의 죄악이 바로 이 궁극성에 대한 그릇된 신념이다. 서양의 인간들, 그리고 서양의 가치를 신봉하는 모든 지상의 인간들이 아직도 이러한 유치한 오류에서 벗어나지 못하고 있는 현실은 참으로 인류지성의 발전에 유해한 것이다.

그리고 "문헌의 보존"이라는 측면에서 본다면 동양문명에 있어선 漢代 經學이야말로 서양의 중세기에 해당되는 지적 구성의 시기였을지도 모른다. 그러므로 漢末에는 중세기의 지적 전통(learned tradition)과 동일한 폐쇄적 전통이 성립한다. 이러한 폐쇄적 전통은 비록 다시 王弼의 "得意 忘象"論과도 같은 위진남북조시대의 玄學에 의해 도전을 받지만, 또 다시 佛經의 해석작업으로 계승되어 발전해 나간다. 그리하여 방대한 불교

대장경이 한대의 경전해석학의 방법론 위에서 성립하는 것이다. 이 한대의 경전해석학이 근원적으로 도전을 받은 것은 唐代의 禪으로부터였다.

그리고 "타인의 사상에 대한 사고의 폐쇄된 체계"라는 말은 모든 중세기적 사유를 특징지운다. 자기 것이 없이, 자기 속에서 우러나오는 것이 없이 타인의 사상에 대한 사고의 폐쇄된 체계만으로 자신의 철학을 과시하려는 오늘날의 모든 연구가들이 사실 알고보면 중세기적 인간들이다. 우리는 여기서 巖頭 전활이 그의 친구 雪峰 義存에게 한 말, "대문으로 들어오는 것은 가보가 될 수 없다"(從門入者, 不是家珍)라 한 말을 연상케 된다.

그리고 마지막에 화이트헤드가 "하늘과 땅"을 나누어 언급한 것은 화이트헤드의 의식속에 내가 말하는 "천지코스몰로지"의 틀이 분명히 자리잡고 있다는 것을 입증한다. 그것은 『과정과 실재』에 앞선 화이트헤드의 역저, 『심볼리즘』의 앞머리에 있는 「헌사」에서도 너무도 명백히 드러나는 것이다. 그러나 이것은 놀라웁게도 셰익스피어에 그 출전이 있는 것이다.

햄릿은 호레이쇼의 도움으로 유령을 만난다. 그리고 유령에게서 숙부의 독살음해에 관해 상세히 듣는다. 유령은 "잘있거라, 잘있어, 나를 잊지 말아다오"(Adieu, adieu, adieu. Remember me.)라는 말을 남기고 땅속으로 사라진다. 그리고 새벽별빛이 희미해져가는 즈음 햄릿은 호레이쇼, 마셀러스를 만나 그가 유령을 만난 것을 절대 비밀로 할 것을 약속해 달라는 맹세를 세번이나 거듭케 한다. 그 마지막 맹세의 장면에 햄릿은 호레이쇼에게 다음과 같은 말을 한다:

There are more things in heaven and earth, Horatio,
Than are dreamt of in your philosophy. (Act I Sc. V)
자네의 학문속에서 꿈도 꿀 수 없는 그러한 일들이

이 하늘과 이 땅에 얼마든지 있단 말일쎄. 호레이쇼. (제1막 제5장)

바로 이 단의 마지막 문장은 호레이쇼의 학문(철학)과 중세기 사상가들의 관념성을 오버랩시키면서, "more things"을 "more ideas"로 바꾸고, "dreamt of"를 "thought of"로 바꾸어 아주 재치있게 표현한 것이다. 그리고 "on earth"라는 표현으로 하늘과 땅의 실재성·경험성·관찰성을 강조하였다.

나는 최근의 저서 『話頭, 혜능과 셰익스피어』(통나무, 98. 8.)에서 셰익스피어의 비극적 드라마의 세계관이 禪的인 틀 속에서 새롭게 해석될 수 있음을 喝破하였다. 여기서도 그러한 기발함은 여전히 드러난다. 내가 "푸른 하늘"과 "누런 땅"이라하여 형용사를 첨가하였지만, 이 말은 곧 호레이쇼의 학문, 사상, 철학, 교양의 깊이에 대한 예찬과 그 학문의 한계에 대한 동시적 지적을 포함하고 있다. 그런데 아이러니칼한 것은 바로 햄릿에게 있어서 "저 푸른 하늘과 누런 땅에 더 많은 생생한 진실"이란 바로 유령에게 들은 진실이다. 禪이 말하는 사실은 물리적 사실(matter of fact)이 아니다. 禪이 말하는 사실은 물리적 파악의 구체성이 영원히 거부되는, 인식의 방법론적 고착이 영원히 거부되는, 현실적 계기와 영원한 객체가 영원히 동적으로 교섭하는, 사실이다. 그것이 "平常無事"의 존재성이다. 사실에 대한 모든 인식이 거부되는 궁극적 사실이다. 그러한 하늘과 땅의 사실은 유령의 말까지도 진실로서 포섭이 될 수 있는 사실이다. 허나 햄릿은 이 유령의 말을 실현키위하여 드라마라는 현실적 실험적 수단을 동원하는 기발한 착상을 전개하는 것이다. 중세기 사람들의 가장 큰 문제는, 그들의 사고의 건축물이 놀라운 정교성과 일반성을 과시하고 있음에도 불구하고 그것이 일정한 습득된 언어의 틀 속에서만 맴돌았다는 것이다. 그 중세의 성벽을 과감히 헐어부수고 푸른 하늘과 누런 땅으로 튀쳐나올 수 있는 용기도, 인식의 틀도 마련되지 않았던 것이다.

2-11 Yet when all this concession has been made to the defects of scholasticism, its success was overwhelming. It formed the intellectual basis of one of the periods of quickest advance known to history. The comparison of the intellectual feebleness of the men, even the ablest men, of the ninth and tenth centuries with the intellectual group of the men of the thirteenth century discloses the extent of this advance. It is not merely that in the earlier times the men knew less. They were intrinsically less able in moving about among general ideas. They failed to discriminate between minor peculiarities of details and the major notions. The power of going for the penetrating idea, even if it has not yet been worked into any methodology, is what constitutes the progressive force of Reason. The great Greeks had this knack to an uncanny degree. The men of the thirteenth century had it. The men of the tenth century lacked it. In between there lay three centuries of speculative philosophy. The story is told to perfection in Henry Osborn Taylor's book, *The Mediaeval Mind.* What scholasticism gave to the European world, was penetration in the handling of ideas.

譯 2-11 이러한 스콜라철학의 결점을 우리가 충분히 인지한다 하더라도 그 놀라운 성공은 양보할 수 없는 것이다. 그것은 여태까지 인류

제2부 187

의 역사에 알려진 가장 빠른 엄청난 진보의 한 시기의 지적인 바탕을 형성시켰던 것이다. 9·10세기의 사람들, 아니 그 시기의 가장 탁월한 인간들이라 할지라도 그들의 지적인 연약성을 그 후의 13세기의 사람들의 지적 그룹의 평균적 성과와 비교하여 보면, 그 몇세기간의 진보의 폭이 얼마나 엄청난 것이었는지를 알 수 있게 해준다. 그것은 단지 그 이전의 사람들이 적게 알았다고 하는 것을 말하는 것이 아니다. 그들은 일반적 관념사이에서 소요하는데는 본질적으로 능력이 부족했다. 그들은 디테일의 사소한 특수성과 주요한 관념들을 차별지을 수 있는 능력이 부족했다. 보편적으로 적용될 수 있는 통찰력있는 관념을 획득할 수 있는 힘, 비록 그것이 아직 어떤 방법론으로 구체화되지 못했더라도, 그러한 힘이야말로 이성의 진보의 동력을 구성하는 것이다. 위대한 희랍인들은 불가사의할 정도로 이러한 비결을 소유하고 있었다. 그리고 13세기의 인간들도 그러했다. 그러나 10세기의 사람들은 그러한 능력을 결여했다. 이 사이에 바로 3세기 동안의 놀라운 사변철학의 발전이 자리잡고 있는 것이다. 이러한 정황은 헨리 오스본 테일러의 책, 『중세기의 마음』이란 책에 완벽하게 기술되어 있다. 유럽세계에 스콜라철학이 기여한 것은 바로 관념을 다루는데 있어서의 보편주의적 통찰력이었다.

案 2-11   이 단의 논의를 보다 세목적으로 정확히 이해하기 위해서는 헨리 오스본 테일러의 『중세기의 마음』("중세기 정신"이란 번역보다 원뜻이 더 아름답고 정확하게 전달된다)이란 책을 읽어보아야 할 것이다. 다행히 이 책이 연세대학교 도서관에 소장되어 있어 열람할 수 있었다(도올서원 재수민철기군의 도움으로). 두권(Volume Ⅰ,Ⅱ)으로 되어있는 방대한 양의 책으로 라틴 세계의 형성과정을 사상사적으로 세밀하게 논구하고 있다. 초판 서문이 "1911년 1월, 뉴욕"으로 되어있고 4판서문이 "1925년 3월, 뉴욕"으로 되어 있다. 마사츄세츠 캠브릿지, 하바드대학출판부(Harvard University Press)에서 상재되었다. 이 책은 모두 "7편 44장"(Book Ⅶ, CHAPTER ⅩLIV)으로 구성되어 있다. 44장의 내용을 여기 다 밝힐 수는 없고 편명만을 밝히면 다음과 같다. BOOK Ⅰ, The Groundwork. BOOK Ⅱ, The Early Middle Ages. BOOK Ⅲ, The Ideal and The Actual: The Saints. BOOK Ⅳ, The Ideal and The Actual: Society. BOOK Ⅴ, Symbolism. BOOK Ⅵ, Latinity and Law. BOOK Ⅶ, Ultimate Intellectual Interests of The Twelfth and Thirteenth Centuries.

테일러는 고전학에 정통한 학자로 방대한 지식의 소유자같다. 그가 동양고전, 『중용』, 『논어』, 『시경』, 『서경』, 그리고 불경 등을 언급하는 자세를 보아도 매우 신중하고 자세하다. 그리고 매우 엄밀한 철학적 사색의 소유자임이 그의 저서 『사실, 마음의 낭만』(Fact, The Romance of Mind, 1932)에서 드러난다. 『중세기의 마음』 마지막 편에서는 13세기의 대표적 사상가들로서 성 보나벤투라(St. Bonaventura), 알버투스 마그누스(Albertus Magnus), 성 토마스(St. Thomas), 로저 베이컨(Roger Bacon), 서로 면식이 있었던 당대의 4인이 집중적으로 탐색되고 있다. 그리고 둔스 스코투스(Duns Scotus)와 오캄(Occam), 그리고 마지막으로 중세기의 신테시스라 할 단테(Alighieri Dante, 1265~1321)가 탐색되고 있다.

하여튼 이 책에서 토론되고 있는 주요 관심사는 중세기철학이 10세기로부터 13세기에 이르는 3세기동안 인류사에서 보기 힘든 가장 빠르고 엄청난 이성의 진보를 이룩한 과정에 관한 진술이라고 보아야할 것이다. 10세기의 사람들은 보편개념에 대한 통찰력이 부족했는데 13세기의 사변철학의 체계는 놀랍게 진보했다는 것이다. 여기서 화이트헤드가 13세기의 사람이라 함은 바로, 안젤릭 닥터(Angelic Doctor)라고 불리운 『신학

대전』(*Summa Theologica*)의 저자, 토마스 아퀴나스(Thomas Aquinas, 1225~1274)로 대표될 것이다. 이 3세기라함은 바로 아우구스티누스(Augustine, 354~430)로 완성된 교부철학(Patristic Philosophy)시대가 끝나고, 쫀 스코투스 에리게나(John Scotus Erigena, 800~877)를 선구로, 성 안젤무스(St. Anselm, 1033~1109), 로셀리누스(Roscellinus, 1050~1122), 아벨라르드(Pierre Abelard, 1079~1142), 살리스베리의 쫀(John of Salisbury, 1115~1180)등을 거쳐 토마스 아퀴나스에 이르는, 바로 스콜라철학이 형성되는 시기를 말한다. 이 시기는 아주 거칠게 말하자면 플라톤주의적 실재론(Platonic realism)에서 아리스토텔레스주의적 실재론(Aristotelian realism)으로, 그리고 노미날리즘(nominalism)에까지 변모해간 시기며, 독단(Dogma)이 이성(Reason)을 초월하여 이성적 설명의 대상이 아닌 권위를 확보하고 있는가 하면 동시에 그러한 도그마가 이성적으로도 설명가능하다고 하는 주장이 共在하던 시기였다.

이 단의 논의와 관련하여 독자들은 화이트헤드의 또하나의 名著, 『관념의 모험』(*Adventures of Ideas*), 제2부 제10장, "새로운 종교개혁"(The New Reformation)이란 글을 참조하면 적지않은 도움을 받을 것이다. 기독교가 만약 중세기 유럽의 지적운동이 없었더라면 야만적인 미신으로 전락하고 말았을 것이라는 것을 이야기하고 있다.

전기자료가 부족해서 정확히 알 수는 없으나 헨리 오스본 테일러는 화이트헤드와 동시대에 미국에서 활약한 중세철학전공학자로서 화이트헤드와 깊은 우정을 나눈 인물일 것이다. 『관념의 모험』이 바로 헨리 오스본 테일러 부부에게 헌정되어 있고 "이들과의 우정에 많은 행복한 시간을 빚졌다"라는 문구가 달려있는 것으로 보아, 화이트헤드부부와 테일러부부는 지적 반려로서 많은 교류의 시간을 보냈을 것이다. 한길사에서 나온 『관념의 모험』 앞에 이들이 같이 앉아 한담하는 사진이 실려있다. 화이트헤드에게 영향을 준 또 하나의 헨리 오스본 테일러의 저서로, 『관념의 모험』의 서문에 『16세기의 사유와 표현』(*Thought and Expression in the Sixteenth Century*)이라는 책이 언급되어 있다. 이 책 또한 2권의 방대한 분량이다. 페트라르크(Petrarch), 보카치오(Boccaccio) 등 이태리의 휴매니스트, 에라스무스(Erasmus)와 말틴 루터(Martin Luther), 그리고 기타 영국·불란서의 사상가들이 대거 다루어지고 있다.

2-12 All things work between limits. This law applies even to the speculative Reason. The understanding of a civilization is the understanding of its limits. The penetration of the generations from the thirteenth to the seventeenth centuries worked within the limits of the ideas provided by scholasticism. These five centuries represent a period of the broadening of interests rather than a period of intellectual growth. Scholasticism had exhausted its possibilities. It had provided a capital of fundamental ideas and it had wearied mankind in its efforts to provide a final dogmatic system by the method of meditating on those ideas. New interests crept in, slowly at first and finally like an avalanche—Greek literature, Greek art, Greek mathematics, Greek science. The men of the Renaissance wore their learning more lightly than did the scholastics. They tempered it with the joy of direct experience. Thus another ancient secret was discovered, a secret never wholly lost, but sadly in the background among the learned section of the medievals,—the habit of looking for oneself, the habit of observation.

譯 **2-12** 모든 것은 한계사이에서 작용한다. 이러한 법칙은 사변이성에 조차 적용된다. 한 문명의 이해란 곧 그 문명의 한계를 이해하는 것이다. 13세기로부터 17세기에 이르는 모든 세대들의 통찰력은 스콜라철학이 제공한 관념의 한계내에서 작용했다. 이 다섯 세기는 지적인 성장의 시기라기 보다는 관심의 확장의 시기를 대변한다고 말해야 할 것이다. 스콜라철학은 이제 그 가능성을 소진하였다. 스콜라철학은 근원적 관념의 자본을 제공하였고, 또 그것은 이러한 관념들을 관조하는 방법에 의해서 하나의 궁극적인 독단적 체계를 제공하려는 노력으로 우리 인간들을 심히 지치게 만들었다. 그러다 보니까 새로운 관심들이 살그머니 끼어들기 시작했다. 처음에는 매우 서서히, 그러다가 나중에는 눈사태처럼 덮쳤다. 덮친 것은 희랍문학, 희랍예술, 희랍수학, 희랍과학이었다. 르네쌍스의 사람들은 스콜라철학자들 처럼 그렇게 학식을 무겁게 다루지 않았다. 그리고 그들은 학식을 직접적 경험의 희열로 단련시켰다. 그래서 또 하나의 고대의 비밀이 발견된 것이다. 그 비밀은 완전히 사라진 적은 없었지만, 슬프게도 중세기의 지성계의 뒷켠에 몰래 숨어 있었다. 그 비밀이란 바로 자기자신 스스로 바라보는 습관이다. 그것은 바로 관찰이라는 습관인 것이다.

案 **2-12** 스콜라철학에서 르네쌍스초기로 이르는 과정을 또다시 개괄하고 있다. 이 다섯세기의 지성사적 흐름을 일획으로 료연하게 정리하고 있다. 이 시기는 지적 성장의 시기라기 보다는 관심의 확대기였던 것이다. 17세기라 하면 프란시스 베이컨(Francis Bacon, 1561~1626), 토마스 홉스(Thomas Hobbes, 1588~1679), 르네 데카르트(René Descartes, 1596~1650), 말레브랑쉐(Nicolas Malebranche, 1638~1715), 빠스칼 (Blaise Pascal, 1623~1662), 스피노자(Benedict Spinoza, 1632~1677), 죤 록크(John Locke, 1632~1704)를 생각할 수 있다. 근세철학의 단초가 완성된 위대한 천재들의 세기라 말할 수 있다. 이들 천재의 위대성을 가능케한 것은 중세기적 학식의 문제가 아니라 바로 "관찰"과 "의고(擬古)에 매달리지 않는 주체적 발상"이라고 하는 새로운 방법론이었다고 갈파하고 있는 것이다.

기독교라는 종교가 지배한 모든 문화의 분야에 오염된, 합리적 사유의 방법론의 최대의 적은 바로 이 독단적 궁극성의 이론(the doctrine of dogmatic finality)이다. 그것은 근원적으로 "확실성"을 誤置시킨다. 이 다섯세기동안 스콜라철학은 하나의 궁극적 독단적 체계를 제공하려는 노력으로 인류를 지치게 만들었다. 이때 희랍문화가 부활하기 시작한 것이다. 처음에는 서서히 나중에는 눈사태처럼 덮쳤다. "The men of the Renaissance wore their learning more lightly than did the scholastics."라는 표현은 결코 르네쌍스인들이 스콜라철학자들보다 학문적으로 경박했다던가, 지식이 모자랐다는 것을 함의하는 말은 아니다. 지식이라는 것 자체를 중세기 사람들처럼 심각하게 다루지 않았다는 것이다. 즉 현학적이지 않았다는 것이다. "To wear one's learning lightly"라는 표현은 옷을 상쾌하게 우아하게 경쾌한 기분으로 입는다는 직설적 의미가 그대로 담겨있다. "to temper"라는 표현은 "자제시킨다," "극단으로 치닫지 않게 한다," "중용을 지킨다," 그리고 "쇠를 달구어 단단하게 만든다"는 뜻이 숨어있다. 그들은 그들의 지식을 중세기의 종교적 인간들처럼 심각하게 다루지 않았고 그 지식을 살아있는 직접 경험의 기쁨으로써 심각성의 극단으로 치닫지 않도록 제련시킨 것이다. "Looking for oneself"라는 표현은 스콜라철학자들처럼 아리스토텔레스가 뭐라고 말했기 때문에 연구하는 것이 아니라, 자기의 생각에 의하여 스스로 고민하고 문제를 찾는다는 뜻이다. 즉 의고풍을 벗어났다는 뜻이다. 의고풍에서 벗어나는 그들의 비결은 "관찰"이라는 새로운 습관이었다.

2-13 The first effect was confusion. The fourteenth and fifteenth centuries give an impression of more enlightenment, but of less intellectual power than does the thirteenth century. In some ways it suggests an intellectual throwback to the tenth century. There is the sense of dazed men groping, so far as concerns intellectual interests. The men of the early Renaissance never seem quite clear in their minds whether they should sacrifice a cock or celebrate the mass. They compromised by doing both.

But this analogy is very superficial. The medieval inheritance was never lost. After the first period of bewilderment, their penetration in the circle of scholastic ideas came to the fore. The men of the sixteenth and seventeenth centuries founded the various modern sciences, natural sciences and moral sciences, with their first principles expressed in terms which the great scholastics would have understood at a glance.

譯 **2-13** 이러한 습관의 최초의 결과는 혼란스러운 것이었다. 14·5

세기는 활발한 계몽의 인상을 준다. 그러나 13세기보다도 지적인 힘의 면에서는 떨어지는 인상을 주는 것이다. 어떤 면으로는 그것은 10세기의 지적인 졸렬함으로 퇴보했다는 것을 의미하기도 하는 것이다. 지적인 관심에 국한해서 말한다면 14·5세기는 얼빠진 인간들이 막연하게 모색하고 있는 느낌이 지배적이다. 초기 르네쌍스의 사람들은 수탉을 제물로 바쳐야할지 미사를 계속 드려야할지, 그들의 심중에서 결코 명확한 결론이 나질 않은 것 같다. 그들은 수탉봉헌과 미사거행, 이 양자를 동시에 다 함으로써 타협점을 발견하려 했던 것 같다.

그러나 이런 비유는 매우 피상적이다. 중세기의 전통은 결코 상실된 적이 없다. 최초의 방황의 시기가 지나자 스콜라철학의 관념의 범주에 대한 그들의 통찰력이 전면으로 부상한다. 16·7세기의 사람들은 다양한 근대과학, 자연과학, 도덕과학을 과거의 위대한 스콜라철학자조차 단번에 알아차릴 수 있는 그러한 술어들로 표현된 그들 자신의 제일원리들의 토대위에 건설하기 시작했던 것이다.

案 2-13　여기서 "수탉을 제물로 바치다"(to sacrifice a cock)라는 말은 플라톤의 대화편 중 『파이돈』(*Phaedo*)에 수록된 소크라테스의 죽음의 마지막 장면의 묘사에서 나오는 말이다.

소크라테스가 독약을 마시고 독이 온 전신으로 퍼져갈 때 소크라테스는 크리토에게 다음과 같이 말한다: "크리토, 우리는 에스클레피우스에게 수탉을 바쳐야 하네. 잊지말게."(Crito we ought to offer a cock to Asclepius. See to it, and don't forget.) 이것이 소크라테스의 마지막 말이었다. 에스클레피우스(Asclepius)는 의학의 신이며, 아폴로의 아들이며 여신 히기에이아(Hygieia)의 아버지다. 그가 너무도 사람들을 잘 고쳐서 인간을 불멸의 존재로 만들까봐 무서워서 제우스는 그를 벼락으로 쳐죽였다. 오늘날 서양의사들의 뱃지에 지팡이를 뱀이 감고있는 모습이 있는데 이것이 바로 에스클레피우스의 지팡이며 의학의 심볼이다.

이 소크라테스의 마지막 말에 대한 주석은 다양하다. 허나 다음과 같은 설이 유력하다. 사람이 병으로부터 치유되면 감사의 뜻으로 수탉을 에스클레피우스에게 봉헌하는 희랍인의 습관이 있었다. 따라서 소크라테스의 마지막 말은, "지금 나는 죽음으로 들어가는 것이 아니다, 나는 지금 생명으로 환생하는 것이다, 그러므로 우리는 에스클레피우스에게 수탉을 봉헌해야한다, 그것을 잊지말게!"라는 뜻으로 새겨야한다는 것이다. 그런데 어느 주석가는 실제로 어떤 에스클레피우스라는 동명이인의 인간에게 닭을 한 마리 꾸었는데 그것을 대신 갚아달라는 부탁으로 새기기도 한다. 그리고 어떤 이는 죽기전에 던진 소크라테스의 유머러스한 농담이었을 뿐이라고 새기기도 한다.

화이트헤드가 논의하는 "whether they should sacrifice a cock or celebrate the mass."이란 희랍인의 과학정신으로 되돌아 가느냐, 중세기의 종교전통을 계승하느냐 하는 문제인 것이다. 수탉봉헌의 대상이 에스클레피우스라는 의학의 신이었음으로 그것은 무신론적 과학정신을 상징적으로 표현한 것일 것이다. 수탉봉헌은 기독교이전의 이방인의 습관이요, 그것은 희랍인들의 자연에 대한 존중을 나타내는 상징이다. 미사거행은 카톨릭적 세계관이요 스콜라철학의 우주론을 상징한다. 그러나 17세기의 과학의 발흥이 중세기전통을 부정한 결과가 아니요, 오히려 중세기 스콜라철학적인 개념을 새롭게 해석한 것임을 화이트헤드는 지적하고 있는 것이다.

2-14 The reason why the founders of modern science were so unconscious of their debt to the medievals was that they had no idea that men could think in any other terms, or for lack of penetration could fail to think at all. Galileo and his antagonists the "Aristotelians" were rival schools employing the same general stock of ideas, and with the same penetrative ability in handling those ideas. The recasting of the medieval ideas so as to form the foundations of the modern sciences was one of the intellectual triumphs of the world. It was chiefly accomplished in the seventeenth century, though the whole process occupied about two or three centuries, taking into consideration all the sciences. But in celebrating this triumph it is ungrateful to forget the earlier centuries of scholastic preparation.

譯 **2-14** 근대과학의 창시자들이 중세기사람들에게 빚을 지고 있다는 것을 의식하지 못한 중요한 이유는, 인간이 그들이 생각한 방식외로도 생각할 수 있다는 것을 생각할 수 없었기 때문이요, 혹은 그 반대로 중세기 사람들이 통찰력의 결여로 인하여 그들과 같은 사고가 전혀 이루어지지 않았을 수도 있다는 생각을 할 수 없었기 때문이었다. 그러나 갈릴레오와 그의 적대자들인 당대의 "아리스토텔레스주의자들"은 사실 알고보면, 동일한 일반관념들을 적용하고 있는 라이벌학파들이었을 뿐이다. 그리고 양자는 모두 그러한 관념을 다루는데 있어서 동일한 통찰의 능력을 소지하고 있었다. 중세기관념들을 근대과학의 기초를 형성할 수 있도록 다시 주조한 것이야말로 인류사의 통쾌한 지적 승리 중의 하나다. 이러한 쾌거가 대부분 17세기에 성취된 것이다. 물론 모든 과학분야를 다 생각할 때 그 전 과정은 2·3세기를 걸린 것이지만ㅡ. 그러나 이 승리를 자축하면서 이전 스콜라철학의 통찰의 세기들을 망각한다는 것은 좀 배은망덕스러운 것이다.

案 **2-14** 나는 언젠가 이런 말을 한 적이 있다: "뉴톤은 근대과학의 창시자라기 보다는 마지막 중세마술사였다." 화이트헤드의 이 단의 논의는 이러한 맥락에서 이해하면 좀 쉽게 풀릴 것이다. 아주 이질적인 듯이 보이는 역사적 단계들이 거시적으로 보면 반드시 내재적 연속성이 있다는 것은 상식에 속하는 일이다. 근세과학은 중세기 관념들을 재주조한 것이라는 화이트헤드의 지적은 우리의 현실을 생각하는데도 유용할 수도 있다. 20세기 우리나라 과학이 전혀 외재적인 유입에 의해 성립한 것이라 해도, 정약용의 주역사상이나 최한기의 기학이나 이제마의 四端論과의 연속성이 단절되어 있다고만 생각하는 것은 너무도 어리석은 것이다. 조선인의 심성에 내재하는 인식의 틀에 어떤 공통적 관념이 있을지도 모른다.

2-15 Science has been developed under the impulse of the speculative Reason, the desire for explanatory knowledge. Its reaction on technology did not commence till after the invention of the improved steam engine in the year 1769. Even then, the nineteenth century was well advanced before this reaction became one of the dominating facts. Of course, scientific instruments were invented—the telescope, the microscope, and the thermometer, for instance. Also some slight reactions on technical procedure can be traced. But the instruments were used mainly for scientific purposes, and technical improvements were initiated from hints gathered from all kinds of chances, scientific knowledge among others. There was nothing systematic and dominating in the interplay between science and technical procedure. The one great exception was the foundation of the Greenwich Observatory for the improvement of navigation.

譯 **2-15** 과학은 사변이성의 충동속에서 발전한다. 그것은 설명적 지식에 대한 갈망이다. 과학이 본격적으로 테크놀로지(기술)에 반응을 보이기 시작한 것은 1769년 진보된 증기기관이 발명되고 난 후의 일이었다. 그렇긴 해도, 19세기의 기술은 이러한 반응이 하나의 지배적 사실이 되기 전부터 독자적으로 발전해나갔다. 물론, 망원경, 현미경, 온도계와 같은 과학적 계측기기들이 발명되었다. 그리고 기술적 과정에 끼친 이 기기들의 약간의 반응이 추적될 수는 있을 것이다. 그러나 이러한 계기들은 주로 과학적 목적을 위하여 쓰여진 것이다. 그리고 기술의 증진은 모든 종류의 기회로부터 수집된 암시로부터 시발된 것이며, 과학적 지식이란 그 많은 암시중의 하나에 지나지 않았다. 기술적 과정과 과학의 상호교섭을 지배하거나 체계적이라 할 만한 어떤 것도 존재하지 않았다. 단지 하나의 위대한 예외가 있었으니 그것은 항해의 증진을 위하여 그리니치 천문대가 설립된 것이었다.

案 **2-15** 과학과 기술의 상호교섭에 관하여 이야기하고 있다. 기술의 발전이 반드시 과학의 진보와 일치하지 않는 것임을 말하고 있다. 즉 기술은 과학과는 독립된 자체의 논리를 가지고 있고, 기술이 동원하는 정보의 범위가 과학보다 더 넓은 것임을 말하고 있다. 과학은 사변이성의 충동이며 세계를 설명하려는 노력이다. 기술은 인간 삶의 방편이며 문명의 도구적 디테일과 보다 밀착되어 있다. 기술은 과학뿐만 아니라 산업·경제·예술 등 문화전반과 보다 직접적인 관련을 맺고 있다. 위대한 과학자라 해서 위대한 기술자가 되는 것은 아니다. 이 문장에서 "reaction"이란 단어는 영어에서는 보수적인 "반동"이라는 뉴앙스도 지니고 있으나 여기서는 "화학반응"(chemical reaction)과도 같은 그냥 "반응"의 의미로 해석해야 하는 것이다. 그러니까 과학과 기술을 적대적으로 말하고 있지는 않다는 것이다. 과학이 어떻게 기술의 증진에 계기를 마련했는가 하는 것을 이야기하고 있으나 19세기까지만 하더래도 기술의 진보는 매우 독자적인 것이었음을 말하고 있다. 앞에서 말한대로 본격적인 기술의 진보는 사변이성과 실천이성의 결합에서 이루어진 것임을 기억할 필요가 있다.

그리니치천문대(Royal Greenwich Observatory)는 영국의 왕 찰스 2세가 항해의 기준이 되는 위도를 결정하기위하여 1675년에 세운 것이다. 이 천문대의 설립은 항해, 시간측정, 별자리확정, 연감출판 등의 매우 현실적 목적을 위하여 큰 공헌을 하였다. 1767년부터 그리니치천문대는 『航海曆』(The Nautical Almanac)을 출판했으며 이것이 항해사들에게 항해의 필수지침서가 되자, 1884년에 그리니치 자오선이 지구의 기준으로서 국제적으로 공인된 것이다. 그러니까 그리니치천문대가 여기 언급된 이유는 이 망원경은 천체관측이라는 순전한 과학적 목적을 위하여 만들어진 것이지만은 결과적으로 항해의 수단이 되었고 상업적 목적을 달성했기 때문인 것이다. 이것은 과학과 기술의 상호교섭의 한 전형적 예가 되는 것이다.

2-16 The antagonism between science and metaphysics has, like all family quarrels, been disastrous. It was provoked by the obscurantism of the metaphysicians in the later Middle Ages. Of course, there were many exceptions. For example, the famous Cardinal, Nicholas of Cusa, illustrated the fact that quite a different turn might have been given the history of European thought. But the understanding of the proper functions of speculative thought was hampered by the fallacy of dogmatism. It was conceived that metaphysical thought started from principles which were individually clear, distinct, and certain. The result was that the tentative methods of science seemed quite at variance with dogmatic habits of metaphysicians. Also science itself was not quite so certain of its tentative procedure. The triumph of the Newtonian physics settled science upon a dogmatic foundation of materialistic ideas which lasted for two centuries. Unfortunately this approach to the metaphysical dogmatism did not produce a sense of fellowship even in evil habits. For if scientific materialism be the last word, metaphysics must be useless for physical science. The ultimate truths about nature are then not capable of any explanatory interpretation. On this theory, all that there is to be known is that inexplicable bits of matter are hurrying about with their motions correlated by inexplicable laws expressible in terms of their spatial relations to each other. If this be the final dogmatic truth, philosophy can have nothing to say to natural science.

譯 **2-16** 과학과 형이상학의 반목은, 모든 집안싸움이 그 모양이듯이, 아주 파괴적인 것이었다. 그러한 반목은 중세말기의 형이상학론자들의 몽매주의에 의하여 자극된 것이다. 물론, 거기에 많은 예외도 있었다. 일례를 들면 그 유명한 추기경, 쿠사의 니콜라스는 유럽사상사가 이미 아주 다른 방향으로 전환되었을지도 모른다는 사실을 예시했다. 그러나 사변적 사유의 적절한 기능에 대한 이해는 독단주의의 오류에 의하여 방해되었다. 그들은 형이상학적 사유야말로 개별적으로 명석하고 판명하고 확실한 원리로부터 출발한다고만 믿었다. 그 결과, 과학의 시험적인 방법들은 형이상학자들의 독단적 습관과 항상 어긋나는 것처럼 보일 뿐이었다. 그리고 과학조차도 자신의 시험적 절차들에 대하여 확신을 가질 수는 없었다. 뉴톤물리학의 승리는 과학을 2세기동안이나 지속된 유물주의적 관념의 매우 독단적 근거위에 다시 반석지웠다. 불행하게도 형이상학적 독단에 대한 과학진영과 종교진영의 양자의 공통된 접근은 그들의 못된 습관에 있어서조차도 어떠한 동지애를 과시하지 않았다. 만약 과학적 유물론이 마지막 진실이라면, 형이상학은 물리과학을 위해서는 아무 소용없는 것이 되어야만 할 것이다. 자연에 관한 모든 궁극적 진리는, 그렇게 되면, 어떠한 설명적 해석도 허용하지 않는 것이 되어버리고 말 것이다. 이러한 이론의 체계속에서는, 알려질 수 있는 모든 것이란 설명할 수 없는 물질의 덩어리들이 서로간의 공간적 관계로써만 표현될 수 있는 설명불가능한 법칙에 의하여 상관되는 운동을 지니고 그냥 둥둥 떠다니고 있는 것일 뿐이다. 이것이 만약 우주의 궁극적 독단적 진리의 모습이라면 철학은 자연과학에 대해 말할 수 있는 것이라곤 아무것도 없을 것이다.

案 2-16 중세기말기에 있어서 형이상학과 과학의 대립은 불행한 것이었지만 그것이 또 근세에 와서 지나친 과학의 유물주의적 반동으로 흐르게 된 것은 매우 유감이라고 주장하고 있는 것이다. 그런 의미에서 그는 뉴톤물리학이 지나치게 그런 유물론적 결정론이나 무의미한 기계론적 발상을 조장시켰다고 비판적으로 조명하고 있는 것이다. 중세기의 과학에 대한 몰지각은 중세기 형이상학자들의 몽매주의에 의한 것이지만, 쿠사의 니콜라스 추기경(1401~1464)은 당시의 편견과는 달리 개명한 인간이었으며 예외적인 주장을 한 사람으로서 거론되고 있다. 니콜라스는 추기경이자, 수학자며, 형이상학자며, 실험적 과학자였으며, 천문학·의학·생물학에 새로운 이론을 정립한 탁월한 사상가였다. 소위 "르네쌍스 맨"(Renaissance man)의 한 전형을 수립한 천재였다. 그는 신과 우주에 대한 인간의 지식의 불완전한 성격, 그 한계를 항상 명료히 하려했다. 한때 교황의 권위에 도전하여 교회의회의 권위를 대립적으로 확립하려 했으나 그런 개혁이 교회자체로부터 받아들여지지 않자, 교황청과 결탁하여 적극적으로 교황의 권위를 활용하면서 살았다. 그는 자기의 무지, 즉 자신의 지식의 한계를 깨닫는 것이야말로 지식의 본령이라고 주장했다. 그는 천체의 운동에 있어서도 코페르니쿠스가 후대에 주장한 내용의 선구를 이루는 발언을 했으며 지구가 결코 우주의 중심이 아니라고 생각했다. 그리고 식물의 성장에 있어서도 식물은 공기로부터 영양소를 취한다는 생각을 했으며 공기가 무게를 가지고 있다는 최초의 실험을 했다. 그리고 유럽의 지도학에도 큰 공헌을 했다. 그는 당대의 편견을 깬 선구적 지식인이었다.

이 단에서 해석의 골머리를 앓게 만드는 부분은 "Unfortunately this

approach to the metaphysical dogmatism did not produce a sense of fellowship even in evil habits."라는 문장이다. 중세기로부터 과거의 형이상학적 사상은 아주 명료한 원리로 출발한다고 믿었다. 물론 이러한 견해에 화이트헤드는 동의하지 않는다. 이러한 형이상학의 명료한 독단성에 짓눌려 과학은 시험적 방법을 시도하면서도 자신의 원리들의 명료성에 대하여 자신이 없었다. 그러다가 뉴톤의 물리학의 승리의 계기가 마련되자 과학은 더욱 더 신이 나서 과거의 형이상학의 독단성을 능가하는 자신들의 유물론적 독단성의 명료함을 주장케되는 것이다. 여기 인용된 문장은 아주 냉소적이다. 그럼에도 불구하고 이 전통적 형이상학 진영과 새로운 물리학의 진영은 모두 형이상학적 독단에 대해 공통된 태도를 지니고 있으면서도 그러한 독단적 악습에 있어서 조차 서로 펠로우쉽(우애·동지애)을 지니지 않았다는 것이다. 서로를 배타하기만 했다는 것이다. 이것은 마치 광신적 기독교도와 광신적 불교도가 서로 광신적이긴 마찬가지인데 그 광신성의 편협함 때문에 서로 싸우고 있는 형국이나 마찬가지다. 문장의 배경의 생략이 심해 이해키 어렵다. 독자의 주의를 요한다.

본문 위에서 넷째줄, "Of course"가 1958년 "Beacon Paperback edition"에 "Or course"로 되어있다. 서양책에서 보기 힘든 誤植이다. 바로 잡는다.

2-17 In addition to the natural human tendency to turn a successful methodology into a dogmatic creed, the two sciences of mathematics and theology must bear the blame of fostering the dogmatic habit in European thought. The premises of mathematics seem clear, distinct, and certain. Arithmetic and geometry, as it seemed, could not be otherwise and they applied throughout the realm of nature. Also theology, by reason of its formulation of questions concerning our most intimate, sensitive interests, has always shrunk from facing the moments of bewilderment inherent in any tentative approach to the formulation of ideas.

譯 **2-17** 하나의 매우 성공적인 방법론이 수립되면 그것을 곧 독단적인 신조로 바꾸어 버리는 인간의 자연스러운 어리석은 경향에 첨가하여, 우리는 또 수학과 신학이라고 하는 두개의 과학이 유럽사상에 있어서 독단적인 습관을 조장시킨데 대해 책임이 있다는 것을 말하지 않으면 안된다. 모든 수학의 전제들은 매우 명석하고 판명하며 또 확실하게 보인다. 대수와 기하학은 그 모습대로, 다른 방식으로는 존재할 수 없는 것처럼 절대시되었으며 자연의 영역 전반에 적용되었다. 또한 신학은 우리 인간의 가장 친근하고 민감한 관심에 관한 질문을 만들어가기 때문에, 관념의 형성에 관한 어떠한 실험적 접근에 내재하는 당혹감의 순간에 직면하게되면 항상 비겁하게 후퇴하곤 해왔다.

案 **2-17** 수학과 신학이라고 하는 두개의 학문 분야가 인간의 독단적 습관을 조장시킨 지식의 체계라고 하는 화이트헤드의 고발은 언뜻 쉽게 말할 수 있는 얘기 같으면서도 아무도 쉽사리 말할 수 없는 대담한 발언이다. 우리는 마치 수학이나 신학이 없으면 세상을 바라볼 수 없는 것처럼 착각하기 쉬우나 우리의 전통문명이나 중국문명은 바로 이 두 분야의 독단이 없이도 문명을 잘 유지시켜왔다는 사실을 상기하지 않으면 안된다. 동양에 **神學**이 존재하지 않는다는 사실, 불교의 궁극인 **禪**도 **反**종교며 **反**신학적 사유라는 사실, 그러면서도 또 수학이 부재했기 때문에 과학을 잉태하지 못했던 아이러니를 반추해 볼 수도 있을 것이다. 수학이라는 독단마저 부재한 동양문명은 분명, 독단으로부터의 자유라는 측면에서는 서구문명과는 비교도 될 수 없는 자유로운 삶의 모습을 지녀왔다고 말할 수 있다. 단지 정치적 권위로부터 해방을 이룩하지 못한 부자유로움이 인간을 구속시켰다는 사실은 동양사에서 은폐될 수 없는 현실이었다. 물론 그것은 사유의 자유로움과 직접적 인과를 확보하는 사실은 아니다.

2-18 The separation of philosophy and natural science, due to the dominance of Newtonian materialism, is indicated by the division of science into "moral science" and "natural science." For example, the University of Cambridge has inherited the term "moral science" for its department of philosophic studies. The notion is that philosophy is concerned with topics of the mind, and that natural science takes care of topics concerning matter. The whole conception of philosophy as concerned with the discipline of the speculative Reason, to which nothing is alien, has vanished. Newton himself was one of the early scientists who most emphatically repudiated the intrusion of metaphysics into science. There is plenty of evidence that, like many another man of genius, his nerves were delicately balanced. For such men the intrusion of alien considerations into the narrow way of a secure technology produces mere bewildered irritation, by reason of its disturbance of the sense of supreme mastery within the methods of their technique. Of course it would be foolish to believe that any man should dissipate his energies by straying beyond his own best lines of activity. But the pursuit of knowledge is a cooperative enterprise, and the repudiation of the relevance of diverse modes of approach to the same topic requires more justification than appeal to the limitations of individual activities.

譯 **2-18** 뉴톤 물리학적 유물주의의 우세에 따라 철학과 자연과학이 분리된 것은 과학을 "도덕과학"과 "자연과학"으로 분리한 유럽의 전통에 의하여 예증되는 것이다. 예를 들면, 캠브릿지대학은 철학과의 명칭으로서 "도덕과학"이라는 술어를 계속 써왔다. 이러한 분리를 지배하는 관념은 곧 철학이 정신의 주제를 다루는데 반하여 자연과학은 물질과 관련된 주제를 다룬다는 것이다. 철학이란 본시 사변이성의 훈련과 관련된 모든 것을 다루는 학문이며, 그것으로부터 아무것도 소외될 수 없는 것이라는 그러한 전체적 개념이 불행히도 사라져 버렸다. 뉴톤 자신이 형이상학이 과학으로 진입하는 것을 막아야한다고 열렬히 주장한 초기과학자 중의 한 사람이었다. 물론 뉴톤 또한, 많은 위대한 다른 천재들의 속성이 그러하듯이, 매우 섬세하게 균형잡힌 감각의 소유자라는 충분한 증거가 있다. 그렇지만 그러한 천재들에게 있어서는, 아주 잘 정립된 기술의 좁은 통로로 낯설은 생각들이 마구 침입하는 것은 단지 짜증스러운 방황만을 산출할 뿐이며, 그들의 기술의 방법 내에 존재하는 완벽한 숙련의 감각을 교란시킬 뿐이라고 생각하게 되는 것이다. 물론 어떤 천재든지 자기가 가장 잘 할 수 있는 활동의 계열을 넘어서 방황함으로써 에너지를 분산시켜야만 한다고 믿는 것처럼 어리석은 일은 없을 것이다. 그러나 인간의 지식의 추구란 협동의 사업이다. 동일한 주제에 대하여 다양한 양태의 접근방식이 타당하다는 것을 거부한다는 것은, 한 개인의 활동역량에 대한 한계를 호소하는 것에 앞서 그 정당성을 주장하기란 매우 어려운 것이다.

案 **2-18** 정말 멋있는, 화이트헤드다운 문장이다. 그리고 천재들의 섬세한 감각에 대한 감정적 표현은 정말 화이트헤드 개인의 체험의 바탕이 없이는 쓸 수 없는 말일 것이다. "지식의 추구는 협동의 사업이다." "동일한 주제에 대하여 다양한 접근 방식이 허용되어야 한다." 이러한 명제는 진리이기전에 참으로 통쾌한 지적이다. 이 단에서 말하고 있는 내용은 아마도 화이트헤드자신의 철학적 신념과 학문스타일의 정당성에 관한 토로라고 할 수 있다. 철학과 과학이 근원적으로 二分될 수 없다고 하는 신념을 강하게 표출하고 있는 것이다. 지금은 이 말이 당연하게 들릴지도 모르지만 화이트헤드가 이 글을 쓸 당시에는 매우 선구자적인 발언이었다. 오늘의 과학자들이 참으로 끊임없이 반성해야 할 대목이라고 생각한다. 도덕적 훈련없이, 연관된 세계의 전체적 비젼이 없이 제멋대로 DNA를 조작하고 있는 유전공학자로부터 시작하여 모든 과학도들이 이러한 화이트헤드의 멧세지에 귀를 기울여야 할 것이다.

2-19 The pathetic desire of mankind to find themselves starting from an intellectual basis which is clear, distinct, and certain, is illustrated by Newton's boast, ***hypotheses non fingo***, at the same time when he enunciated his law of universal gravitation. This law states that every particle of matter attracts every other particle of matter; though at the moment of enunciation only planets and heavenly bodies had been observed to attract "particles of matter." The verification, that two particles of matter, neither of them heavenly bodies, would attract each other, had to wait for nearly a hundred years to elapse. But there was a second meaning to Newton's motto. It was an anti-Cartesian statement directed against the vortices. He was, quite correctly, pointing out that his law expressed a sheer fact, and was not accompanied by any explanatory considerations concerning the character or distribution of matter. The nemesis of the Newtonian physics was this barrier of materialism, constituting a block to any further advance to rationalism. The pragmatic value of Newton's methodology at that stage of scientific history is not in question. The interesting fact is the clutch at dogmatic finality.

譯 **2-19** 명석판명하고 확실한 지식의 근거로부터 출발하여 자신을 발견하고자하는 인간의 열정적이면서도 비극적인 욕망은 뉴톤이 그의 만유인력의 법칙을 발표했을 때 "*나는 가설을 만들지 않는다*"라고 뻐 겼던 사실로 잘 예시가 되고 있다. 이 법칙은 물질의 모든 입자가 모든 다른 입자를 잡아당긴다고 하는 것을 서술한다; 물론 이 학설이 선 포되었을 당시에는 단지 혹성과 천체들만이 "물체의 입자들"을 잡아당 기는 것으로 관찰되었을 뿐이다. 천체가 아닌 물체의 두개의 입자가 서로를 잡아당긴다고 하는 사실의 증명은 근 일백년의 시간의 경과를 기다려야만 했던 것이다. 뉴톤이 가설을 만들지 않는다라는 모토를 자랑했을 때는 실상 그 배면에는 다른 의미가 숨어있었다. 그것은 와동의 문제에 대하여 데카르트에 반대하는 입장의 명제였던 것이다. 뉴톤은 그의 만유인력의 법칙이 순전한 사실을 표현할 뿐이며, 물질의 분포와 성격에 관한 어떠한 더 이상의 해석적 고려도 수반할 필요가 없다는 것을, 아주 정당하게 지적했다. 뉴톤물리학의 재앙은 바로 이러한 유물주의의 오만의 장벽이었다. 그것은 그 이상의 합리주의에로의 진전을 차단시키는 역사적 장치를 형성했던 것이다. 과학사의 그 단계에 있어서 뉴톤의 방법론의 실제적 효용가치는 의심할 바 없이 위대한 것이다. 허나 재미있는 사실은 바로 뉴톤의 이론이 독단적 궁극성에 고착되어 있다는 것이다.

案 **2-19** 뉴톤물리학의 역사적 효용과 한계를 명료히 지적하고 있다. 토마스 쿤이 패러다임이라는 말을 했지만, 과학은 그러한 패러다임의 상대적 가치속에 제약을 받는다는 사실을 우리는 항상 인지할 필요가 있다. 과학의 이론은 순수사변에 의한 형이상학적 이론과는 달리 어떠한 객관성과 보편성, 그리고 실험적 명증성을 표방하기 때문에 그것이 발표될 당시에는 완벽한 이론처럼 느껴지고 아주 절대보편적인 진리인 것처럼 느껴지기 쉽다. 허나 모든 과학적 진리도 그것이 인간의 인식의 틀의 소산이고 보면 역사적 상대적 가치의 제한성을 벗어날 수 없는 것이다. 뉴톤물리학의 가장 근원적 문제는 바로 이 물질의 법칙에 관한 독단적 궁극성이다. 그리고 이러한 물질의 독립성이나 궁극성이 데카르트에서는 당시의 신학자들과 대립했던 신생의 과학자를 보호하기위한 전략적 장치였음에도 불구하고 뉴톤은 그러한 데카르트의 신념을 더욱 더 객관적으로 공고화시킴으로써 합리주의의 독단의 옹벽을 형성시켰던 것이다. 데카르트

(1596~1650)가 죽었을 때 뉴톤(1642~1727)은 8살이었다. 그러니까 정확히 동시대사람은 아니다. 뉴톤은 데카르트의 선구적 작업을 충분히 의식하고 학문활동을 한 사람이었다. 여기 문중에 나오는 "渦動"(vortices)의 문제는 데카르트 기계론적 우주관의 근본적 전제를 말하고 있는 것이다. 데카르트는 작게는 빛의 한 입자로부터 크게는 태양주위를 도는 행성에 이르기까지 모두 각기 다른 속도의 와선형태로 움직이고 있다고 생각했다. 그리고 이 각기 다른 운동량을 神이 부여함으로써 이 기계론적 대체계가 작동하도록 조건지워놓았다고 본 것이다. 그러니까 데카르트적 합리론의 물리학은 운동량이 일정한 물질계에서 작용하는 단순한 기계론적 법칙에 의존한다. 그는 색깔의 문제까지도 이러한 빛의 입자의 다른 회전속도에서 생기는 상호간의 충돌현상으로 간주하였다. 뉴톤은 이러한 데카르트의 빛의 입자설을 수용하기는 하지만 오늘날의 빛의 파장이론과 같은 보다 합리적인 설명을 시도하였다. 데카르트의 와동론의 문제점은 운동을 내재적으로 본 것이며 뉴톤의 인력처럼 명확하게 외재적인 힘의 문제로 파악하지 않았다는 것이다. 관성을 띤 물체에 힘이 작용하게되면 거기에 합당한 가속도가 생긴다고 하는 정확한 역학적 사고를 데카르트의 와동론은 방해하였던 것이다. 뉴톤의 인력이라고 하는 힘의 설정은 분명 데카르트 와동론에 대한 안티테제인 것이다. 그러니까 여기서 말하는 와동은 오늘날의 유체역학에서 말하는 와동의 문제가 아님을 독자들은 주의해야 할 것이다.

뉴톤의 "나는 가설을 만들지 않는다"라는 말의 뉴앙스는 자기가 세운 학설이 단순한 추측의 산물(a guess work)이 아닌 사실 그 자체라는 뜻을 내포한다.

2-20 I need not waste time in pointing out how the

finality both of the cosmological scheme and of the particular law in question has now passed into Limbo. Newton *was* weaving hypotheses. His hypotheses speculatively embodied the truth vaguely discerned; they embodied this truth in a definite formulation which far outran the powers of analytic intuition of his age. The formulae required limitation as to the scope of their application. This definition of scope has now been provided by recent formulae which in their turn will, in the progress of science, have their scope of application defined. Newton's formulae were not false: they were unguardedly stated. Einstein's formulae are not false: they are unguardedly stated. We now know how to guard Newton's formulae: we are ignorant of the limitations of Einstein's formulae. In scientific investigations the question, True or False?, is usually irrelevant. The important question is, In what circumstances is this formula true, and in what circumstances is it false? If the circumstances of truth be infrequent or trivial or unknown, we can say, with sufficient accuracy for daily use, that the formula is false.

譯 **2-20** 나는 지금 여기서 논의되고 있는 뉴톤물리학의 우주론적 도식이나 특정한 법칙의 독단적 궁극성이 어떻게 벌써 망각속으로 사라지게 되었는지를 지적하는데 시간을 낭비할 필요성을 느끼지 않는다. 뉴톤은 분명히 *가설을 직조하고 있었다*. 그의 가설들은 사실 알고 보면 모호하게 식별된 진리를 사변적으로 구체화시킨 것이었다. 그리고 그 가설들은 이러한 진리를 당시의 분석적 직관력을 훨씬 앞지르는 아주 구체적인 구성방식(공식)으로 구현해내었던 것이다. 그런데 이 공식들은 어디까지나 그 적용의 범위에 관하여 제약이 요구된다. 그리고 또 그 적용범위의 한정은 과학의 발전에 따라 차례대로 또다시 그 자신의 적용범위를 한정받게될 그러한 최근의 공식에 의하여 제공되었다. 뉴톤의 공식들이 결코 틀린 것은 아니다: 그것들은 단지 비제약적으로 진술되었을 뿐이다. 아인슈타인의 공식들도 틀린 것이 아니다: 그것들은 단지 비제약적으로 진술되었을 뿐이다. 그런데 우리는 이제 뉴톤의 공식을 어떻게 제약시킬 수 있는가를 알고 있으나, 아인슈타인의 공식을 제약시키는 것에 관해서는 무지할 뿐인 것이다. 과학적 탐구에 있어서는 **참이냐, 거짓이냐?** 라고 하는 질문은 보통 적합하지를 않다. 중요한 질문은 어떠한 상황에서 이 공식이 참이며, 어떠한 상황에서 이 공식이 거짓이냐? 하는 것이다. 만약 그러한 진리의 상황이 거의 발생하지 않거나, 아주 사소한 뻔한 것이거나, 또 우리가 아는 경우에는 다 맞지않거나 한다면, 우리는 일상적 용도를 위해서는 충분한 정확성을 가지고 그 공식이 거짓이라고 말할 수 있는 것이다.

案 **2-20** 이 단의 논의가 쿤이 말하는 패러다임의 이론이나, 또 양자역학이 나와 상대성이론의 한계가 드러나기 이전의 진술이라는 것을 생각하면 화이트헤드의 선견지명과 지적결백성의 명철함을 재삼 확인할 수 있다. 뉴톤물리학은 틀린 것이 아니라 단지 그 적용범위가 명백하게 규정되지 않았을 뿐이다. 그런데 그러한 규정은 뉴톤물리학 자체로 되는 것이 아니라 그 뒤에 새로운 패러다임의 이론이 등장함으로써만 가능해지는 것이다. 어느 한 이론의 한계설정은 그후에 새로운 이론이 나와서 다른 적용범위를 설정할 때 명료하게 드러나는 것이다. 그런데 이러한 논리를 양자역학이 태동되기 전에 이미 당시에 물신시되었던 상대성이론 그 자체에 적용하고 있는 화이트헤드의 통찰력 그리고 담대함, 그리고 일관된 잣대를 유지하는 그의 지적 결백성은 참으로 놀라운 것이다. 오늘날 발전된 물리학사의 관점에서 분류할 때, 상대성이론은 고전역학의 범주속에 집어넣는다. 뉴톤역학에서 상대성이론으로 쿤이 말하는 패러다임 쉬프트가 일어난 것은 사실이지만, 뉴톤역학은 일상세계를 다루었을 뿐이며 상대성이론은 빠른 세계, 큰 세계를 대상으로 했을 뿐이다. 즉 상대성이론은 고전역학의 보다 보편적 이론형태일 뿐이며 근원적인 대상이나 시각의 전환이 없다고도 말할 수 있는 것이다. 양자역학에 와야 비로소 아주 작은 세계를 다루게 되는데 이 미소한 세계에는 역학적 패러다임이 적용되지 않는다. 그러므로 보다 본질적인 단절이 있게 되는 것이다. 양자역학이 나옴으로써 상대성이론의 한계가 다시 드러난 것이다.

2-21 Of course the unknown limitations to Einstein's formulae constitute a yet more subtle limitation to Newton's formula. In this way dogmatic finality vanishes and is replaced by an asymptotic approach to the truth.

The doctrine that science starts from clear and distinct elements in experience, and that it develops by a clear and distinct process of elaboration, dies hard. There is a constant endeavor to explain the methodology of science in terms which, by reason of their clarity and distinctness, require no metaphysical elucidation. Undoubtedly it is possible to express the procedure of science with a happy ambiguity which can receive interpretation from a variety of metaphysical schools. But when we press the question so as to determine without ambiguity the procedure of science, we become involved in the metaphysical formulations of the speculative Reason.

譯 **2-21** 물론 아인슈타인의 공식에 대한 아직 알려지지 않은 한계들은 또 다시 뉴톤의 공식에 대한 보다 섬세한 제약을 가하게 될 것이다. 이렇게 해서 독단적 궁극성은 사라지게 되고, 진리에로 향한 漸近的인 접근이 대신 자리잡게 되는 것이다.

　과학이 명석판명한 경험의 요소들로부터 출발하며 그것은 명석판명한 정교화의 과정에 의하여 발전한다고 하는 주장이나 이론은 쉽사리 사멸되어질 수가 없다. 과학의 방법론을 아주 명석판명하기 때문에 더 이상 형이상학적 천명을 필요로 하지 않는 술어로 설명하려는 끈질긴 노력이 항존해왔다. 과학의 절차를 다양한 형이상학학파들로부터 해석을 수용할 수 있는 아주 기분 좋은 모호성으로 표현하는 것 또한 가능하다는 것은 의심의 여지가 없다. 그러나 우리가 과학의 절차를 애매모호함이 없이 결정하도록 문제의식을 좁혀들어갈 때에는 우리는 반드시 **사변이성**의 형이상학적 정식화라는 작업에 연루되지 않을 수 없게 되는 것이다.

案 **2-21** 명석함과 모호함, 맥락은 다르지만 禪에서 말하는 漸과 頓, 그리고 유가의 명료함과 도가의 혼돈스러움, 이런 것들은 사실 인간의 인식의 틀에 내재하는 영원한 양면성이다. 우리가 흔히 과학적 진리라고 부르는 설명가능한 자연의 부분은 매우 명료한 것처럼 보이지만, 그 명료성은 반드시 그 배경의 형이상학적 애매함과 동전의 양면과도 같은 관계를 이루는 것이다. 과학이 경험의 명료한 요소로 출발하여 명료한 과정으로 발전하며 따라서 형이상학적 설명을 필요로 하지 않는다는 생각에 대하여 화이트헤드는 일단 부정적이다. 그것이 바로 데카르트 · 뉴톤이래 근세 과학의 독단적 궁극성의 오류의 핵심이었기 때문이다. 그런데 그는 여기 그 명료성에 대비하여 갑자기 "a happy ambiguity"라는 말을 삽입한다. 이 행복한 모호성은 다양한 형이상학자들의 해석을 다 수용할 수 있는 모호성이다. 이 모호성에 대해 화이트헤드가 중립적인 듯이 말하고 있지만 결코 호의적인 것은 아니다. "다양한 형이상학자들의 해석"이라는 말에는 어느 정도 경멸적인 냄새까지 풍긴다. 이 단의 핵심적인 구절은 바로 최후의 한 센텐스다. 우리는 궁극적으로 그러한 "행복한 모호성"을 허용할 수가 없다는 것이다. 과학의 과정은 역시 애매모호함이 제거되어야 한다. 그러나 애매모호함이 제거된다고 해서 곧 명료함으로 복귀하는 것은 아니다. 애매모호함을 제거하기 위해서는 명료성으로의 복귀가 아니라 바로 새로운 형이상학의 정식화작업이 요청되는 것이다. "사변이성의 형이상학적 정식화"라는 말이야말로 바로 화이트헤드가 근세과학의 성찰로서 하고싶은 말의 핵심을 이루는 것이며, 이 형이상학적 정식화 (metaphysical formulation)가 어떻게 과학적 방법이나 과정에 개재될 수밖에 없느냐를 밝히는 작업이 바로 여기 제2부가 끝날 때까지 매우 난해한 언어로 전개되고 있는 것이다.

2-22 The modern doctrine, popular among scientists, is that science is the mere description of things observed. As such it assumes nothing, neither an objective world, nor causation, nor induction. A simple formula which describes the universals common to many occurrences is scientifically preferable to the complexity of many descriptions of many occurrences. Thus the quest of science is simplicity of description. The conclusion is that science, thus defined, needs no metaphysics. We can then revert to the naïve doctrine of the University of Cambridge, and divide knowledge into natural science and moral science, each irrelevant to the other.

This doctrine is beautifully clear; and in the sense in which the doctrine is clear, natural science can be of no importance. We can only urge the importance of science by destroying the clarity of the doctrine.

譯 **2-22** 과학자들 사이에 아주 인기있는 근대이론으로서, 과학은 관찰된 사물의 단순한 기술이라고 하는 것이 있다. 기술이라는 말이 의미하듯이 이 이론은 아무 것도 전제하지 않는다. 객관적 세계도 전제하지 않으며, 인과도 귀납도 전제하지 않는다. 많은 개별적 事象에 공통되는 보편자들을 그냥 기술하는 단순한 공식이, 잡다한 事象을 다양하게 기술하는 복합성보다 과학적으로 더 선호될 수 있다는 것이다. 그러므로 과학의 추구는 기술의 단순성이 되어버린다. 그 결론은 다음과 같다: 그렇게 정의된 과학은 아무런 형이상학도 요구하지 않는다. 이렇게 되면 우리는 캠브릿지대학의 나이브한 이론으로 되돌아가게 되고, 지식을 자연과학과 도덕과학으로 양분하여 양자가 서로의 영역에 부적합하다는 그러한 이론으로 복귀하게 되는 것이다.

이러한 이론은 참으로 아름다울 정도로 명료하다; 그리고 이 이론이 명료한만큼 그러한 맥락에서 자연과학은 하찮은 것이 될 수 있다. 그러니까 우리는 단지 이 이론의 명료성을 파괴함으로써만 과학의 중요성을 강요할 수 있을 뿐이다.

案 2-22 여기서 말하는 "기술"이 과연 역사적으로 무엇을 지시하고 있는지 그 구체적 지시체의 정체를 확연하게 꼬집기 힘들다. 소쉬르 (Ferdinand de Saussure, 1857~1913)가 『일반언어학강의』(1916)에서 빠롤(parole)과 랑그(langue)를 나눔으로써 현대적 의미에서의 구조주의적 언어학을 개창한 사건이 비록 『이성의 기능』이 집필된 시점(1929)보다 더 빠른 사건이기는 하지만 그러한 언어학적 "기술"의 개념이 화이트헤드에게 일반화된 시각으로 인식되어 있는 것 같지는 않다. 물론 촘스키의 언어혁명도 펜실바니아대학 박사학위논문 "변형분석"(Transformational Analysis, 1955)이후의 사건임으로 화이트헤드의 언급과 직접적 관련이 없다.

20세기 언어학에서 말하는 "기술적"(descriptive)이라는 말은 특정한 시기에 있어서 특정한 언어의 구조를 기술할 때, 사적 고찰이라든가 비교언어학적 고찰을 엄중히 거부하는 태도를 말하는 것으로 구조주의에 특이한 뉴앙스가 있다. 실제로, "기술적"(descriptive)이란 말은 "공시적"(synchronic), "구조적"(structural)이란 말과 거의 일치되는 개념이다. "기술적"이란 말은 "역사적"(historical), "비교적"(comparative)이라는 말과 **對比**되는 것이며, "공시적"이란 "통시적"(diachronic)이라는 말과 대비된다.

"기술적"이라는 말이 일차적으로 "처방적" "규범적"(prescriptive)이라는 말과 대립되는 맥락에서 보면 여기서 말하는 "기술"이라는 과학의 태도가 형이상학의 **先制的**인 처방을 거부한다는 의미에서는 상통한다고도 말할 수 있을 것이다. 그리고 20세기 언어학의 "기술"이 소쉬르로부

터 촘스키에 이르기까지 통시성을 거부하고 공시성만을 중시한다는 의미
에서도 여기서 말하는 "기술"과 어느 정도 상통하는 태도를 공유한다.
언어학의 기술은 언어의 역사나 비교보다도 언어의 구조에 초점을 맞추
어, 형태상의 대립에 의하여 조립된 구조, 조직을 강조하는 것이다.

촘스키의 변형이 지향하는 심층구조의 발견은 여기서 말하는 "다양한
사상에 공통된 보편자를 기술하는 단순 공식"이라는 말과 언뜻 일맥상통
하는 것처럼 보일 수도 있다. 허나 촘스키의 변형은 그것이 궁극적으로
밝히려하는 것은 언어의 신택스의 기술이 아니라, 그 기술을 통하여 인간
의 근원적 언어적 능력의 구조와, 더 구극적으로는 인간의 선험적 인식의
구조를 밝히려는 것임으로 결코 여기서 말하는 "기술"과 일치될 수 없다.
왜냐하면 촘스키의 기술은 그것 자체가 형이상학적 대상을 대상으로 한
것이며, 그 방법론 자체도 형이상학적 요소가 개재된다고 하는 것을 결코
배제하지 않기 때문이다.

1910년대 초엽(1910~1913)에 화이트헤드는 럿셀과 『수학의 원리』
(*Principia Mathematica*)를 공저하였다. 럿셀은 이 『수학의 원리』에서는
물론, 이미 1905년의 "On Denoting"(외연에 관하여)이라는 논문에서부
터 "기술의 이론"(Theory of Descriptions)을 전개하였다. 그러므로 화
이트헤드가 여기서 말하는 "기술"이 럿셀의 "기술"의 개념을 염두에 두
고 있지 않나하는 것을 생각해볼 수도 있는데 상관성이 없는 것은 아니
지만 결코 일치되는 맥락인 것 같지도 않다. 우선 이 단에서 "기술이 객
관적 세계나 인과나 귀납을 전제로 하지 않는다"하는 말은 철학적으로
퍽 유명론적(nominalistic) 명제로 들릴 수 있다. 럿셀의 기술도 그 기술
이 기술의 대상의 존재성을 전제로 하는 것이 아니기 때문에 어느 정도
유명론적인 맥락에서의 존재의 해결이라고도 말할 수 있는 것이다.

럿셀의 기술의 이론은 원래 "고유명사"(proper names)의 의미론에
관한 논란에서부터 출발하는 것이다. 럿셀은 우선 고유명사(proper

names)와 기술(descriptions)이라는 두개의 심볼을 근원적으로 차별화시킨다. 고유명사는 단순심볼(a simple symbol)이며 직접적 지시체를 갖는다. 기술은 복합심볼(a complex symbol)이며 직접적 지시체를 갖는 것이 아니므로 불완전한 심볼(incomplete symbol)이다. 그리고 순수한 고유명사는 의미가 없는 단순 지시싸인일 뿐이며, 의미는 기술의 경우에만 해당되는 것이다.

일례를 들면, "김용옥"은 아무런 의미가 없다. 누군가 지금 현재 이 지구상에 존재하는 나를 아는 사람이 나를 지칭하는 대응기호일 뿐이며, "김용옥" 그 자체로는 아무런 의미가 없다. "『동양학 어떻게 할 것인가』의 저자"는 "김용옥"과는 다르다. 그것은 김용옥의 속성에 대한 정보를 제공하는 것이다. "김용옥"의 의미는 그 이름이 적용되는 대상에 대한 우리의 인지여부로써 결정되지만 "『동양학』의 저자"는 그 개념을 구성하는 각 단어의 자체의 의미의 조합만으로 그 의미가 결정된다. 그 의미의 대상이 여럿이 아닌 단 하나라는 맥락에서 이러한 기술을 "한정적 기술"(definite description)이라고 부르는데 럿셀이 말하는 기술은 바로 "한정적 기술"을 말하는 것이다.

원래 이 기술이 문제된 것은 존재할 수 없는 개념에 대한 존재적 명제가 야기하는 혼란에 관한 것이었다. 예를 들면, "둥근사각형은 존재하지 않는다"와 같은 경우, "존재하지 않는 것은 무엇이냐?"라고 물으면, "그것은 둥근사각형이다"라고 대답하게 됨으로 마치 둥근사각형에 대해 存在性을 부여하는 꼴이 되고 만다. 마치 둥근사각형이 먼저 그 개념과 더불어 존재하고 그 존재하는 것이 있지 않다라는 식의 논리는 不可하다는 것이다. 따라서 우리는 둥근사각형을 "기술"로 바꾸어야 하는 것이다. 그러면 존재의 문제가 해결된다는 것이다. 다시 말해서 "김용옥은 『동양학』의 저자이다"라는 명제는 "이 세상에 단 하나의 사람이 『동양학』을 썼고, 그 사람이 김용옥이다"라는 명제로 기술되고 더 정확하게는 "c라는 실체가 있는데, 'x가 『동양학』을 썼다'는 명제는 x가 c인 한에 있어서만 참이고 그렇지 않으면 거짓이다, 그런데 c는 김용옥이다"라는 명제로 기술된다는 것이다.

이렇게 럿셀이 기술을 주장하는 이유는 고유명사 그 자체에 대해서는 우리는 존재를 말할 수 없다는 것을 주장하기 위함이다. 존재는 단지 기술에만 해당된다는 것이다. "김용옥이 존재한다"는 성립할 수 없다. 그것은 단순히 엉터리 문법일 뿐이다. 단지 "『동양학』의 저자가 존재한다"는 말만이 성립할 뿐인 것이다.

럿셀이 결국 이 기술을 통하여 존재의 문제에 집착하는 가장 큰 이유는 직접 말하지는 않지만 내가 생각키에 결국 서양의 기독교전통에 대한 반발일 것이다. "신"은 엄밀하게 "김용옥"과 같은 고유명사가 아니다. 그것은 단지 기술되어야 할 그 무엇일 뿐이다. 예를 들면, "전지전능한 그 무엇"이라든가 "우주의 생성・소멸을 주관하는 그 무엇"이라든가, "내가 사랑하는 보이지 않는 그 무엇"이라든가 하는 식으로 기술된 명제에 대해서는 우리는 存在를 말할 수 있지만, "神이 存在한다" "神이 존재하지 않는다"라는 말은 근본적으로 성립할 수가 없게 된다는 것이다.

럿셀의 기술의 최종적 결론은 우리가 알고 있는 모든 고유명사가 알고 보면 순수한 고유명사가 아니고 모두 "위장된 한정기술"(disguised definite descriptions)이라는 것이다. 진정한 의미에서의 고유명사는 "이것"(this), "저것"(that)과 같은 지시대명사밖에는 없다. 우리가 흔히 고유명사라고 부르는 김용옥・럿셀・孔子・이태백 같은 것은 이미 그것이 지시하는 대상의 속성으로 구성된 것이며 단순하게 그 특정대상만을 직접적으로 전적으로 지시하는 수단일 수 없는 것이다.

기술의 이론의 장점은, 존재하지도 않으며 자기모순적인 대상들에 대해서도 지적인 논의를 할 수 있게 된다는 데 있다. 그리고 기술의 이론의 궁극적 의미는 고유명사의 存在性을 해소시키는 데에 있다. 사실 기술의 이론의 혁명적 의미는 불교철학의 中論과도 같은 것이다. 명사의 해체며 실체의 해체인 것이다. 그럼에도 불구하고, 럿셀의 기술이론은 그러한 형이상학적 지향점을 갖지 못했다. 그리고 기껏해야 논리적 원자론(Logical Atomism)이라고 하는, 논리적 원자와 객관적 실재의 원자적 사실과의 대응을 논구하는 아주 유치한 언어이론의 질곡으로 다시 빠져들어갈 수밖에 없었다. 그의 기독교 비판의 궁극적 준거점이 과학적 실재론의 어느 형태를 기준으로 삼을 수밖에 없었던 고충이 그에게 있었을 것이다. 그리고 그의 언어관이 언어의 구조가 세계의 구조를 거울처럼 비친다고 하는 그림이론(picture theory)의 수준에 머물 수밖에 없었던 것도 초기 비트겐슈타인과 함께 20세기 과학주의의 나이브한 인식론의 질곡에 결국 묶여 있었다는 것밖에는 의미하지 않는다.

촘스키가 결국 그러했지만, 20세기는 인간의 언어의 문법(syntax)의 분석이 인간의 많은 철학적 문제를 해결해 줄 수 있다고 믿었던 세기였다. 허나 언어는 언어 자체를 의미있게 만드는 언어의 규칙이상을 우리에게 의미하지 않는다. 그리고 그 규칙이 인간존재의 무궁한 문제들을 풀 수 있는 결정적 단서는 전혀 될 수가 없다. 언어의 신택스를 떠나 의미론적 내용으로 들어가면 그것은 언어의 어떠한 장난도 규칙적으로 다 헤아릴 수 없는 혼돈의 와중 속에서 맴돌고 있을 뿐이다. 莫若以明! 인간의 언어는 근원적으로 실재세계를 그려낼 수 없다고 절규하는 莊子의 齊物적 탄식은 이러한 서양철학자들의 방황에 정확한 이정표를 제시하는 것이며, 언어에 관한 그의 통찰은 근본적으로 정당한 것이다. 20세기 언어철학의 성과가 과연 인간의 문제에 관해 무엇을 말해주었는가? 말장난의 시비를 가려내기 위한 말장난의 질곡을 가중시켰을 뿐이 아닌가 라고 하는 나의 비판은 결코 나홀로만의 규탄은 아닐 것이다.

이 단에서 화이트헤드가 말하는 기술은 전통적 합리주의 과학과 경험주의의 극단적 형태로서의 현대적 감각주의적 성향을 짬뿡한 어떤 이론을 말하는 것 같다. 1)형이상학을 전제로 하지 않는 단순한 기술, 2)그러면서 다양한 사상에 공통되는 보편자를 기술하는 공식적인 기술, 3)그러면서 실재의 세계나 인과, 귀납을 전제하지 않는 기술, 4)그러면서 정신(도덕과학)과 물질(자연과학)이 서로 상관없는 것으로 분리되는 기술, 이러한 기술을 지칭하고 있다.

마지막에 이러한 기술이론의 명료함을 깨어버림으로서만 과학의 중요성을 발견할 수 있다고 한 것은 비꼬는 뉴앙스가 있다. 과학의 중요성은 오히려 그렇게 아름답도록 명료한 이론을 깨버려야 드러나게 된다는 것이다.

2-23   Mere observations are particular occurrences. Thus if science be concerned with mere observations, it is an epitome of certain occurrences in the lives of certain men of science. A treatise on a scientific subject is merely an alternative way of editing a *"Scientific Who's Who"* with most of the proper names left out. For science is only concerned with particular observations made by particular men. Thus the world is in possession of four kinds of biographies, the old-fashioned *"Life and Letters"* in two volumes, the new-fashioned biography of the Lytton Strachey school, the *Who's Who* type, and the variant on the *Who's Who* type which is termed a treatise on some particular branch of science. Unless we are interested in the

particular observers the scientific treatise is of no
interest. Unfortunately most of the observers' names are
omitted in these treatises—so all interest has evaporated.

譯 **2-23**　단순한 관찰이라고 하는 것은 특정한 사건에 불과하다. 이
렇게 과학이 단순한 관찰에만 관심을 국한시킨다면, 과학은 특정한 과
학자들의 삶 속에 일어난 사건들의 요약이 될 것이다. 과학적 주제에
관해 논문을 쓴다는 것은 실상 고유명사가 빠진 『과학적 인명사전』
하나를 편찬하는 작업과 다를 바가 없게되는 것이다. 왜냐하면 과학이
란 특정한 인간에 의하여 시도된 특정한 관찰에만 관여되는 것일 뿐
이기 때문이다. 이렇게 되면, 이 세계는 다음의 4종류의 인명사전(전기
문학)만 소유하게 되는 꼴이 되고 말 것이다. 그 둘은 2권으로 되어있
는 빅토리아시대의 고색창연한 구식의 『생애와 서한들』이며, 그 하나
는 리튼 스트래치학파의 신식의 『인명사전』 종류이며, 또 하나는 바로
과학의 어느 특정한 분야에 관한 논문이라고 세칭되는 『인명사전』 변
종이 될 것이다. 이렇게 되면, 우리가 특정한 관찰자 그 인간에 대한
관심이 없다면 자연히 과학적 논문도 관심의 대상이 될 수 없을 것이
다. 그런데 불행하게도 요즈음 과학논문이라는 것은 대부분 관찰자의
이름 조차 빠져있다. 그러니 과학에 대한 모든 관심이 증발해버리는
것은 너무도 당연한 일이 아니겠는가?

案 **2-23**　一見하기엔, 이 문단의 흐름을 정확히 파악하기가 퍽 힘들다.
그래서 내가 파악한 것을 정확히 알 수 있도록 의역하였다. 소위 앞에서
말한 "기술"의 결과로 이루어지는 과학의 모습에 대한 일종의 사카즘
(sarcasm)이라고 보면 될 것이다.

여기 문중에 리튼 스트래치(Lytton Strachey, 1880~1932)라는 이름이 등장하는데, 스트래치의 생애를 조감한 아름다운 영화 한편이 우리나라에 소개된 바 있다. 1997년 겨울, 강남 뤼미에르에서 『캐링턴』(Carrington)이란 제목으로 상영된 영화인데, 포르투갈 출신의 지적인 감독 크리스토퍼 햄튼의 작품으로 48회 깐느영화제 최우수 남우주연상·심사위원 특별상을 수상하였다. 불행하게도 이 영화에 대한 정보가 부족하여 많은 사람들이 보지 않고 넘어간 것은 참 유감이다. 이 영화의 여주인공 도라 캐링턴(엠마 톰슨 분)은 바로 15세 연상인 리튼 스트래치(조나단 프라이스 분)와 장기간 동거생활을 한 여류화가다. 스트래치 본인은 여체를 혐오하는 동성연애자, 그러면서 캐링턴과의 관계를 지속하는 가운데 우리가 상상할 수 있는 모든 금기가 파괴된다.

이러한 파격적 삶이나 가치관은 바로 스트래치가 불룸즈베리그룹(Bloomsbury group)의 리더라는 사실에서 찾아질 수 있는데, "불룸즈베리즈"(Bloomsberries)란 별명이 붙은 이들은 20세기 초 영국의 작가, 철학자, 예술가들을 거의 망라한 그룹으로, 대영박물관 근처의 런던 불룸즈베리區, 고든광장(Gorden Square)에 있었던 버지니아 울프(Virginia Woolf, 1882~1941)집에서 자주 모였기 때문에 그러한 이름이 붙었다. 이들의 모임은 1907년에서 1930년까지 지속되었는데, 이들의 핵심은 영국 캠브릿지대학의 트리니티·킹즈칼리지출신들로 구성되었다. 문학비평가 딕킨슨(Lowes Dickenson), 철학자 씨지윅(Henry Sidgwick)·맥타가르트(J. M. E. McTaggart)·화이트헤드(A. N. Whitehead)·무어(G. E. Moore), 예술비평가 로저 프라이(Roger Fry), 소설가 포스터(E. M. Foster), 전기작가 리튼 스트래치, 예술 비평가 벨(Clive Bell), 화가 벨(Vanessa Bell)·그란트(Duncan Grant), 경제학자 케인즈(John Maynard Keynes), 파비안 작가 울프(Leonard Woolf), 그의 부인이자 소설가이며 비평가인 버지니아 울프(Virginia Woolf), 그리고 동양철학의 대가로 우리에게 친숙한 아더 웨일리(Arthur Waley)가 이 그룹에 속하고, 럿셀(Bertrand Russell), 헉슬리(Aldous Huxley), 엘리오트(T. S. Eliot), 경제학자 쇼브(Gerald Shove) 역시 이 모임에 소극적으로 참여하였다.

이들이 어떠한 일관된 철학이나 이념이나 가치를 표방한 것은 아니며 어떠한 학파를 구성한 것도 아니다. 허나 방대한 인적 자원이 서로 교류하면서 그 시대의 지성적 흐름을 주도해 나갔다는데 그 각별한 의미가 있다.

이들에게 가장 큰 영향을 준 것은 무어의 『프린키피아 에티카』(*Principia Ethica*, 1903)와 럿셀·화이트헤드의 『프린키피아 마테마티카』(*Principia Mathematica*, 1910~1913)였으며 심미적이고 철학적인 주제들에 대해 불가지론적 태도를 견지하면서, 진·선·미의 새로운 정의를 추구하였다. 그리고 당대의 모든 허상적 권위들에 대해 신랄한 공격을 퍼부었다.

리튼 스트래치는 이들 중에서도 전기문학의 새로운 기원을 마련한 전기작가며 문학비평가인데, 과거의 전기들이 장황한 디테일을 권위주의적으로 선별의식없이 나열하는데 반하여 그는 간결한 방식으로 생략하고 선별하는 가운데 인간의 삶의 이해방식의 새로운 기준을 제시하였다. 그리고 그가 그리려고 했던 것은 삶의 초상이며, 그 초상화는 모든 위대성의 허상이 지워져버린 인간 몸둥아리의 싸이즈로 축소된 그런 초상화인 것이다. 그러는 가운데 탁월한 유모아와 위트를 발했고 그러기에 스트래치의 작품은 항상 센세이션을 불러 일으켰다. 그의 대표적인 저작은 『탁월한 빅토리아시대 사람들』(*Eminent Victorians*)이며 빅토리아 우상들인 매닝 추기경(Cardinal Manning), 나이팅게일(Florence Nightingale), 토마스 아놀드(Thomas Arnold), 그리고 태평천국의 난을 평정하는데 일조하여 "중국고든"(Chinese Gorden)이라는 별명이 붙은 찰스 죠지 고든 장군(Charles George Gorden, 1833~1885)의 생애가 간결하고 때때로 냉소적으로 스케치되어 있다. 내가 재미있게 읽은 그의 책은 『빅토리아 여왕』(*Queen Victoria*, Blue Ribbon Books: N.Y., 1931)이라는 빅토리아여왕의 생애를 다룬 전기문학서이다. 이 책은 버지니아 울프에게 헌정되었다.

여기 "old-fashioned"라고 표현한 것은 스트래치에게 공격의 대상이 된 빅토리아시대의 전기문학을 말하는 것임으로 번역과정에 그것을 드러내었다. 그리고 여기서 화이트헤드가 "the Lytton Strachey school"이라는 표현을 썼는데 이것이 바로 "Bloomsbury group"의 별칭이다. 그리고 화이트헤드는 당시 이 그룹에게 영향을 주었지만 그들과는 거리를 두었던 초연한 입장이었음을 간접적으로 시사하고 있다. 스트래치는 화이트헤드보다 19세 연하였다. 본문중에서 인명사전을 "4종"이라했는데 실제적인 의미맥락에서는 "3종"이어야 할 것이다. 1)빅토리아식 구식전기 2)스트래치식 신식전기 3)과학논문 변종. 아마도 4종이라 한 것이 "볼륨"의 개념을 기준으로 한 단순한 量詞적 개념이라고 본다면 이해안될 것도 없겠지만 하여튼 좀 이상하다.

2-24 Thus, if the doctrine of science as the quest for simplicity of description, be construed in the sense in which it frees science from metaphysics, in that sense science loses its importance. But, as the doctrine usually handled by its adherents, metaphysics having been dismissed by one interpretation, the importance of science is preserved by the substitution of another interpretation. Two new notions are introduced, both requiring metaphysical discussion for their elucidation. One is the notion of inductive generalization, whereby future observations are brought into the scope of the scientific statements. The other is a more complex notion. It commences by introducing the notion of the observable, but not observed. It then proceeds by introducing a speculative description of spatio-temporal occurrences which constitute the factual basis in virtue of which this observability is predicated. It finally proceeds to predict, on the basis of this description and by reason of the facts thus described, the observability of occurrences generically different from any hitherto made.

譯 **2-24** 자아! 기술의 단순함의 추구로서의 과학의 이론이 그 추구가 과학을 형이상학으로부터 해방시키는 것이라는 의미로 해석되어야만 한다면, 바로 그러한 맥락에서 오히려 과학은 자신의 중요성을 잃게될 것이다. 그러나 그러한 과학의 이론이 추종자들에 의해 다루어지듯이, 형이상학이 하나의 그러한 기술적 설명에 의하여 파기되어 버린다 해도, 과학의 중요성은 또 하나의 설명이 대치되면서 보존될 수밖에 없는 것이다. 그러므로 여기 두개의 새로운 관념이 개입될 수밖에 없다. 그리고 이 두 관념은 모두 그들의 천명을 위하여 형이상학적 토론을 요구할 수밖에 없다. 그 하나는 귀납적 일반화의 관념이라는 것이다. 이 귀납적 일반화에 의하여 미래의 관찰도 과학적 진술의 범위로 들어올 수 있게 되는 것이다. 또 하나는 이것보다는 더 복잡한 관념이다. 그것은 이미 관찰되어진 것이 아니라, 관찰되지는 않았지만 관찰될 수 있는 것이라는 관념을 개입시킴으로써 시작한다. 그리고 그것은 이어, 이 관찰가능성이 구체적으로 확정될 수 있는 사실적 근거를 구성하는 시공간의 사건에 대한 사변적인 기술을 도입하면서 진행한다. 그리고 마지막으로, 이러한 기술의 근거위에서 그리고 이렇게 기술된 사실을 이유로 하여, 여태까지 기술된 어떠한 것과도 근원적으로 속성이 다른 사건의 관찰가능성을 예측하는데까지 나아간다.

案 **2-24** 이 단을 영어만 들여다보아서는 참으로 이해하기가 난감하다. 그래서 그 숨은 의미를 드러내면서 번역하였다. 과학이 단순한 기술을 통하여 형이상학을 배제할 수 있다는 생각은 하나의 환상에 불과하다. 그래서 그러한 생각을 가진 과학자들은 형이상학이 배제된 기술적 설명 (interpretation)의 연속만으로 과학의 역사가 이루어진다고 착각하기 쉽다. 허나 과학은 어떠한 경우에도 과학적 진술에 있어서 형이상학을 배제할 수는 없다. 그들은 부지불식간에 형이상학적 설명을 요구하는 두 관념을 도입시킨다. 그 하나가 "귀납적 일반화"요 또 하나가 "관찰가능성"이다. 이 두 말에는 이미 형이상학이 내포되어 있다. 그리고 이것이 바로 과학이 끊임없이 동적으로 다른 새로운 관찰가능성을 예측해내는 파우어를 갖는 근원적 소이인 것이다.

자아 ! 이 말로써는 너무도 구체적이지 않기 때문에, 화이트헤드가 과연 무슨 말을 하고 있는지 정확한 윤곽이 안잡힐지도 모르겠다. 우선 과학이 "기술의 단순성에 대한 추구"며, 이러한 단순한 기술을 추구하는 이유가 과학에서 형이상학을 배제하기 위한 것이라면 형이상학을 배제하는 만큼 과학은 중요성을 잃어버린다라는 말은 이해가 갈 것이다. 여기 "중요성"(importance)이라는 말 속에는 우리가 철학적으로 말하는 "가치" 즉 "더 나은 삶"이라고 하는 사변이성의 성격이 들어있다. 즉 과학의 사변이성적 가치를 포착할 수 없게 된다는 것이다. 아무리 형이상학을 "기술의 단순함"이라고 하는 설명방식에 의해 배제한다 하더라도 과학의 중요성은 필연적으로 새로운 설명방식에 의해 보존될 수밖에 없다는 것이다. 이 또 하나의 설명방식(another interpretation)이란 바로 그 다음에 나오는 두개의 새로운 관념(two new notions)을 암시하는 것이다. 그 두개의 관념이란 1)귀납적 일반화와 2)관찰 가능성이다. 이 두개가 모두 그들의 성격규정을 위하여 형이상학적 논의를 필요로 하는 말들이다. 먼저 귀납적 일반화란 경험적으로 관찰된 사실들로부터 보다 일반적인 새로운 사실을 추론하거나 예측하는 과학의 현실적 방법이다. 그러나 이 방법만 해도 이미 단순한 관찰되는 사실의 기술이란 차원을 뛰어넘는다. 즉 "일반화"(generalization)라는 비약이 있게 된다. 허나 이 귀납적 일반화는 어디까지나 "관찰되는 사실"(the observed)의 범주에 머물러 있는 것이다.

그러나 그 다음의 "관찰가능성"의 설명방식이란 귀납적 일반화보다 더 복잡하다(more complex). 왠가? 그것은 바로 관찰가능성이라는 것이 관찰되는 사실(the observed)에 기초한 것이 아니라 "관찰할 수 있고" "관찰될 수 있는" 사실, 즉 "가능성"에 관한 것이기 때문이다. 과학이란 어떠한 경우에도 관찰되는 수동적 경험의 사실로만 이루어지는 것이 아니다. 과학의 법칙이나 수리(數理)들은 대체로 "the observed"가 아니요 "the observable"인 것이다. 우리는 만유인력 그 자체를 관찰할 수 없다. 우리가 관찰하는 것은 떨어지는 사과일 뿐이다. 떨어지는 사과의 기술만으로 만유인력이라고 하는 과학이 성립할 수 없다. 그러므로 우리는 사과가 떨어진다고 하는 사실의 근거를 구성하는 시공의 사건(spatio-temporal occurrences)을 사변적으로 기술할 수밖에 없어지는 것이다(a speculative description). 바로 이러한 사변적 기술의 방식에 의하여 만유인력의 법칙이 "관찰될 수도 있다"고 하는 가능성이 구체화되고 또 예측되는 것이다. 그리고 이러한 사변적 기술은 더욱 더 새로운 관찰가능성을 예측하는 데로 나아가게 된다. 그리고 이러한 새로운 관찰가능성은 여태까지 기술되었던 것과는 질적으로 다른 새로운 사건의 관찰가능성을 의미하는 것이다.

여기서 우리가 명심해야 할 것은 과학이 관찰되어지는 사실로만 이루어질 수 없다는 것이며, 관찰가능한, 그러면서 눈에 보이지 않는 것들로 이루어지는데 여기에는 인간의 사변성이 개입될 수밖에 없고 이 사변성은 또 궁극적으로 인간의 "더 좋은 삶"(better life)이라고 하는 어떤 거시적 질서의 요구와도 불가분의 관계에 있다는 것이다. 그리고 그것은 구체적으로 문화적, 실천적 차원을 포괄하는 것이다. 이 점을 잘 생각하면서, 다음의 "라디오"를 예로 든 화이트헤드의 논의의 맥락을 잡아주기를 바란다.

2-25 For example, one type of observation, wholly visual, suggests a theory of electromagnetic equations. By the aid of this theory the design of radio apparatus, transmitting and receiving, is worked out. Finally a band plays in the laboratory of some radio station and people over an area with a radius of hundreds of miles listen to the music. Is it credible to believe that the only principle involved is the mere description of the original particular observations?

譯 **2-25** 예를 들면, 전적으로 시각의 대상이 될 수 있는 관찰의 한 종류가 있는데 이것은 전자기방정식의 한 이론을 암시한다. 이 이론의 도움으로 라디오라는 기계의 송신과 수신의 설계가 이루어진다. 마지막으로 어떤 라디오방송국의 스튜디오에서 한 악단이 연주를 하고 수백 마일의 반경에 있는 지역의 사람들이 음악을 듣는다. 자아! 이러한 상황에서 최초의 시각의 대상이 된 특정한 사건의 단순한 기술이 이 전상황에 관여하는 유일한 원리라는 것을 믿을 미친놈이 어디 있을까?

案 **2-25** 전자기방정식(electromagnetic equations)이란 바로 막스웰방정식(Maxwell equations)을 지칭하는 것이다. 전자기장이란 電場과 磁氣場을 총칭하여 부르는 말이다. 이는 정전기적 현상이나 정자기 등 특수한 경우를 제외하면, 이 전장과 자기장은 반드시 相伴되며 동시적으로 존재하는 것이며 상호적으로 관련되어 있는 것이다. 이 관계를 규정하는 것이 바로 막스웰방정식이다. 우리가 흔히 라디오웨이브, 전파라고 부르는 것은 정확하게 이 전자기파를 말하는 것인데, 이것은 곧 전자기장의 진동을 진공 또는 물질을 통하여 전달하는 현상을 가르키는 것이다. 막스웰방정식은 바로 이 전자기파가 만들어지는 것을 설명한 방정식이다.

막스웰(James Clerk Maxwell, 1831~1879)은 그 이전에 존재하던, 단편적인 현상들을 기술하던 방정식을 전체적으로 유기적으로 관련시켰을 때 전자기파라는 놀라운 현상이 생길 수 있다는 사실을 추론했다. 즉 막스웰의 단계에서는 전자기파라는 시공간적 사건에 대한 사변적 기술이라는 추론적 성격을 배제할 수 없다. 전자기파를 실제로 만들어내어 실험적 기초를 제공한 것은 헤르쯔(Heinrich Rudolf Hertz, 1857~1894)였다. 여기서 화이트헤드는 라디오라고 하는 기계와 관련된 모든 문화현상을 지배하는 전자기방정식이라고 하는 이론만 하더래도 그것은 단순한 "기술"로 이루어지는 것이 아니라는 것, 그 이론의 성립에는 반드시 사변적 성격이 개재된다는 것을 역설하고 있는 것이다.

이 단의 최초에 "wholly visual"이라는 말은 만유인력의 법칙에 대해 사과의 떨어짐이라는 시각적 대상이 될 수 있는 관찰이 존재했다면, 막스웰에게도 전자기적 현상으로서 시각적으로 관찰될 수 있는 사건들이 있었다는 것이다. 막스웰의 관찰대상은 결국 빛의 현상임으로 그것은 물론 시각의 대상일 것이다. 그 시각적 관찰은 전자기 방정식을 암시했고, 그 방정식의 도움으로 라디오 송수신기가 만들어지고, 라디오 방송국이 세워지고, 방송국 스튜디오에서 밴드가 연주되고, 전파수신반경의 수백만의 사람들이 음악을 감상하게 되었다는 것이다. 1)최초의 시각적 관찰 → 2)막스웰 전자기 방정식 → 3)라디오 송수신기 제작 → 4)라디오 방송국 설립 → 5)악단연주 → 6)청취자 음악감상. 이 6단계의 관련된 전 사태에 관하여 단지 최초의 1단계의 시각적 관찰의 "단순한 기술"(the mere description)만이 이 사태에 관련된 유일한 과학의 원리라고 믿을 사람이 어디에 있을까? 과연 과학은 이러한 "단순한 기술"로 해결될 수 있는 것인가?

지금 이 단의 논의를 이해하기 위하여서는 화이트헤드의 이러한 실례를 든 논의가 최근 150년간의 인류문명의 급격한 진보, 특히 테크놀로지의 발전이, 바로 실천이성과 사변이성의 결합에서 이루어진 것이라는 전체적 맥락 속에서 그러한 낙관주의를 방해하는 요소들의 지적과 관련되어 있다는 것을 상기할 필요가 있다. 그리고 이러한 방해요소의 하나로 근대과학의 성향 중의 하나인 "단순기술이론"을 비판하고 있는 맥락에서 이러한 이야기가 진행 중이라는 것을 다시 한번 상기할 필요가 있다. 記述은 단지 관찰되는 사건만을 대상으로 삼는다. 그리고 기술은 그 기술의 대상이 된 사건이 프래그머티즘이 말하는 "도구연관"이라는 전체적 구조속에서 화엄론적으로 연계된 것이라는 것을 거부하거나 인식하지 못한다. 그러나 과학은 단순한 기술로써 만족될 수 없다. 관찰되는 사태로부터 전자기 방정식이라는 법칙이 도출되는 과정에서 반드시 사변이 개입될 수밖에 없다. 제3부에서 누누이 다시 강조되겠지만 반드시 사유가 관찰을 앞서는 것이다.(Thought precedes observation. 3-9). 관찰이 단순히 관찰되어지는 사태에 그치는 것이 아니라 관찰할 수 있는 가능성에 관련된 것이라면 필연적으로 사변이 개입하지 않을 수 없고, 이 사변이라는 것은 사변이성의 전체기능과 유기적 연관 속에 있으며, 그것은 궁극적으로 "더 나은 삶"으로의 上向이다. 그리고 사변에는 이미 목적적 인과(final causation)가 개입되어 있는 것이다.

2-26 We are told, however, that we have misconstrued the intermediate step by terming it "a speculative description of spatio-temporal occurrences." The proper way of expressing the procedure of science is to say that the intermediate step is simply the production of a mathematical formula, and that by the aid of this formula the experiences of the people with receiving sets are predicted. But what is the formula doing? It may have some relevance to the sequence of experiences in some scientist's mind, expressing the transition from his original visual experiences to his final enjoyment of an excellent band. The doctrine seems unlikely and far-fetched. By a stretch of the mind, I can imagine it. But we have got to account for the experiences of the unlearned multitude with radio sets. They are ignorant of the original experiments, ignorant of the whereabouts of the band and of the radio laboratory, and ignorant of the inside mechanism both of the generating station and of their own radio sets. What on earth has the **mere** mathematical formula to do with the experiences of this multitude of listeners, endowed with this comprehensive ignorance and taking their rest after good dinners and a hard day's work?

譯 **2-26** 그러나 사람들은 내가 그 중간단계를 "시공간의 사건의 한 사변적 기술"이라고 진술함으로써 그것을 잘못 해석했다고 말할 것이다. 과학의 절차를 표현하는 가장 적절한 방법은, 그 중간단계가 단순히 하나의 수학적 공식의 생산일 뿐이며 또 이러한 수학적 공식의 도움에 의하여 라디오 수신기와 더불어 일어나는 사람들의 체험이 예측될 수 있다고만 말하는 것이라는 것이다. 그러나 과연 이 수학공식이 무엇을 하는가? 아마도 그것은 그 과학자의 최초의 시각적 경험으로부터 그 자신의 최종적인 악단연주의 향유에까지 이르는 變換을 표현하는, 그 과학자의 心像속에 있는 체험의 연속태에 관하여 약간의 타당성을 가지고 있을지도 모르겠다. 그러나 이러한 이론은 있을 법하지도 않고 또 억지춘향격이다. 억지로 거기에 맞추어 생각해본다면 나는 그런 것을 상상해 볼 수는 있다. 그러나 우리는 라디오세트를 듣고 있는 전문적 지식이 없는 무지한 대중들의 체험을 설명해야만 하는 것이다. 그들은 전자기장이론을 탄생시킨 최초의 시각적 실험에 대해서 무지하며, 밴드가 어디서 연주하고 있는지에 대해서도 무지하며, 라디오방송국 스튜디오에 대해서도 무지하며, 전파를 생산하는 라디오

방송국이나 그들이 들고 있는 자신의 라디오세트의 내부기계구조에 대해서도 무지하다. 그렇다면 도대체 *오직 그 단순한* 수학공식*만*으로 포괄적인 무지의 축복 속에서 하루의 중노동과 기분좋은 저녁식사후에 휴식을 취하고 있는 이 청취대중의 체험의 전부를 설명할 수 있다고 하는 것이 가능할 수 있을 것인가?

案 **2-26** 이『이성의 기능』이 쓰여진 시점이『과정과 실재』의 집필이 완성된 이후의 사건이라는 것을 생각할 때 화이트헤드가 말하는 형이상학은 사실(fact)과 가치(value)의 세계에 대한 근원적으로 2분법적인 사유를 거부하고 있다는 그 포괄적 구도를 상정해야 할 것이다. 다시 말해서 전자기장의 이론은 그 이론만으로 끝나는 것이 아니라, 라디오로 연결되며, 또 라디오는 인간의 심미적 음악청취의 향유라고 하는 문화적 행위까지를 다 포괄하는 가치의 세계며 사실의 세계다. 그러므로 그러한 포괄적 현상이 단지 그 속에 내재하는 단순한 수학공식만의 기술로 다 설명되어질 수 있다고 믿는 기술이론은 과학의 이론으로서 부적당하다는 것이다. 여기서 그가 수학을 부정하는 것이 아니다. 그가 부정하는 것은 그 자신이 이탤릭체로 표현했듯이 "*mere* mathematical formula"의 "*mere*"(단지)라는 의미가 지시하는 방법이다. 단지 수학적 공식만으로 인간의 문명의 전체와 관련된 과학의 형이상학적 성격을 다 규정지울 수는 없다는 것이다. 따라서 기술이론이 최초로 상정했던 "자연과학"과 "도덕과학"의 이분법도 허용될 수 없는 것이다.

여기서 말하는 중간단계란 첫번째의 최초의 시각적 관찰과 여섯번째의 청취자 음악감상 사이의 모든 단계를 말한다. 이 단계를 화이트헤드가 "시공간의 사건의 한 사변적 기술"이라고 표현한 것에 대하여, 기술이론을 주장하는 사람들은 그 중간단계에서 이루어질 수 있는 과학의 과정이란 단순히 수학적 공식의 생산일 뿐이고, 이 수학적 공식으로 청취자 음악감상의 마지막 사태까지를 다 예측할 수 있다고 말하려 한다는 것이다.

이러한 생각은, 혹시 막스웰이 최초의 시각적 관찰의 순간부터 전자기 방정식을 만들어내는 과정에서 라디오방송과 음악감상을 포괄하는 실천이성의 응용적 결과의 가능성까지를 모두 다 예측하고 있었다면 적용될 수 있을지도 모른다. 즉 막스웰 개인의 역사를 관통하는 천재적 실존 체험 속에서 전자기 방정식 하나로 모든 단계의 과정이 예측될 수 있었다 한다면 그러한 수학공식주의의 주창자들의 논변이 먹힐 수도 있을 지 모른다. 허나 막스웰은 라디오를 생각해 본적도 없고 생각할 수도 없었다. 막스웰은 사변적 단계에 그쳤을 뿐이다. 막스웰은 라디오를 구상할 수 있는 그런 구체적인데까지 나아갈 수는 없었다. 막스웰방정식을 실험적으로 증명해낸 것은 헤르쯔였다.

그러나 지금 우리가 설명해야 할 것은 막스웰 방정식이나 라디오 매카니즘에 대해 전혀 무지한 음악감상 대중들의 경험이다. 그들의 과학적 체험이 단순한 기술(mere description)로써 해결될 수도 없는 것이요, 또 단순한 방정식으로써도 해결될 수 없는 것이다. 전자기방정식과 음악감상 사이에는 어떠한 유기적 연결이 있지 않으면 안된다. 허지만 이 전체 사건은 그 자체로서 독립된 기나긴 사건들의 연속체인 것이다. 그것을 어떤 하나의 공식으로 다 해결해 **버릴 수는 없는 것이다**. 공식이 하나의 마술일 수는 없는 것이다. 다음을 보라 !

2-27   Is the formula a magical incantation? We can parallel this modern doctrine of the mere description of observations together with the intervention of a mere formula, by recalling our memories of childhood. There is a large audience, a magician comes upon the stage, places a table in front of him, takes off his coat, turns it inside out, shows himself to us, then commences voluble patter with elaborate gestures, and finally produces two rabbits from his hat. We are asked to believe that it was the patter that did it.

譯 **2-27** 이러한 공식은 하나의 마술적 주문이란 말인가? 우리는 우리의 어릴적 경험을 되살림으로써, 이 관찰의 단순기술이라는 근대이론을 단순한 수학공식의 개입이라는 이론과 일치시켜 볼 수도 있다. 여기 써커스 곡마당에 엄청난 관중이 있다. 그리고 까만 굴뚝모자를 쓴 마술사 한명이 무대위로 올라온다. 그리고 자기앞에 테이블을 하나 갖다 놓는다. 그리고 자기의 코오트를 벗는다. 그리곤 그 코오트를 훌렁 뒤집어 까보인다. 그리고 자기 몸을 앞뒤로 돌리며 우리에게 보인다. 그리고 수리수리 마수리하면서 달변의 수다스러운 주문을 아주 정교한 듯이 보이는 제스쳐를 자아내면서 뇌까리기 시작한다. 그리고 드디어 드디어 그의 굴뚝 모자로부터 두 마리의 토끼를 꺼집어낸다. 이때 우리는 그 두 마리의 토끼가 바로 그 주문으로부터 생겨났다고 믿도록 강요당하고 있는 것이다.

案 **2-27** 너무도 기발한 비유와 화이트헤드의 아기자기한 묘사가 너무도 재미있다. 우리가 상식적으로 과학적 진리라고 믿는 상당부분이 이러한 과학적 주문의 결과로서 초래된 것이라고 믿는 데서 유래되는 것이다. 과학자체가 하나의 마술사의 주문처럼 타락해가고 있는 것이다. 이것은 바로 과학이 형이상학을 배제했기 때문에 생기는 결과인 것이다. 과학이 형이상학적 근거를 수용하고, 솔직하게 시인할 때만이 오히려 과학이 분석될 수 있고 과학의 마술적 성격이 사라지는 것이다.

윗 문장에서 "this modern doctrine of the mere description of observations"와 "the intervention of a mere formula"를 병치시킨 문장의 맥락이 정확하게 해석되어야 안다. 즉 근대의 관찰의 기술이론은 현재 단순한 수학공식의 개입으로 발전해나가고 있는 것이다. 기술은 원래 경험된 사태의 경험주의적 기술이지만, 현대과학에서는 그 기술을 수학적 공식의 제시로 발전시킨다. 그러나 이 수학적 공식이 관찰되는 모든 현상을 창조한다는 생각은 마치 마술사의 주문이 토끼를 창조했다고 믿는 것과 마찬가지라는 것이다. 수학적 공식 그 자체는 매우 중립적인 것이다. 그것 자체는 인간의 기나긴 사변의 산물이다. 그리고 수학적 공식의 사변성을 이해한다면 그 사변성 자체가 인간의 "上向"이라고 하는 이성의 전체기능과 항상 유기적으로 관련되어 있다는 것을 동시에 이해해야 하는 것이다.

2-28 The common sense of the matter is, that the mathematical formulae are descriptive of those characteristics of the common external world which are relevant to the transmission of physical states from the band to the bodies of the listeners.

If this be true, we are now a long way from the sweet simplicity of the original doctrine. We have introduced the notion of the external world with its spatio-temporal occurrences, speculatively described by science. We have introduced the notion of potentiality, by substituting the

word "observable" for the word "observed." Also
hundreds of millions of dollars have been risked in
reliance upon inductive generalization. If we ask what
we mean by all this apparatus of vague notions, our
only appeal must be to the speculative Reason.

譯 **2-28** 수학적 공식이, 악단연주로부터 청취자들의 신체에까지 물
리적 상태의 전반(轉搬)에 합당한 아주 흔한 외적 세계의 특성들을 잘
기술할 수 있다는 것은 물론 상식에 속하는 일이다.

　　그러나 이것이 정말 참이라고 한다면 이미 우리는 원래 이론의 달
콤한 단순성으로부터 멀어져 있는 것이다. 우리는 이미 시공간적 사건
으로 가득찬 외적 세계가 과학에 의하여 사변적으로 기술되고 있다는
관념을 도입했어야만 했다. 우리는 또 "관찰된"이라는 단어를 "관찰될
수 있는"이라는 단어로 대치함으로써 잠재태의 관념을 도입시켜야만
했다. 또한 우리 문명속에는 수억만불의 예산들이 단지 이 귀납적 일
반화를 믿고 집행되고 있다. 이 애매한 관념들의 모든 기구들이 과연
무엇을 의미하는가를 반추하게 될 때는 우리의 유일한 호소는 반드시
우리의 **사변이성**으로 향해져야 하는 것이다.

案 **2-28** "귀납적 일반화"란 이미 관찰된 사태로부터 미래의 사실을
추론하는 것이다. 그리고 "관찰가능성"이란 아직 관찰되지는 않았지만 관
찰 가능한 사태를 과학의 대상으로 삼는 것을 말한다. 이 두 관념은 이미
과학에 빼놓을 수 없는 방법의 기저를 형성하고 있지만 여기에는 형이상
학이 개재되지 않을 수 없다는 것이다. 물론 수학도 상식적 외계의 특성
을 기술하는데 아주 효율적인 수단이다. 문제는 단지라는 "mere"에 있
었다. 그리고 수학이 밴드로부터 청취자에까지의 물리적 상태의 **轉搬**을

다 설명할 수 있다고 한다면 이미 수학도 과학과 철학, 즉 물질과 정신의 이원화라는 달콤한 단순성으로부터 멀어져 있는 것이다. 다시 말해서 수학의 존재이유도 문명의 가치와 분리시킬 수 없다는 것이다. 우리가 엄청난 돈을 들여 방송국을 세우고 인공위성을 띄우고 하는 이러한 행위가 다 "귀납적 일반화"와 관련되어 있다. 보이지 않는 애매한 것들에 대해 이렇게 엄청난 설비를 하게되는 그 의미를 파고들어가면 우리는 바로 사변이성의 역할에 직면하게 되는 것이다.

"The common sense of matter is, that"으로 시작하는 문장은 이상의 논의에도 불구하고 수학적 공식은 현실적으로 악단연주로부터 라디오 음악 청취로의 물리적 상태의 轉搬(the transmission)을 잘 기술하고 있다는 것은 너무도 상식에 속하는 일이라는 것을 말하고 있다. 그것이 상식이라면 바로 그 논리에 의하여 "원래 이론의 달콤한 단순성"(the sweet simplicity of the original doctrine)이 파기된다는 것이다. 여기서 말하는 "the original doctrine"이란 2-18에서 말한 "moral science"와 "natural science"의 이분이다. 그리고 그것은 뉴톤의 결정론적 유물론의 지배를 말한 것이다. 여기서 바로 화이트헤드가 계속해서 캠브릿지대학의 학풍을 비판하고 있는 맥락이 드러난다. 그러한 이분은 너무도 달콤한 단순성이라는 것이다.

끝부분의 문장에서 "inductive generalization"이라 한 것은 막스웰방정식에서 방송국의 건립에까지 이르는 모든 인간의 有爲적 행위의 근거가 실상 알고보면 "귀납적 일반화"의 결과라는 것이다. 그리고 "all this apparatus of vague notions"라는 말은 그러한 귀납적 일반화과정에 개입되는 모든 애매한 관념들, 그것은 언어, 개념, 방정식, 하드웨어, 그 모든 것을 포괄하는 의미로 쓰이고 있다.

왜 막스웰방정식으로 우리는 라디오를 만들어야만 하는가? 전자기방정식이 발견되었다고 방송국을 만든 것은 잘 한 짓인가? 그 엄청난 돈은 가치있게 투입된 것인가? 과연 라디오로 음악을 들으면 과거 콘서트홀에 직접 가서만 듣던 시절보다 더 행복해질 것인가? 인간은 과연 행복하게 되었는가? 이런 모든 질문이 아주 애매한 관념들이라는 것이다. 이 애매한 관념들이 무엇을 뜻하는가? 그것을 알려면 우리의 마지막 호소는 "사변이성"에게로 가지 않을 수 없다는 것이다. 사변이성의 전체적 기능, 그 우주의 上向에까지 연결되는 그 기능을 상정하지 않고서는 이 문제들을 해결할 길이 없다는 것이다.

2-29 It is quite true that exactly at this point we can damp down any further speculative Reason, and can relapse into the routine of successful methodology. But the claim of science that it can produce an understanding of its procedures within the limits of its own categories, or that those categories themselves are understandable without reference to their status within the widest categories under exploration by the speculative Reason—that claim is entirely unfounded. Insofar as philosophers have failed, scientists do not know what they are talking about when they pursue their own methods; and insofar as philosophers have succeeded, to that extent scientists can attain an understanding of science. With the success of philosophy, blind habits of scientific thought are transformed into analytic explanation.

譯 **2-29** 바로 정확히 이 시점에서 사변이성의 창조적 기능을 좀 누그러뜨리고, 아주 성공적인 방법론의 일상적 반복으로 후퇴할 수 있다는 것도 항상 참인 사태이다. 허나 과학이 과학자신의 범주의 한계내에서 과학의 절차를 이해할 수 있다고 하는 과학의 주장, 또는 그 과학의 범주들이 사변이성의 탐구의 대상이 되는 가능한 최대의 범주의 틀 속에서의 자신의 위치에 대한 지적이 없이 그 자체로 이해될 수 있다고 하는 과학의 주장, 그러한 주장은 전적으로 무근거한 것이다. 철학자들이 실패하는 한에 있어서는 과학자들도 그들이 그들 자신의 방법을 추구할 때에 과연 무엇을 말하고 있는지 알지를 못한다; 그리고 철학자들이 성공하는 한에 있어서는 그만큼 과학자들도 과학의 이해를 달성할 수 있게 된다. 철학의 성공과 더불어 과학적 사상의 맹목적 습관들이 분석적 설명으로 전환하게 되는 것이다.

案 **2-29** 과학이 사변이성의 창조적 기능을 끊임없이 개발하는 부지런함을 중단하고 자신의 성공적 방법론으로 후퇴하는 휴식을 취하는 것도 항상 과학사에서 일어나는 단계라고 말할 수 있다. 허나 과학은 어떠한 경우에도 과학만으로 과학 그 자체를 이해할 수가 없다. 반드시 과학이라는 범주가 놓여진 더 큰 거대한 범주의 場을 설정해야하며 그렇게 되면 인간의 모든 문제와의 연관성을 배제할 수가 없다. 그러므로 철학이 성공해야만 과학은 과학자신을 비출 수 있는 거울을 소지할 수 있게 되는 것이다. 과학이 철학적인 만큼 오히려 더 맹목적 습관에서 벗어나 분석적이 될 수 있는 것이다. 이 단에서 가장 중요한 말은 "analytic explanation"인데, 이 분석적 설명은 단순한 기술이 아닌 전체적 가치의 분석이 되는 것이다.

과학자가 클로닝테크닉으로 양을 복제했다고, 그 복제기술만으로 과학이 완결되는 것은 아니다. 그러한 새로운 기술이나 방법의 발견은 반드시 그것을 둘러싼 철학적 논의가 일어날 수밖에 없고 그러한 철학적 논의가 있어야만 비로소 클로닝테크닉을 개발한 과학자의 행위의 결과가 과학자 개인의 맹목적인 고집이나, 이해관계, 관습적 전망에서 벗어나 보다 분석적으로 설명될 수 있게 되는 것이다. 철학이 그러한 역할을 하지 못할 때 철학은 사멸한 것이며, 그것은 바로 그 인간세의 사멸을 의미하는 것이다. 내가 말하는 것은 철학이 과학을 저지하는 도덕적 규율의 기능을 갖는다는 것만을 의미하는 것은 아니다. 그리고 과학자의 발견이나 발명이 그 개인의 임의적 업적에 속한다는 발상은 위험천만한 발상이다. 어떠한 경우에는 그 한 과학자 개인의 업적은 그 개인의 소유물이 아닌 기나긴 인류의 공동의 사변이성의 축적의 도덕적 결과물인 것이다. 과학자가 자기 지식이 근거한 바로 그러한 도덕성을 망각할 때 그것은 인류문명 전체의 타락과 파멸을 의미하는 것이다.

2-30 The Cartesian dualism, whereby the final actualities were divided into bodies and minds, and the Newtonian materialistic cosmology, combined to set a false goal before philosophic speculation. The notion of mere bodies and of mere minds was accepted uncritically. But the ideal of explaining either minds in terms of bodies, or bodies in terms of minds guided speculative thought. First Hobbes made bodies fundamental, and reduced minds to derivative factors. Then Berkeley made minds fundamental, and reduced bodies to derivative factors—mere ideas in the minds, and more particularly in the mind of God. The most important effect on the relations of philosophy to natural science was, however, produced neither by Hobbes nor by Berkeley, but by Kant. The effect of his *Critique of Pure Reason* was to reduce the system of nature to mere appearance—or, to use the Greek word, the order of nature is phenomenal. But whether we prefer the word "appearance," or the word "phenomenon," the effect is the same. There can be no metaphysics of nature, and no approach to metaphysics by scanning the order of nature. For nature is a mere derivative appearance; and when we consider it, we are remote from any intuition which tells of final truths. It is true that Kant himself did not draw that conclusion. The starry heavens affected him, a triumph of the obvious over philosophy. But in the long run, the effect of the Kantian point of view was to degrade science to the consideration of derivative details. But again the obvious triumphed. There is an insistent importance in the details of our phenomenal life in the phenomenal world. Kant denied that this phenomenal system could bring us to metaphysics. Yet obviously here are, living phenomenally among phenomena. August Comte was the nemesis which issued from the *Critique of Pure Reason*. The positivist position inverts the Kantian argument. Positivism holds that we are certainly in the world, and it also holds with Kant that the system of the world reflects no light upon metaphysics. Anyhow from the side of philosophy, Kant drove a wedge between science and the speculative Reason. This issue from Kant did not obtain its proper development till the nineteenth century. Kant himself and his immediate followers were intensely interested in natural science. But the English neo-Kantians and neo-Hegelians of the mid-nineteenth century were remote from natural science.

譯 **2-30** 데카르트의 이원론은 이 우주의 궁극적 현실태를 물질과 정신으로 나누었다. 그리고 뉴톤의 유물론적 우주론이 이 데카르트의 이원론에 가세하여 향후의 모든 철학적 사유에 근본적으로 거짓된 목표를 설정하였던 것이다. 단순한 물질과 단순한 정신이라는 관념이 전혀 비판없이 수용되도록 만들었던 것이다. 그러나 실제로는 정신을 물질의 술어내에서 설명한다든가, 물질을 정신의 술어내에서 설명한다든가 하는 일원적 이상이 사변적 사유를 지배하였다. 먼저 홉스는 물질을 아주 근원적인 것으로 만들었고 정신을 그것의 파생적인 요소로 귀속시켰다. 그러자 버클리주교는 정신을 아주 근원적인 것으로 만들었고 물질을 그것의 파생적인 요소로 귀속시켰다. 버클리에게는 물질이란 정신내의 단순한 관념에 불과했고 더 구극적으로는 신의 정신속의 관념이었다. 그러나, 철학과 자연과학의 관계에 관하여 가장 결정적인 영향을 끼친 사람은 홉스(1588~1679)도 아니요 버클리(1685~1753)도 아니었다. 그것은 임마누엘 칸트(1724~1804)였다. 그의 『순수이성비판』의 영향은 자연의 체계를 단순한 "나타남"(appearance)의 체계로 환원시키는 것이었다. 여기서 말하는 "나타남"을 희랍어로 바꾸어 말하면 자연의 질서는 "현상적"이다(phenomenal)라는 말이 된다. 그러나 우리가 "나타남"(어피어런스)이라는 말을 선호하든, "현상"(페노메논)이라는 말을 선호하든, 그 결과는 아주 동일하다. 칸트의 체계에 있어서는 자연 그 자체의 형이상학이란 있을 수가 없다. 그리고 자연의 질서를 精査하는 것으로는 형이상학에 접근할 방도가 생겨나지 않는다. 왜냐하면 칸트에게 있어서는 자연 그 자체가 하나의 단순한 파생적 나타남에 불과하기 때문이다. 그러므로 우리가 자연을 생각의 대상으로 삼는 한 궁극적 진리를 말해주는 어떠한 직관으로부터도 우리는 멀어지게 되는 것이다. 사실 칸트 자신은 이러한 과격한 결론을 도출해내지 않았다고도 말할 수 있을 것이다. 별들로 가득찬 천체가 항상 그에게는 관심이었다. 그것은 명백한 것의 철학에 대한 승리였던 것이다. 그러나 결국 칸트의 전체 철학적 관점의 영향은 과학을 파생적 디테일의 탐구정도의 수준으로 비하시키는 것이었다. 그러나 또한 참으로 명백한 것은 승리하게 마련이다. 현상적 세계 속에 사는 우리의 현상적 삶의 디테일은 그 자체로 力說的인 중요성을 지니고 있는 것이다. 칸트는 이 현상적 체계 자체가 우리를 형이상학의 세계로 안내할 수 있다는 생각을 거부했던 것이다. 그러나 "명백히" 우리는 여기 바로 여기, 현상 가운데 현상적으로 살고 있다. 오귀스트 꽁트(1798~1857)는 『순수이성비판』에서 시작하여 발전된 하나의 저주였다. 실증주의자들의 입장은 칸트의 주장을 뒤엎는 것이었다. 실증주의자들은 칸트와는 달리 우리가 바로 확실히 이 현상세계 속에서 존재하고 있다고 주장한다. 허나 그들은 동시에 이 현상세계의 체계는 형이상학에 어떤 빛도 던지지 않는다고 말함으로써 칸트의 주장에 동의하고 있는 것이다. 어쨌든 철학진영에서는 칸트가 과학과 사변이성사이에 합류될 수 없게 만드는 쐐기를 박았다. 그리고 이러한 칸트의 주제는 19세기까지는 정당한 발전을 획득하지 못했다. 칸트 자신과 그의 직후의 추종자들은 자연과학에도 강렬한 관심을 가지고 있었다. 그러나 19세기 중엽의 영국의 신칸트학파나 신헤겔주의자들은 자연과학과는 완전히 담을 쌓은 사람들이었다.

案 2-30 남의 말을 하기 전에 이 단을 읽으면서 오늘날 우리나라의 대학교육이 "문과" "이과"라고 하는 인위적 이원론의 질곡의 예외가 아니라고 하는 사실부터 깊게 반성할 필요가 있다. 화이트헤드의 반성은 여기 자연과학과 형이상학이 서로를 배제해온 서구 근대세기 지성사의 비극에 관한 것이다. 그럼에도 20세기가 저물고 21세기로 넘어가는 이 여울목에서까지 우리는 아직도 17세기적 발상의 후진성에 발목이 묶여있다는 사실을 통렬히 반성해야할 것이다. 최소한 과거와 같은 "通才的" 교육이 불가능하다 하더래도 대학교 1학년에 "철학개론"과 "과학개론"은 모든 과를 불문하고 공통필수로 심도있게 공들여 가르쳐야 할 것임에도 불구하고, 자유주의교육, "학부제" 운운하면서 모든 필수과목을 허물고 학문도 자유선택케 한다하면서 無학문의 대학을 만들어가고 있는 한심한 현금의 교육실태에 대하여 참으로 비극적 정조를 토로하지 않을 수 없다.

여기 이 문단의 내용을 좀 피상적으로 따라간 사람은 칸트의 철학이 형이상학의 수립을 목표로 한 관념론자인데, 어찌하여 칸트가 형이상학을 거부했다고 말하는가? 의구심이 생길 수도 있을 것이다. 칸트의 철학체계를 우리가 형이상학이라고 말한다면 그것은 형이상학의 가능성을 거부한 형이상학이요, 좀 더 엄밀히 말하면 모든 미래의 형이상학의 한계를 설정하는 서론적 성격을 지니는 형이상학인 것이다. 그의 관념론은 단순한 관념적 구성을 말하는 것이 아니라, 이성의 힘에 관한 엄밀한 비판의 근거 위에서 도출된 이성의 구성력을 말하는 것이다. 그의 철학을 우리가 "비판철학"이라고 부르는 "비판"의 의미가 바로 이성의 자기비판이며, 이러한 비판을 거치지 않은 형이상학은 독단론에 빠질뿐이라고 역설한다. 이러한 독단에의 거부가 궁극적으로 도달한 것은 "안티노미"이며, 이 이성적 판단의 안티노미적 성격 때문에 지금 화이트헤드가 비판하고 있는 현상론의 제약성이 틀지워지고 있는 것이다. 다시 말해서 칸트가 말하는 현상은 감성의 내용과 오성의 형식이 합쳐져서 구성한 결과로서의 현상이다. 그런데 이 현상은 어디까지나 안티노미적 한계를 지니는 것이며 현상 그자체로 국한되는 것이다. 칸트에게 있어서 현상은 궁극적인 진리의 기준이 아니며 그것은 화이트헤드가 말하는대로 구성의 파생적 결과이다. 따라서 그 현상의 원인이나 그 현상을 일으키고 있는 본체, 즉 물자체(Ding-an-sich)에 대해서는 철저히 불가지론적인 태도를 취했다. 바로 화이트헤드가 여기서 공격하고 있는 것은 이 칸트의 불가지론이다.

화이트헤드의 유기체론은 정확히 칸트의 구성론을 거꾸로 뒤집은 것이다. "칸트에게 있어서는 세계가 주체로부터 발현되지만, 유기체철학에서는 주체가 세계로부터 발현된다."(For Kant, the world emerges from the subject; for the philosophy of organism, the subject emerges from the world. *PR*, p.106). 다시 말해서 칸트의 주체는 객체이전에 선험적으로 상정된 주체며, 이 주체의 구성능력에 의해 객체가 귀결되는 것이다. 이것이 바로 그의 구성론의 코페르니쿠스혁명적 성격이다. 그러나 화이트헤드가 말하는 주체는 현실적 계기간의 느낌의 발현이 지향하는 궁극적 목표며, 그러기 때문에 화이트헤드는 서브젝트(主體)라는 말을 포기하고 "자기발현체," "자기초월체"라고 번역될 수 있는 슈퍼젝트(superject)라는 표현을 쓴다. 칸트의 『순수이성비판』이 주관적 자료가 객관적 세계의 현상으로 진행되는 과정을 서술한다고 한다면, 화이트헤드의 유기체론은 바로 객관적 자료가 주관적 만족(subjective satisfaction)

으로 진행하는 과정을 서술한다고 말할 수 있는 것이다. 그러기 때문에 화이트헤드에 있어서는 "객관"이란 느낌의 한 구성요소가 될 수 있는 가능성의 한 실체를 의미하는 것이며, "주관"이란 느낌의 과정에 의하여 구성되며 그 과정을 포괄하는 실체인 것이다. "느끼는 자"는 그 자신의 느낌으로부터 발현되는 어떤 단위인 것이다. 그리고 "느낌들"이란 이 단위와 이 단위의 수많은 자료들 사이에 개개되는 과정의 디테일을 말하는 것이다. 이때 말하는 "자료"란 느낌을 위한 가능성이며 그것이 곧 "객관"이라고 하는 것이다.

아주 쉽게 말하면, 화이트헤드의 형이상학은 불교의 無我論처럼 我를 애초부터 상정하지 않는다. "나"라고 하는 주관적 의식은 바로 梵我一如적 연기적 코스모스전체의 한 계기일 뿐이며, 데카르트적인 이성의 주체로서의 "이고"(Ego)가 아니다. 따라서 화이트헤드는 현상, 다시 말해서 이 단에서 "the obvious"(명백한 것)라고 말한 현상을 칸트처럼 이성적 구성의 파생물로 보지 않는다. 현상이야말로 존재론적 사실이며 명백한 궁극이다. 그러나 그 현상의 구조가 물자체의 그림자적 존재가 아니라 보다 복합적인 느낌의 구조를 가지고 있다. 따라서 화이트헤드의 형이상학은 바로 이 현상의 토대위에서 다 건설되는 것이다. 그러므로 현상의 연구는 형이상학의 재건에 이르는 길이 될 수 없다고 판단하는 전통적 관념론과 실증주의의 오류를 모두 싸잡아 비판할 수 있게 되는 것이다.

오귀스트 꽁트는 실증주의라는 의미에서, 즉 감각소여로서의 현상에 충실하다는 의미에서는 칸트의 정반대인 듯이 보인다. 허나 꽁트의 실증주의야말로 현상을 넘어선 모든 지식을 거부한다는 의미에서 물자체는 알 수 없다고 주장, 칸트철학의 충실한 후계자이다. 꽁트는 인간의 모든 상상력을 경험적 관찰에 부속되는 것으로 귀속시켰다. 여기 "nemesis"라는 말은 곧 꽁트가 칸트철학의 어떤 측면의 완성이며, 오히려 그 완성이야말로 저주라고 하는 중층적 의미가 숨어있는 것이다. 실증주의와 관념론의 同異를 아주 명료하게 정의하고 있는 화이트헤드의 진술을 기억해 둘 필요가 있다.

칸트는 자기가 출생한 쾨니스베르그(현재 칼리닌그라드, Kaliningrad)에서 60마일 밖을 나간 적이 없다. 그리고 젊은 시절을 가정교사와 쾨니스베르그대학의 자율시간강사(Privatdozent) 노릇을 하면서 보냈다. 15년 동안의 시간강사 생활동안 그의 열정적 강의와 출판은 이미 독일의 지성계에 상당한 명성을 확보했다. 1770년 그는 드디어 쾨니스베르그대학의 논리학·형이상학교수로 부임하게 되는데 그때 그가 라틴어로 쓴 취임논문(Inaugural Dissertation), "De Mundi Sensibilis atque Intelligibilis Forma et Principiis: Dissertatio.(On the Form and Principles of the Sensible and Intelligible World, 감관계와 지성계의 형식과 원리에 관하여)"은 그의 생애를 획기적으로 구분하는 근거가 된다. 다시 말해서 1770년 8월 21일 디펜드한 취임논문 이후의 사상활동을 "비판철학시대"(critical)라고 부르며, 그 이전의 시대는 "비판전시대"(pre-critical)라고 부르는 것이다. 취임논문에서 이미 우리의 시간과 공간내의 지식은 현상에만 국한되는 것이며, 非시공적인 지성적 실재는 형이상학적 논의의 가능성에 귀속되는 문제임을 밝히고 있다.

칸트는 원래 쾨니스베르그대학에 신학도(1740)로서 입학했으나 그의 주요한 관심은 수학과 물리학이었으며, 그는 뉴톤의 물리학과 룻소의 사회적 관심의 저작들을 몹시 존경했다. 그의 대학시절에는 볼프(Christian Wolff)와 바움가르텐(Alexander Gottlieb Baumgarten)에 의하여 해석된 보편철학자 라이프니츠의 영향을 깊게 받았으나, 그는 그의 자연철학의 탐구를 깊게 하면 할수록 라이프니츠에 관해 지극히 비판적이 되었다.

그의 비판철학의 수립은 바로 볼프-바움가르텐-라이프니츠 철학과의 결별을 의미하게 되는 것이다.

여기 화이트헤드가 칸트는 자연현상을 2차적 파생적 현실로 간주했지만 칸트는 어디까지나 자연과학에 대한 깊은 관심을 가지고 있었다는 논평은 바로 칸트의 학문활동이 1770년 이전에는 주로 자연과학 내지는 자연철학의 문제에 집중해있었다는 사실을 지적하는 것이다. 그는 비록 출생지에서 96킬로 밖을 나가본 적이 없었지만 세계의 인문지리학에 매우 밝은 사람이었으며 세상구경을 널리 한 자들에게 세상에 관한 정보를 수집하는 특별한 취미를 가지고 있었다. 그리고 그의 강의는 그의 저작과는 달리 유모아와 위트로 가득찼으며 이 세상의 모든 것을 직접 본 듯이 생동감있게 이야기하곤 했다.

칸트가 1744년, 최초로 출판한 책은 역학(kinetic forces)에 관한 것이었으며 그가 시간강사직을 얻기위해 쾨니스베르그대학에 제출한 3개의 논문도 자연과학논문이었다. 그 중의 하나가 "De Igne(On Five, 불에 관하여)"인데 이 논문에서 그는 열과 빛에 공통된 기저로서의 실체에 관한 이론을 펼치고 있다. 그리고 칸트-라프라스星雲說의 典據가 된 유명한 『자연의 일반사와 천체의 이론』(*General History of Nature and Theory of the Heavens*)도 이 시기의 저작이다. 그후로도 그는 人種에 관한 문제, 바람의 성격에 관한 문제, 지진의 원인에 관한 문제, 천체의 일반이론에 관한 문제 등에 대하여 지속적으로 논문을 발표하였던 것이다. 그가 『순수이성비판』에서 시공론을 정교하게 펼칠 수 있었던 것도 바로 이 자연과학 특히 물리학에 대한 정통한 이해의 바탕이 없이는 불가능한 것이었다. 칸트는 시공자체를 주관적이며 관념적인 것으로 간주했기 때문에 이 시공에 주어지는 어떠한 대상도 그것을 인지하는 행위에 의하여 좌우되는 것은 너무도 당연한 이치일 것이다. 여기서 바로 구성설

의 가능성이 생겨나는 것이다. 이것은 이미 그의 취임논문에서부터 드러
난 것이다.

2-31 This antagonism between philosophy and natural
science has produced unfortunate limitations of thought
on both sides. Philosophy has ceased to claim its proper
generality, and natural science is content with the
narrow round of its methods. The seventeenth century
had built the categoreal notions of the sciences so firmly
that the divorce from philosophy practically had no
effect on immediate progress. We have now come to a
critical period of the general reorganisation of categories
of scientific thought. Also sciences, such as psychology
and physiology, are hovering on the edge of the
crevasse separating science from philosophy.

The obscurantist attitude of science is likely to be
disastrous in retarding progress. It may be that we are
not yet ready to effect a closer union between
speculative thought and scientific method. One thing is
certain: scientific opinion can have no possible
justification for coming to this conclusion. The rejection
of any source of evidence is always treason to that
ultimate rationalism which urges forward science and
philosophy alike.

譯 **2-31** 철학과 자연과학 사이의 이러한 반목은 양측에게 모두 인간 사유의 불행한 제약을 초래하였다. 철학은 그 자신의 너무도 정당한 일반성을 주장하는 것을 포기하게 되었고, 자연과학은 그의 방법이라고 하는 아주 협애한 무대속에 갇혀있는 것으로 자위하게 되었다. 17세기는 과학자신의 범주적 관념들을 너무도 확고하게 잘 정립해놓았기 때문에 철학과 이혼한 후에도 직후의 발전에는 아무 영향을 받지 않고 혼자 잘 살아나갔다. 그러나 우리는 지금 과학사상의 범주들을 일반적으로 재구성해야만 하는 아주 심각한 위기상황에 직면해있다. 심리학과 생리학과 같은 과학들이 과학과 철학을 결별시키는 절벽의 兩岸에서 따로 따로 맴돌고 있을 뿐이다.

과학의 몽매주의적 태도야말로 인류의 진보를 지연시키는 주범이다. 어쩌면 우리는 사변적 사유와 과학적 방법이 더 친근하게 융합되도록 하기에는 아직도 준비가 불충분하다고 말할 수 있을런지도 모른다. 그러나 단 한가지는 명료하다: 과학적 견해는 다음과 같은 결론에 도달하는 어떠한 정당성도 확보할 수 없다. 증명의 어떠한 근거라도 그것을 무조건 거부하는 것은, 과학이나 철학을 막론하고 그것들을 전진시키는 궁극적 합리주의에 대한 반역이라는 결론!

案 **2-31** 이 단은 별로 이해되지 못할 부분이 없다. 철학과 결별한 과학의 눈부신 진보가 그것 나름대로 정당성을 지니는 듯이 보이지만 그것은 참으로 위험한 생각이다. 과학의 진보도 반드시 철학적 성찰과 융합되어 이루어져야만 그 정당한 존재의의를 갖는 것이다. 철학자들 또한 과학에 대한 무지 때문에 과학에 대해 발언해야할 정당한 발언들에 대해 묵언하고 있는 것은 직무유기일 뿐이다. 해석의 문제가 되는 것은 제일 마지막 구절인데, 현재로서 증거가 불충분하다고 해서 과학적 편견 외의 모든 이론을 거부하는 것은 인간의 궁극적 합리주의에 대한 반역이지만, 그러한 반역을 주장할 수 있는 자격이 과학에게 가장 모자란다는 과학의 업보를 지적하는 문장인 것이다. "침과 경락"이 현재 증거가 불충분하다고 해서 무조건 거부하는 것은 철학과 과학을 다같이 진보시킬 수 있는 절호의 챈스를 거부하는 반역이다. 그러나 이 반역임을 주장할 자격이 바로 현대 의학에 부재한 현실을 화이트헤드는 개탄하는 것이다. 바로 현대의학이 그러한 반역만을 저지르면서 성장한 학문이기 때문이다. "The rejection of any source of evidence"에서 문제가 되는 것은 "any source"라는 말이다. 증명의 어떠한 근거라도 그것은 존중될 가치가 있는 것이라는 것을 암시한다.

CHAPTER THREE

제 3 부

3-1　The speculative Reason is in its essence untrammelled by method. Its function is to pierce into the general reasons beyond limited reasons, to understand all methods as coordinated in a nature of things only to be grasped by transcending all method. This infinite ideal is never to be attained by the bounded intelligence of mankind. But what distinguishes men from the animals, some humans from other humans, is the inclusion in their natures, waveringly and dimly, of a disturbing element, which is the flight after the unattainable. This element is that touch of infinity which has goaded races onward, sometimes to their destruction. It is a tropism to the beckoning light—to the sun passing toward the finality of things, and to the sun arising from their origin. The speculative Reason turns east and west, to the source and to the end, alike hidden below the rim of the world.

譯 **3-1** 사변이성은 그 본질적 성격에 있어서, 방법에 의하여 제약될 수가 없다. 사변이성의 기능은 제한된 이유들을 넘어서 아주 일반적인 이유들을 관통하는 것이며, 모든 방법을 초월함으로써만 파악될 수 있는, 사물의 본성에 내재하는 유기적인 연관으로서의 모든 방법을 이해

하는 것이다. 이러한 무한한 이상은 인간의 제약된 지성에 의해서는
결코 달성될 수 없는 것이다. 그렇지만 인간을 타동물로부터 구별짓는
것, 그리고 어떤 사람을 타인간으로부터 구별짓는 것은 바로, 그들의
본성 속에 깜박이는 듯 희미하게, 근원적으로 성취될 수 없는 것을 향
한 飛翔이라고 하는 매우 곤혹스러운 요소를 함장하고 있다는 사실이
다. 이 요소는 인류를 앞으로 전진시키기도 하다간 때로는 그들을 파
멸로 인도하기도 하는 무한성의 감촉이다. 그것은 저 손짓하는 빛으로
의 向性이다. 사물의 궁극성을 향해 전진하는 저 찬란한 태양, 그리곤
또 사물의 최초의 오리진으로부터 다시 떠오르는 태양을 향한 해바라
기의 고개짓이다. 사변이성은 동에서 서로 고개를 이리저리 돌린다.
저 우주의 끝에 숨어있는 시초와 종말을 향해 계속 고개를 돌리고 있
는 것이다.

案 **3-1** 너무도 함축적이고 문학적인, 향기가 넘치는 문장이다. 그리고
사변이성의 무한성을 향한 끝없는 충동을 너무도 아름답게 규정하고 있
다. 나는 이 단을 읽을 때,『莊子』「養生主」의 첫머리에 나오는 충격적
인 발언을 연상한다: "吾生也有涯, 而知也无涯。以有涯隨无涯, 殆
已！"(우리의 삶의 존재란 유한한 것이다. 그러나 우리의 앎의 추구란
무한한 것이다. 그런데 인간은 그 유한한 것을 가지고 무한한 것을 쫓으
려만 하고 있으니 아~ 얼마나 위험할꼬！) 바로 여기 莊子가 말하는
无涯之知란 화이트헤드가 말하는 사변이성의 궁극적 성격을 대변하는 것
이다. 莊子의 "養生"이란 바로 이러한 사변이성의 궁극성을 향한 파멸에
서 벗어나 실천이성의 적절한 요구로 복귀하는 것을 말한다. 이것이 그가
말하는 "全生"(삶을 온전케 한다)이다. 허나 화이트헤드는 궁극적으로 사
변이성은 이러한 파멸적 종말을 알지언정 그 上向의 추구를 포기할 수
없는 운명적인 것, 그래서 인간이라는 존재의 에로스적 숙명이 있으며,

이것이 바로 인류역사를 이끌어가는 창조적 인간들의 본성속에 내재하고 있기 때문에 "곤혹스럽다"(disturbing)는 것이다.

제3부에서는 사변이성의 문제가 논리의 문제와 함께 더 확대되어 논의된다. 그리고 마지막에 우주론의 성격에 대한 명확하고도 궁극적인 대안이 논의되며 마지막으로 이성의 기능의 정답이 제시된다.

3-2 Reason which is methodic is content to limit itself within the bounds of a successful method. It works in the secure daylight of traditional practical activity. It is the discipline of shrewdness. Reason which is speculative questions the methods, refusing to let them rest. The passionate demand for freedom of thought is a tribute to the deep connection of the speculative Reason with religious intuitions. The Stoics emphasized this right of the religious spirit to face the infinitude of things, with such understanding as it might. In the first period when the speculative Reason emerged as a distinguishable force, it appeared in the guise of sporadic inspirations. Seers, prophets, men with a new secret, appeared. They brought to the world fire, or salvation, or release, or moral insight. Their common character was to be bearers of some imaginative novelty, relevant and yet transcending traditional ways.

譯 **3-2** 방법론적인 이성은 한 성공적인 방법이 있으면 그 방법의 한 계내로 자신을 제한시키는 것으로 만족한다. 그것은 아주 안전한 청천 백일과도 같은 조건하에서 전통적인 실리적 활동에 종사한다. 그것은 교활한 실리의 공부(디시플린)다. 그러나 사변적인 이성은 그 방법자체 를 회의한다. 그리고 그 방법이 편히 쉬는 것을 허용치 않는다. 사상 의 자유에 대한 아주 열정적인 요구는 사변이성이 종교적 직관의 영 역에까지 깊게 관련되어 있다는 사실로부터 오는 하나의 축복이다. 스 토아학파의 사람들은 사물의 무한성을 대면하는 인간의 용감한 종교 적 정신의 권리를, 감히 도전할 수 있다는 자기나름대로의 이해를 가 지고, 강조했다. 사변이성이 구별될 수 있는 뚜렷한 힘으로서 인류사 의 지평에 떠올랐을 그 초기에는, 그것은 간헐적인 영감의 탈을 쓰고 반짝였다. 선각자, 예언자, 새로운 우주의 비밀을 간직한 자, 이런 사 람들이 등장했다. 그들은 이 세계에 불, 혹은 구원, 혹은 해방, 혹은 도덕적 통찰을 가져왔다. 이들의 공통된 특징은, 나름대로 정당하지만 동시에 전통적 관습을 초월하는, 어떤 상상력의 새로움의 소유자라는 것이다.

案 **3-2** 여기서 "방법론적인 이성"(Reason which is methodic)이란 실천이성을 가리키는 것으로 봐야할 것이다. 그리고 "사변적인 이성" (Reason which is speculative)이라는 말과 대비되어 논의되고 있다. 영 어로 "shrewd"하다는 말은 실리를 추구한다는 일차적 함의가 있다. 그 리고 여기서 말하는 "religious intuitions"란 결코 부정적으로 쓴 말이 아니며 초기 종교인들의 영감·직관·상상력의 건강한 기발함과 관련되 어 있다. "불"이란 말이 나오는데 전통적으로 불의 최초의 사용자로서 BC 50만년경의 북경원인을 들었으나, 최근의 아프리카 켄야에서 발굴된 고고학적 사실은(1981) 약 142만년전부터 불을 관리하면서 사용했음을 밝혀준다. 그러나 아주 안전하게 반복될 수 있는 불의 생산은 BC 7천년 경의 신석기시대 사람들에 와서야 이루어진다.

그러나 여기서 말하는 불은 역시 프로메테우스의 신화와 연결된 것으로, 문명을 가능케 한 테크놀로지의 총체를 의미할 수도 있고, 인간의 정열이나 탐구욕, 사랑과 같은 추상적 속성과 관련지울 수도 있다. 이 단의 가장 중요한 말은 "정당하지만 전통적 관습을 초월한다"는 말이다. 사변 이성의 초기의 모습이며 또 그의 영원한 모습이다.

3-3   The real importance of the Greeks for the progress of the world is that they discovered the almost incredible secret that the speculative Reason was itself subject to orderly method. They robbed it of its anarchic character without destroying its function of reaching beyond set bounds. That is why we now speak of the speculative Reason in the place of Inspiration. Reason appeals to the orderliness of what is reasonable while "speculation" expresses the transcendence of any particular method. The Greek secret is, how to be bounded by method even in its transcendence. They hardly understand their own discovery. But we have the advantage of having watched it in operation for twenty centuries.

譯 **3-3** 이 세계의 진보를 위한 희랍인들의 진정한 중요성은, 그들이 바로 이 사변이성이 어떤 질서정연한 방법에 귀속된다고 하는 거의 믿을 수 없는 엄청난 비밀을 발견했다고 하는데 *存*한다. 희랍인들은 이성으로부터, 정해진 한계를 초월하는 기능을 손상함이 없이, 이성이 가지고 있던 혼돈스럽고 신비로운 성격을 박탈해버렸다. 이 때문에 바로 우리가 **영감** 대신에 **사변이성**을 지금 말할 수 있게 된 것이다. 사변이성이라는 말에서, "이성"은 합리적인 것의 질서정연함에 호소한다. 그러나 "사변"은 어떤 특정한 방법을 끊임없이 초월하는 것을 표현하는 말인 것이다. 희랍인의 비밀이란, 바로 이러한 초월에 있어서 조차도 방법의 구속이 가능하다는 것을 보여주는 것이다. 희랍인들은 그들 자신의 이 위대한 발견을 이해하지 못했다. 그러나 우리는 지금 그것이 2천년동안 작동해온 기나 긴 역사를 목격할 수 있는 행운을 지니고 있는 것이다.

案 **3-3** 역시 화이트헤드의 인간역사를 바라보는 스케일감이 유감없이 표현되어 있다. 영국신사들의 제국적 위풍이 느껴진다. 희랍인들의 공헌을 인간의 사변이성적 역할이 어떤 종교적 영감에 신비적으로 휩싸여있던 베일을 걷어치우고 그러한 영감이 어떤 합리적 규칙에 귀속될 수 있다는 엄청난 사실의 발견, 그럼으로써 사변이성의 확고한 위치를 공고히 한데서 찾는 화이트헤드의 논리는 범상한 것을 비상하게 인식하는 탁월한 능력을 보여준다. 이러한 희랍인들의 발견을 가능케 한 그 문화적 기저를 생각할 때 아직도 "주역"이니, "사상"이니 "팔상"이니, "기혈"이니 "용신"이니 하고 떠들고 있는 우리나라의 문화수준이 2천년전 희랍문화의 수준에도 크게 못미친다는 자괴감을 떨칠 수가 없다.

이 단에서 가장 강렬한 표현은 "even in its transcendence"라는 한 구절이다. 사변의 초월적 성격이란 주어진 방법론에 만족하지 않고 끊임없이 그 방법론을 뛰어넘는 자기부정적·자기초월적 측면이다. 禪에서 말하는 覺도 바로 이러한 자기부정과 자기초월을 말하는 것이다. 그러나 禪은 그 초월에 있어서 어떠한 문자적 방법론도 거부한다. 不立文字가 그것이다. 그러나 희랍인들은 바로 그러한 禪的인 사변성의 초월을 시인하면서도 그러한 초월 그 자체의 논리적 방법론을 발견했다는 것이다. 이 것은 참으로 놀라운 것이다. 모든 종교적 초월은 방법이나 논리를 거부하고 신비로운 직관만을 말한다. 희랍인들은 그러한 신비성 그 자체에 논리를 부여했던 것이다. 그러므로 화이트헤드는 "incredible secret"(거의 믿을 수 없는 비밀)이라는 아주 과격하게 감동적인 표현을 쓰고 있는 것이다. 사변이성이라는 말에서 "사변"은 초월성을 "이성"은 질서감을 대변하면서 약간의 대비적 성격이 있다는 것도 기억해둘 필요가 있다. 그리고 영감(Inspiration)과 이성(Reason)이 대비적으로 사용되는 맥락도 짚어둘 필요가 있다.

3-4 The world's experience of professed seers has on the whole been very unfortunate. In the main, they are a shady lot with a bad reputation. Even if we put aside those with some tinge of insincerity, there still remain the presumptuous, ignorant, incompetent, unbalanced band of false prophets who deceive the people. On the whole, the odds are so heavily against any particular prophet that, apart from some method of testing, perhaps it is safer to stone them, in some merciful way. The Greeks invented logic in the broadest sense of that term—the logic of discovery. The Greek logic as finally perfected by the experience of centuries provides a set of criteria to which the content of a belief should be subjected. These are:

(ⅰ) Conformity to intuitive experience:

(ⅱ) Clarity of the propositional content:

(ⅲ) Internal Logical consistency:

(ⅳ) External Logical consistency:

(ⅴ) Status of a ***Logical*** scheme with,

    (a) widespread conformity to experience,

    (b) no discordance with experience,

    (c) coherence among its categoreal notions,

    (d) methodological consequences.

The misconception which has haunted the ages of thought down to the present time is that these criteria are easy to apply. For example, the Greek and the medieval thinkers were under the impression that they could easily obtain clear and distinct premises which conformed to experience. Accordingly they were comparatively careless in the criticism of premises, and devoted themselves to the elaboration of deductive systems. The moderns have, equally with the Greeks, assumed that it is easy to formulate exactly expressed propositions. They have also assumed that the interrogation of experience is a straightforward operation. But they have recognized that the main effort is to be devoted to the discovery of propositions which do in fact conform to experience. Thus the moderns stress induction. The view which I am maintaining is that none of these operations are easy. In fact they are extremely difficult. Apart from a complete metaphysical understanding of the universe, it is very difficult to understand any proposition clearly and distinctly, so far as concerns the analysis of its component elements.

譯 **3-4** 선각자임을 자처하는 인간들에 대한 인류의 경험은 대체적으로 매우 불행한 것이다. 그들의 주류는 고약한 명성을 남길 뿐인 그늘진 인간들이었다. 좀 사기꾼냄새가 나는 자들을 치지도외시한다 하더래도, 주제넘고, 무식하며, 무능하고, 균형감각이 없는, 사람들을 속일 뿐인 거짓 예언자들의 무리가 오늘날까지도 우리주변을 괴롭힌다. 대체적으로 어떠한 굉장한 예언자이던지 간에 그들의 주장은 놀랍게도 항상 틀릴 것이 뻔하기 때문에, 그들을 시험하는 방법을 고안하기 보다는, 좀 자비로운 방식으로 그들을 그냥 밀쳐내버리는 것이 더 안전할 것이다. 희랍인들은 논리라는 말이 가질 수 있는 가장 넓은 함의에 있어서 논리를 발명했다. 그들의 논리는 바로 발견의 논리였다. 인류의 수세기의 경험의 축적에 의해 마침내 완성된 희랍의 논리학은, 인간의 한 믿음의 내용이 귀속되어야만 하는 일련의 기준을 제시한다. 그 기준들은 다음과 같다.

1. 직관적 경험과의 일치
2. 명제의 내용의 명료성
3. 내적 논리적 일관성

4. 외적 논리적 일관성
5. 다음의 조건을 만족시키는 하나의 *논리적* 도식의 상태
   a) 경험과 광범위하게 일치하며
   b) 경험과 어떤 부조화를 일으키지 않으며
   c) 그 범주적 관념들 사이에 정합성이 있으며
   d) 방법론적인 결론을 갖는다.

오늘날에 이르기까지 서양사상사의 모든 시대들을 따라다니면서 괴롭혔던 그릇된 관념은 바로 이 기준이 매우 적용하기 쉽다고 하는 것이었다. 일례를 들면, 희랍사상가나 중세기사상가들은 경험과 일치하는 명석판명한 전제들을 아주 쉽게 얻을 수 있다는 인상만을 가지고 있었다. 따라서 그들은 그러한 전제 그자체의 비판에는 비교적으로 소홀하였으며, 연역적인 체계의 정교화작업에만 몰두하였다. 근대인들도 희랍인들과 마찬가지로, 정확하게 표현된 명제들을 정식화하는 것이 매우 쉽다고 가정하였다. 그리고 그들은 경험의 심문·분석이 아주 직선적인 단순한 작업이라고 가정하였다. 그러나 근대인들은 그들의 주된 노력이 실제로 경험적 사실과 일치하는 명제의 발견에 집중되어야 한다는 것을 깨달았다. 그래서 근대인들은 귀납을 강조한다. 그러나 내가 지속적으로 주장하고 있는 견해는 이러한 작업의 어떠한 것도 결코 쉽지가 않다는 것이다. 사실상 그것은 매우 어렵다. 이 우주에 대한 온전한 형이상학적 이해를 도외시하고, 어떠한 명제든지, 그 명제의 구성요소의 분석에까지 관여하는 한, 그것을 명석하고 또 판명하게 이해한다는 것은 매우 어려운 것이다.

案 **3-4** 내가 임상의로서 겪은 수많은 재미있는 이야기 중에 다음과 같은 것이 있다. 어느 귀부인이 나에게 와서 침을 2주 맞았는데 별 효과가

없었다. 그런데 침을 맞는 동안 친해지는 과정에서 그 귀부인은 나에게 그녀의 내면에 깔린 숨은 근심을 고백하기에 이르렀다. 지난달에 우주를 통찰하는 대단한 예언자를 친구들 소개로 찾아갔는데, 만나자마자 단호하게 내년 가을 10월경에 당신은 죽을 수밖에 없다고 말했다는 것이다. 그 사람이 하도 용하기로 소문난 사람이고, 또 다른 점쟁이를 찾아 그것을 확인하자니 또다시 그런 얘기들을까봐 두렵고, 그렇다고 집안사람들에게 그런 얘기를 털어놓자니 자신의 꼴이 우습게 보일 것이고, 그래서 아무에게도 말못하고 혼자 생각해보니, 생각해보면 생각해볼수록 그 예언적 주술을 의식에서 떨쳐버릴 수가 없고, 매사가 그 의식에 매달려 결국 죽을 수밖에 없는 운명이라 생각하게 되었다는 것이다. 그래서 집사람들 몰래 수의까지 다 마련해놓고 유서까지 다 써놓고 통장까지 다 정리해놓았다는 것이다. 그러니 하루하루 우울증에 시달려 어찌할 방도가 없다는 것이다. 이 환자에게 침 아니라 무슨 치료든 과연 효과가 있을까?

나는 그 귀부인의 생년월일을 말하라하고 그녀 보는 앞에서 만세력을 펴놓고 甲子를 세어가면서 아주 정교하게 보이는듯한 운기법을 동원하여 설명키를 그 예언자라 하는 녀석이 바로 이 계산에서 틀렸고 용신을 잘 못 뽑았다, 그러니 당신 운수는 이제 이렇게 흘러갈 수밖에 없다하고, 정교한 다이애그람을 그려가면서 부적을 만들어 설명키를 당신의 운세는 내년 가을에 大通이요 만사형통이다, 걱정할 바가 조금도 없다 외치니 그녀의 얼굴이 갑자기 화색이 돌고 어두운 먹구름이 일시에 개인 듯 화창한 봄날씨와도 같았다. 그녀는 내가 써준 부적을 가슴에 꼭 껴안고 돌아갔다. "그들의 주장은 놀랍게도 항상 틀릴 것이 뻔하기 때문에"라는 화이트헤드의 재미있는 표현을 상기해주기 바란다.

이 우주를 통찰한다고 자처하는 선각자나 예언자의 대부분이 놀라웁게도 예외없이 거의 다 사기꾼인데도 불구하고 오늘날까지 이들의 존재는 우리 주변을 괴롭힌다고 하는 화이트헤드의 언변은 "비신화화"를 말하기 전에 실로 상식적이고 통쾌하고 유쾌하다. 그러나 우리 주변의 사회현상을 개관할 때 이러한 인류역사의 명백한 통찰이 무색한 모습을 지니고 있는 것은 우리를 슬프게 만든다. 한의과대학생들은 방학때만 되면 "도사"들 찾아다니기가 바쁘고, 수도권 중심부의 모대학교 총학생회에서는 매방학마다 운명, 사주, 팔자, 풍수, 침구 운운, 화이트헤드가 말하는 온갖 예언자류들을 집결시키는 "동양학강의"를 열어 성업을 계속하고 있다. 아무리 그러한 프로그램의 내용에 부분적인 정당성이 인정될 수 있다 하더래도 "동양학"의 의미가 대학사회에서마저 명확한 논리적 탐구 즉 동양학적 신념의 정당성근거에 대한 면밀한 검증이 없이 막바로 그러한 쾌쾌묵은 원시적·종교적·독단적 통찰을 수용한다는 것은 지성에 대한 모독이요 대학사회의 존속의 의미를 의심케 하는 것이요, 학생문화를 리드하는 대표체가 우리사회에 미신을 살포하는데 앞장서고 있다는 우려를 떨쳐버릴 수 없다. 이 땅에 "동양학"이라는 새로운 개념을 도입하고 그것의 보편화를 위해 힘써온 장본인으로서 자괴감이 앞선다. 후학들의 깊은 반성을 촉구한다. "그런 놈들은 시험할 방법을 생각하려 말고 자비로운 방식으로 그냥 돌로 쳐죽여라!"라고 하는 화이트헤드의 명언을 우리는 깊게 생각해봐야 할 것이다.

희랍인의 발명 중에서 가장 위대한 것은 바로 발견의 논리의 발명이라는 것이다. 여기 "발견"이라는 말이 중요하다. 여기서 말하는 발견은 우주의 비밀을 끊임없이 캐어간다고 하는 역동적인 의미가 숨어있다. 우주의 비밀은 발명되는 것이 아니라 발견되는 것이다. 허나 이 발견을 논리화시키는 방법은 바로 희랍인들의 발명이다. 다시 말해서 우주의 비밀의 발견은 점쟁이나 과학자나 똑같은 통찰력의 근거위에 서있을 수 있다. 허나 과학자와 점쟁이가 다른 것은, 과학자는 여기 제시하는 조건에 부합하는 정합적(整合的)인 논리체계를 가지고 있다는 것이다. 논리가 없는 발견은 영감이다. 허나 영감은 사변이성과 관련은 있을지언정 사변이성의 대상이 아니다. 여기 제시하는 기준에 대해 "to which the content of a belief should be subjected"라는 표현을 썼는데 모든 과학적 발견도 결국 하나의 "믿음"일 수 있다. 허나 그 믿음은 반드시 다음과 같은 논리적 기준을 만족시켜야 한다는 것이다. 예수가 십자가에 못박혀 죽었다가 사흘 후에 살아났다는 것도 과학적 사실이요 믿음일 수 있다. 허나 이 믿음은 반드시 우리의 일상적 경험의 사실과 광범위하게 일치해야 하며, 경험과 어떠한 부조화도 일으키지 않아야 하며, 그 명제를 구성하는 범주적 개념들 사이에 정합성이 보장되어야 하며, 또 방법론적으로 같은 결과를 산출시켜야 할 것이다. 여기서 이 명제의 참·거짓이 드러나게 될 것이다. 해가 지구를 도느냐? 지구가 해를 도느냐? 하는 문제도 결국 이와 같은 논리적 조건을 만족시키는 데서 참 거짓의 우위가 결정되는 것이다.

그런데 화이트헤드가 말하는 것은 이러한 논리적 기준을 만족시킨다고 하는 문제를 인류는, 특히 서양과학이나 형이상학 전통 속에서, 너무도 쉽게 생각해왔다고 비판하는 것이다. 다시 말해서 아주 쉽게 명석하고도 판명한 전제에 도달할 수 있다고 생각해왔던 것이다. 여기에 끊임없이 命題(proposition)라는 말이 나오는데, 화이트헤드에 있어서 명제라는 의미는 우리가 알고 있는 일상적 의미와는 매우 다르다.

명제의 문제를 말하기전에 화이트헤드가 가장 고민하는 문제는 바로 우리의 일상적 "경험"이라고 하는 문제를 전통적 모든 철학은 너무도 단순하게 생각했다는 것이다. 화이트헤드에 의하면 우리가 일상적으로 느끼는 경험적 사태는 엄청나게 거대한 넥수스(nexus)의 소사이어티(society,

사회)이며 이것은 매우 복합적이고 중층적인 구조를 갖고 있는 것이다. 그래서 그는 이 우주에 관한 어떠한 명제도 명석하고 또 판명하게 이해한다는 것은 참으로 어려운 문제라고 말하고 있는 것이다.

"나는 학교에 간다," "아이 고 투 스쿨"(I go to school)은 분명히 음성학적으로 전혀 다른 음운체계를 선택한 것이다. 그러나 이 안에는 동일한 명제가 들어있다. 이런 것을 우리가 명제라고 부르는 것이다. 의미론에 있어서 명제는 그 문장이 가리키는 객관적인 대상이며, 논리학적으로는 그것은 眞僞의 대상이 되는 것이다.

그러나 화이트헤드가 말하는 명제는 매우 추상적인 것이며 보다 원초적인 것이다. 그것은 명제의 존재론적 생성과정을 객관화시켜 말한 것이다. 그가 말하는 명제는 영원한 객체가 현실적 계기에 混入되어 들어가는 어떤 중간자적인 실체를 말하는 것이다. 이 混入에 있어서는 영원한 객체나 현실적 계기가 모두 같이 그 자체 성격의 일부를 상실한다. 명제란 명제적 느낌(propositional feeling)의 소재인데 이 명제적 느낌이란 물리적 느낌(physical feeling)의 다음 단계로 오는 것이다. 그것은 물리적 느낌을 개념적 느낌과 종합하는 특별한 융합의 타입으로부터 유래하는 것이다. 명제 그 자체는 그 자신의 진리치에 관하여 비한정적이다. 모든 명제는 그 논리적 주어로서 현실적 존재를 상정한다. 논리적 주어는, 사실로서, 완벽하게 결정되어 있는 것이다. 따라서 그 명제가 참이냐 거짓이냐 하는 것은, 술부가 그 논리적 주어에 의하여 현실세계에 예시되는 구체성의 현실적 형식을 지니느냐 안지니느냐에 의해 결정될 뿐이다. 명제 그 자체는 명제적 느낌으로의 자신의 실현에 관하여 비한정적이다. 명제는 느낌을 위한 소재이며, 그것을 느낄 주어를 기다린다. 그 논리적 주어를 수단으로 한 명제의 현실적 세계와의 적합성은 그 명제를 느낌의 유혹(미끼)으로 만드는 것이다. 이 세계에 있어서의 명제의 일차적 기능은 바로 느낌의 미끼로서 행위하는 것이다.

화이트헤드는 우리가 보통 말하는 명제는 명제가 아니라 판단이라고 말한다. 보통의 논리학자들의 오류는 명제와 판단을 구분하지 못한 데에 存한다. 그래서 그들은 명제를 모두 眞·僞의 대상이라는 한 기능으로만 간주했다. 명제는 眞·僞의 대상이 아니라 느낌의 미끼(lure for feeling)다. 한 명제는 그것이 현실적 세계와 일치하냐 일치하지 않느냐에 따라 참 거짓일 수는 있다. 허나 그 명제가 현실적 세계와 일치하지 않는다해서 그것이 곧 거짓이라고 단정지을 수는 없는 것이다. 그것은 명제의 기능을 너무 협애하게 축소하는 것이다.

어느 읍내의 한가운데에 공터가 있고 모든 사람이 거기 공터가 존재한다는 것을 알고 있었다. 그러나 오직 한 비즈니스맨만이, "저 공터의 코너에 있는 레스토랑"이라는 말로 조합된 명제를 적극적으로 파지(把知)할 수 있었다. 물론 이 명제가 파지되는 그 당시의 순간에는 그 명제는 거짓일 것이다. 그러나 이 명제가 이 상태에서 거짓이냐 참이냐 하는 것은 전혀 중요한 사실이 아니다. 왜냐하면, 이 명제는 느낌의 유혹으로 작용하여, 그 비즈니스맨으로 하여금 그 공터를 사는 행위와 그 공터를 사서 그코너에 레스토랑을 짓는 행위를 유발시킬 수 있기 때문이다. 이것이 바로 명제의 가장 중요한 기능이다. 명제는 바로 새로움의 창진성을 향한 길을 예비했던 것이다. 우리를 둘러싸고 있는 모든 문학적·종교적·예술적 명제가 우리에게 참·거짓을 강요하는 것이 아니라, 우리의 느낌의 요소를 유발시키는 가치로서 작용하고 있는 것이다. 화이트헤드의 유기체철학에 있어서 명제의 일차적 기능은 바로 한 명제가 느낌의 미끼로서 얼마나 정당성이 있느냐 하는데 있는 것이다. 바로 이 면을 이해한다면 왜 여기서 화이트헤드가 계속해서 명제를 명석판명하게만 이해하는 것이 어렵다고 말하고 있는 지를 이해할 수 있게 될 것이다.

그리고 윗문장에서 희랍인·중세인들은 "연역"을 강조했고 근대인들은 "귀납"을 강조했다 하는 것을 대비적으로 설명하고 있고 또 그 이유를 정확히 제시하고 있는 대목도 주목할 필요가 있다. 연역은 대전제를 가지고 있다. 그런데 고대인들은 그 대전제 자체의 진위에 큰 신경을 쓰지 않았다. 그들은 연역의 전제 자체가 경험에 합치되는 명석판명성을 쉽사리 획득할 수 있다고 전제했을 뿐이다. 그 전제가 그렇게 명석판명하다면, 그들의 관심은 자연히 연역적 체계 즉 논리적 과정에만 집중될 것이 뻔하다. 그러나 근대인들은 경험에 사실적으로 일치되는 명제의 발견 그 자체에 관심을 집중시켰다. 명제자체를 쉽게 정식화할 수 있다는 믿음은 고대인이나 근대인이나 동일하다. 허나 고대인은 연역의 전제를 그냥 쉽게 전제했지만, 근대인은 그러한 전제를 이룰 수 있는 명제들이 경험과 일치하냐 안하냐하는 문제에 더 신경을 썼다. 그러므로 고대인들보다는 의심증이 더 강해서, 고대인들이 쉽게 전제했던 전제들을 그들의 전제로서 받아들일 수 없는 것이다. 따라서 이러한 상황에서는 "귀납"이 발생하는 것이다. 허나 연역이든 귀납이든 모든 명제적 상황은 쉽지 않다. 그리고 그것은 이 우주에 대한 온전한 형이상학적 이해를 전제하지 않고서는 풀릴 수 없는 문제라고 화이트헤드는 역설한다. 여기서 그는 암암리 그가 구상한 유기체철학의 우주론체계 안에서의 그의 명제론을 생각하고 있었을 것이다.

3-5 Again the analysis of experience without the introduction of interpretive elements which may be faulty, is extremely difficult. It follows also from these two difficulties that judgment of direct conformity to experience is very difficult to bring to a decisive issue, with the elimination of all elements of doubt.

There is also some doubt even as to the self-consistency of a proposition. For if the analysis of the proposition be vague, there is always a possibility that a more complete analysis will disclose a flaw. The same doubt also applies to the fourth criterion which is that of external consistency. In this case we are comparing the proposition under the scrutiny with other propositions accepted as true.

譯 **3-5** 또한, 틀릴지도 모르는 해석적 요소의 도입이 없는 경험의 분석이란 극도로 어려운 것이다. 따라서 이 두 어려움, 즉 명제의 이해의 어려움과 경험의 분석의 어려움이라는 이 상황에서는 다음과 같은 결론이 도출된다. 경험과 직접적으로 일치하는 판단을 모든 의심의 요소가 제거된 채, 어떠한 결정적인 결말에 이르도록 한다는 것이 지극히 어렵다는 것이다.

그리고 한 명제의 자체일관성에 관해서도 약간의 의문이 제기된다. 만약에 그 명제의 분석이 애매한 구석이 있는 것이라면, 더 완벽한 분석이 가해지면 오류가 드러나게 될 것이라는 가능성이 항상 남아있기 때문이다. 동일한 의문이 4번째의 기준, 즉 외적 일관성의 기준에도 적용될 것이다. 이 경우에는 우리는 精査의 대상이 되고 있는 명제를 참이라고 인정된 다른 명제들과 비교하게 된다.

案 **3-5** "A가 B에 일치한다"(A conforms B)라고 할 때 우리의 분석은 세가지 과정에 다 적용되어야 한다. 첫째는 A자체의 분석이요, 둘째는 B자체의 분석이요, 셋째는 일치의 과정 그 자체의 분석이다. 화이트헤드는 항상 이런 명제에 있어서 전통적으로 A와 B를 아무 분석이 없이 그냥 받아들인데서 문제가 있었다고 말하고 있는 것이다. 유기체철학은 우리가 상식적으로 받아들이고 있는 모든 것이 새롭게 검토되어야한다고 주장한다.

제4의 기준에 관해서 우리는 이와 같은 얘기를 해 볼 수 있을 것이다. "예수가 죽었다 살아났다"라는 명제가 참이라해도, 또 동시에 "이 지구상에 존속한 모든 사람은 예외없이 죽었고 다시 살아나지 않았다"라는 명제가 일반적으로 참인 것으로 받아들여지는 명제라고 한다면 이 명제와의 일관성의 문제를 정직하게 따져봐야 할 것이지만, 이 경우에도 "예수가 죽었다 살아났다"라는 명제와 "모든 사람은 죽기만 한다"라는 명제 자체의 분석이 선행되어야 하기 때문에 항상 결정적인 결론에 이르는 것은 참으로 어려운 난제라는 것이다.

3-6 It is obvious that if the first two criteria were capable of easy determination nothing else would be wanted. Also if the first four could be decisively determined, the fifth criterion would be unnecessary. But this last criterion is evidently a procedure, to remedy the difficulty of judging individual propositions, by having recourse to a system of ideas, whose mutual relevance shall lend to each other clarity, and which hang together so that the verification of some reflects upon the verification of the others. Also if the system has the character of suggesting methodologies of which it is explanatory, it gains the character of generating ideas coherent with itself and receiving continuous verification.

The whole point of the fifth criterion is that the scheme produces a greater understanding of the world, including the better definition of ideas and the more direct analysis of immediate fact. A single proposition rests upon vague apprehensions: whereas a scheme of ideas provides its own measure of definiteness by the mutual relatedness of its own categoreal methods.

譯 **3-6** 위의 기준들에 있어서 처음의 두 기준이 쉽게 결정될 수만 있다면 나머지는 실상 더 바랄게 없다는 것 또한 명백하다. 또한 위의 4기준이 단정적으로 결정될 수 있다고만 한다해도 5번째의 기준은 불필요하게 될 것이다. 그러나 이 마지막 5번째의 기준은 개개의 명제들을 판단하는 어려움을, 하나의 전체적 관념들의 체계에 호소함으로써 구제할 수 있는 명백한 하나의 절차이다. 이 관념들의 관련된 상호적인 타당성은 서로를 명료하게 만들 것이며, 그리고 이것들은 서로 한데 유기적으로 뭉쳐있어서 하나의 검증은 또하나의 검증으로 반영되어 갈 것이다. 또한 그 체계가 스스로 설명적인 방법론을 제시할 수 있는 성격의 것이라면, 그것은 그 자체와 정합적이고 또 계속적인 검증을 받는 관념들을 생산하는 성격을 획득하게 되는 것이다.

다섯번째 기준의 전적인 의미는, 그 도식(the scheme)이라는 것이야말로, 관념들의 더 나은 정의와 즉각적인 사실의 보다 직접적인 분석을 포함하여, 이 세계의 보다 훌륭한 이해를 창출한다는 것이다. 하나의 단순한 명제는 매우 모호한 파악에 머물고 있다: 그렇지만 여러 관념들의 한 도식이라는 것은, 그 자신의 범주적 방법의 호상적 관련성에 의하여 그 자신의 구체성의 척도를 제시하는 것이다.

案 3-6 이 단을 명확히 이해하기 위해서는 3-4에서 제시한 기준에서 5번째의 기준, "논리적 도식의 상태"라는 말을 잘 이해할 필요가 있다. 여기서 중요한 말은 "도식"(scheme)이라는 말인데, 이 도식은 궁극적으로 복합적인 구조를 가진 인식의 체계인 것이다. 그리고 그 복합적 구조는 그 아래 4개의 조건을 동시에 만족시키는데서 발생하는 것이다.

그것은 개별적인 판단의 어려움을 치료한다. 그것은 복합적인 관계의 상호타당성을 통하여 어떠한 관념의 명료성을 제고시키며, 하나의 검증이 또 다른 검증으로 유도되게끔 인도해준다. 개별적 판단이 모호한 일회적 사건으로 끝날 수 있는데 반하여 이 "도식"이라고 하는 것은 하나의 체계이며, 그 체계는 그 자체로써 설명적인 방법론을 암시하며 또 끊임없이 일관된 관념들을 생산하는 능력을 가지고 있다.

이 "도식"은 우리가 살고 있는 세계를 더 잘 이해할 수 있게 해준다. 하나의 고립된 명제가 모호한 파악에 근거한다면, 관념들의 한 도식은 자기 자신의 범주적 방법들의 상호관련성에 의하여 그 구체성의 기준을 제공하는 것이다.

개인이 고립되어 있을 때는 망막하다. 그런데 여러명이서 서로 일치되는 생각을 내어 경험과 충돌하지 않고 어떤 방법을 산출할 때 우리는 집단으로서 외롭지 않고 구체적이 되며 보다 생산적일 수 있고 활동적일 수 있다. 명제도 마찬가지다. 명제들이 모여 하나의 체계를 이룰 때, 그 체계를 통해 우리는 구체적으로 우리가 살고 있는 세계를 이해할 수 있게 되는 것이다.

3-7 It is by their emphasis of schemes of thought that the Greeks founded the various branches of science, which have remade civilization. A proposition which falls within a scientific scheme is accepted with surprisingly slight direct verification. For example, at the present time we all accept the famous doctrine of the shift of the spectral lines. But so far as direct evidence is concerned, there are some experiments on rays from the sun, with very dubious interpretations, and the clearcut instance of the light from the dark companion of Sirius. There are millions of untested stars, apart from the question as to whether the same star will always give the same effect. But no one doubts the doctrine because it falls within the reigning scientific scheme. The importance of the scheme is illustrated by imagining some occurrence which does not fall within any scheme. You go to a strange foreign country, and among your first observations on your first day is that of a man standing on his head. If you are cautious, you will refrain from generalizing on the propensity of the

inhabitants to stand on their heads; also half your
friends will disbelieve you when you mention the
incident. Yet your direct evidence is comparable to that
respecting the shift of the spectral lines.

譯 **3-7** 희랍인들이 인류의 문명을 재건한 다양한 과학의 분야들을 창조할 수 있었던 것은 바로, 이 사고의 도식의 강조에 의한 것이었다. 과학적 도식의 범위안에 들어오는 명제는 놀라웁게도 직접적인 검증을 거의 거치지 않고 받아들여진다. 예를 들면, 현재로서 우리는 그 유명한 스펙트럼선의 쉬프트(치우침)설을 이의없이 받아들인다. 그러나 직접적인 증거를 대라고 한다면, 태양으로부터의 방사선에 관하여 애매모호한 해석을 동반한 약간의 실험과, 시리우스의 암반성(暗伴星)에서 오는 빛에 관한 명료한 실례가 있을 뿐이다. 그러나, 동일한 별에서 항상 동일한 효과를 낼 것인지에 관한 의문은 차치하고서라도, 수백만의 전혀 검증되지 않은 별들이 존재한다. 그럼에도 불구하고 아무도 그 스펙트럼 쉬프트설을 의심하지 않는다. 그것이 현재 지배적인 과학적 도식안에 들어있기 때문인 것이다. 이 도식의 중요성은 어떠한 도식에도 들어오지 않는 예외적인 사태를 상상할 때 예시되는 것이다. 그대가 지금 어떤 낯선 외국에 여행을 간다. 그리고 그대가 첫날에 처음 관찰한 사실중의 하나가 물구나무 서있는 사람이었다. 그대가 만약 주의 깊은 사람이라면, 그 나라의 주민들이 거꾸로 서있는 성향에 관하여 일반화하는 것을 삼가 할 것이다: 또한 그대가 그 사건을 언급할 때 거개의 그대의 친구들은 그대의 말을 믿으려하지 않을 것이다. 그 나라의 사람들이 거꾸로 서 있다고 하는 그대의 직접적 증거나 스펙트럼선의 쉬프트에 관한 직접적 증거는 실상 크게 다를 바가 없는 것이다.

案 **3-7** 진동, 파동현상에 있어서 어떤 **量** x의 시간적 혹은 공간적 변동을 **正弦關數**적 성분으로 분해했을 때, 각 성분의 강도의 조직을 x의 스펙트럼이라고 부른다. 빛의 스펙트럼분해는 뉴톤이 1666년에 일광을 프리즘으로 분해하여, 빨·주·노·초·파·남·보의 **色帶**를 관측한 것으로부터 출발한다. 여기서 말하는 스펙트럼선의 쉬프트(치우침)란 빛띠선이 있어야 할 곳에 있지 않고 한쪽으로 치우친 모습으로 나타나는 것을 말하는데, 예를 들면 그 빛띠선이 빨간쪽으로 치우쳤다는 것은(red shift) 그 별이 우리로부터 멀어지고 있다는 것을 의미하는 것이다. 화이트헤드가 이 책을 쓸 때는 이 설이 막 태동되었을 초기단계며 지금은 먼 별의 레드 쉬프트가 대체적으로 수용되고 있다. 별에서 발산하는 빛의 관측으로 별의 여러 성질, 성분, 속도, 온도 등을 알아낼 수 있다.

하나의 **事象**의 직접적 증거가 그 사상과 관련된 기타 **他**사상의 일반적 성향의 명증으로 비약될 수 없음을 경고하고 있다. 그럼에도 불구하고 사변이성은 하나의 도식을 생산하는데 그 주요한 기능을 달성한다.

희랍인들이 인류문명을 재건하게 한 위대한 과학의 다양한 분야들을 확립할 수 있었던 것은 바로 이 "사고의 도식"의 강조때문이었다. 그럼에도 불구하고 화이트헤드는 이 사고의 도식의 위대성의 지적과 동시에 그 폭력성을 말하고 있는 것이다. 그 도식이 일단 지배적인 것이 되면, 그 도식의 범위 안에 들어오는 명제들은 별다른 검증이 없이도 무조건 수용되는 폐단이 있다는 것이다. 예를 들면, 레드 쉬프트(red shift)에 관해서도 그 직접적 증거는 아주 미약한 몇개의 사례에 그침에도 불구하고 그것은 전폭적으로 의심할 바 없는 것으로 수용되고 있다는 것이다. 그것은 마치 어느 섬에 놀러갔다가 처음 어느 섬사람이 거꾸로 서 있는 것을 관찰했다해서 그 섬사람은 모두 거꾸로 서서 산다고 일반화시키는 것과 같은 오류라는 것이다.

3-8 The production of a scheme is a major effort of the speculative Reason. It involves imagination far outrunning the direct observations. The interwoven group of categoreal notions which constitute the scheme allow of derivative extension by the constructive power of deductive logic. Throughout the whole range of these propositions respecting the interrelations of the forms of things, some of them allow of direct comparison with experience. The extent of its conformity or non-conformity with observed fact can thus be explored. A scheme which, for a time at least, is useless methodologically, is one which fails to yield these observable contacts with fact.

譯 **3-8** 한 도식의 생산이야말로 사변이성의 가장 중요한 업무에 속하는 것이다. 도식이란 직접적 관찰의 범위를 훨씬 넘어서는 상상력의 세계를 포섭한다. 그 도식을 구성하는 범주적 관념들의 상관된 일군의 조직은 연역적 논리의 구성적 힘에 힘입어 파생적인 확대를 허용한다. 사물들의 형식들의 상관성에 관한 이러한 명제들의 전체적 범위 속에서 약간의 명제들은 우리의 경험과의 직접적 대비가 허용될 수 있다. 그러기 때문에 그 명제가 관찰된 사실과 일치하느냐 일치하지 않느냐 하는 그 범위가 탐구될 수 있는 것이다. 그러므로, 최소한 당분간은, 방법론적으로 쓸모가 없는 하나의 도식은 사실과의 관찰될 수 있는 만남을 생산하는데 실패한 도식인 것이다.

案 **3-8** 여기 "도식"(scheme)이라는 말이 계속 나오는데 이 도식의 화이트헤드적 정의는 궁극적으로 상식적인 것이고, 또 화이트헤드에게 있어서 오리지날한 것이지만, 그 원형은 역시 임마누엘 칸트의 "쉐마"(Schema)에서 찾을 수 있지 않을까 생각한다. 물론 칸트의 쉐마는 어디까지나 그 족보가 "선험적"(transcendental)인데 있지만, 화이트헤드의 스킴은 궁극적으로 현상내재적이며 자기초월적인 것이다. 따라서 스킴은 유동적이며 직접적으로 명백한 것을 끊임없이 초월하는 것이며 또 실험적인 모험(experimental adventure)을 포기하지 않는 것이다.

칸트에 있어서 쉐마란 오성의 범주와 현상적 사물의 형상을 연결하는 중간자적인 도식이다. 삼각형의 개념에 해당되는 쉐마를 소유함으로써 우리는 삼각형이라는 말이 적용되는 다양한 사물을 시각화할 수 있게 되는 것이다. 그러니까 쉐마란 이미지 자체가 아니며 그러한 이미지를 형성하거나, 모델을 구성할 수 있는 인간의 능력이다. 오성의 순수개념들은 구체적 형상으로 구현될 수 있는 연결고리가 순수한 것이다. 그러므로 오성의 순수개념은 현상적 사물과 직접적 관련이 없다. 그러니까 이 "선험적 쉐마"라고 하는 것은 시간의 선험적 한정(transcendental determination of time)이며, 그것은 시공적 구체화(spatiotemporal specification)라고 할 수 있다. 그러니까 선험적 쉐마는 순수범주의 경험적 짝과도 같은 것이다. 감각적 개념에의 상응성을 소지하지 않는 범주란 완전히 무의미한 것이며 그것은 순수한 추상에 불과하다. 이 도식화(schematization)작업은 우리의 상상력의 소산이다. 쉐마는 경험과 오성을 연결하는 중매자적 표상이며 그것은 지성적(intellectual)인 동시에 감성적(sensible)인 것이다.

화이트헤드에 있어서 "사변철학"(Speculative Philosophy)이란 우리의 경험의 모든 요소들이 설명되어질 수 있는 포괄적 맥락에서, 정합적이며 논리적이며 필연적인 일반관념의 체계를 구성하려는 노력을 말한다. 따라서 사변철학에는 두개의 측면이 있는데, 그 한 측면이 합리적 측면이며, 또 한 측면이 경험적 측면이다. 합리적 측면(rational side)은 "정합적" (coherent) "논리적"(logical)이란 말로 대변되며, 경험적 측면이 "적용될 수 있는"(applicable) "적합한"(adequate)이란 말로 대변되는 것이다. 바로 화이트헤드가 말하는 스킴, 즉 철학적 도식이란 이 경험적 측면과 합리적 측면을 결합하는 것이며 그런 의미에서는 칸트의 쉐마적 맥락과 상통하는 바가 있다. 관찰된 경험의 텍스쳐는 그것이 철학적 도식을 예시하는 것인 한에 있어서는 모든 관련된 경험이 동일한 텍스쳐를 나타내어야 하는 것이다. 이러한 보편성에 내재하는 필연성이야말로 여기서 화이트헤드가 말하는 도식의 개념이다. 그리고 이러한 도식은 궁극적으로 논리학자가 말하는 참과 거짓이라는 양자택일적인 척도에 귀속되는 것이 아니다. 그것은 인간의 에로틱한 상상력과 관련되는 것이다. 그러나 이 도식은 정합적인 추론을 위하여 최대한의 정확성과 명료성을 확보해야하는 것이다.

칸트가 말하는 쉐마는 그가 든 예를 보아도 그것은 단어적인 것이다. 실체, 인과, 가능, 현실, 필연 등등의 한 개념의 도식이다. 허나 화이트헤드가 말하는 도식은 우리 사변이성의 체계를 말하는 것이며 매우 복합적인 문장적인 것이다. 그러나 양자가 경험과 선험을 매개하는 중개적 역할을 한다는 의미에서는 상통하는 것이다. 이러한 지식을 가지고 다음에 전개되는 화이트헤드의 말을 되씹어보는 것이 좋을 것이다.

이 문단에서 마지막의 "for a time at least"라는 말을 주목할 필요가 있다. 이것은 하나의 도식이 현재로서 쓸모가 없다고 해서 꼭 쓸모가 없는 것은 아니라는 것을 시사한다. "현재로서 쓸모가 없다"고 하는 것은 현재 그 도식이 관찰될 수 있는 "사실과의 일치성"을 결여하고 있다는 의미가 되는 것이지만, 그것은 앞으로도 얼마든지 사실로서 입증될 수 있는 가능성을 소지하는 것이다. 우리에게 중요한 것은 그 도식자체의 일관성과 경험성과 방법성의 가능태인 것이다.

3-9 An abstract scheme which is merely developed by the abstract methodology of logic, and which fails to achieve contact with fact by means of a correlate practical methodology of experiment, may yet be of the utmost importance. The history of modern civilization shows that such schemes fulfil the promise of the dream of Solomon. They first amplify life by satisfying the peculiar claim of the speculative Reason, which is understanding for its own sake. Secondly, they represent the capital of ideas which each age holds in trust for its successors. The ultimate moral claim that civilization lays upon its possessors is that they transmit, and add to, this reserve of potential development by which it has profited. One main law which underlies modern progress is that, except for the rarest accidents of chance, thought precedes observation. It may not decide the details, but it suggests the type. Nobody would count, whose mind was vacant of the idea of number. Nobody directs attention when there is nothing that he expects to see. The novel observation which comes by chance is a rare accident, and is usually wasted. For if there be no scheme to fit it into, its significance is lost. The way of thoughtless nature is by waste—a million seeds, and one tree; a million eggs, and one fish. In the same way, from a million observations of fact beyond the routine of human life it rarely happens that one useful development issues.

譯 **3-9** 논리의 추상적 방법론에 의하여 단순하게 개발된 추상적 도식, 그리고 그 도식이 상관된 실험의 실제적 방법론의 수단에 의하여 사실과 상응되는 통로를 확보하지 못했다하더래도, 그것은 엄청나게 중요한 의의를 갖는 것이다. 인간의 근대문명의 역사는 그러한 도식이 야말로 솔로몬의 꿈의 약속, 즉 우주의 신비의 열쇠의 약속을 이행시켜준다는 것을 말해주고 있다. 우선 그러한 도식들은, 이해 그자체로 만족하려고 하는 사변이성의 특별한 요구를 만족시킴으로써 인간의 삶을 풍요롭게 한다. 둘째로, 이러한 도식들은 각 세대가 다음에 이어질 세대들을 위하여 신용으로 담보하고 있는 관념의 자본을 나타내는 것이다. 한 문명이 그 문명의 소유자들에게 부과하는 궁극적인 도덕적 요구는 그 소유자들이 그들이 이득을 본 잠재적 발전의 이 자산을 반드시 후계자들에게 전수하거나 또 그것에 보태야 한다는 것이다. 근대적 발전에 깔린 하나의 주요한 법칙은, 아주 희소한 예외적 우연을 제외하고는, 인간의 사유가 관찰에 선행한다는 것이다. 사유는 아주 세부적인 것까지는 규정하지 않을 지 모르지만 그것은 그 전체의 모습을 암시한다. 한 인간이 도무지 수의 관념을 소지하고 있지 않다면 그 인간은 셈을 하지 않을 것이다. 한 인간이 도무지 무엇을 쳐다보려는 기대라고 할 것을 전혀 가지고 있지 않을 때 그 인간은 무엇을 주목하는 짓을 하지 않을 것이다. 우연적으로 발생하는 기발한 관찰이란 아주 드문 사건이며, 그것은 보통 無用化되는 것이다. 그 관찰에 상응하는 어떤 도식도 존재하지 않을 때, 그것의 의미는 상실되는 것이다. 무심한 자연의 방법이란 이런 無用化의 낭비의 방법이다. 백만개의 씨가 뿌려져서 하나의 나무가 살아나고, 백만개의 알이 부화되어 고기 한 마리가 성장한다. 이와 똑같은 방식으로, 인간 삶의 상식적 궤도를 넘어서는 백만번의 사실의 관찰로부터 단 한번의 유용한 발전적 결말이 도출된다는 것도 실상 기대키 어려운 것이다.

案 3-9 여기서 과연 화이트헤드가 말하는 "도식"의 의미가 무엇인지, 그 구체적 맥락이 확연히 드러날 것이다. 인간의 문명의 축적의 역사를 이 도식이라는 자본의 전승으로 보는 그의 혜안은 참으로 놀라운 것이다. 우리가 흔히 말하는 "전통"(tradition, heritage)이라고 하는 것에 관하여 이 단에서 말하고 있는 "관념의 전승에 대한 도덕적 요구"라는, 이 기발한 한마디 이상의 정확한 정의를 찾기 어려울 것이다. 문명이란 이와같이 관념을 소유한 자들의 도덕적 의식속에서 절차탁마되면서 최선의 결말을 향해 진화해온 것이다.

여기서 가장 중요한 것으로 기억해야할 한마디는 바로 "사유가 관찰에 선행한다"는 이 결정적 언급이다. 바로 사유가 선행하기에 형이상학이 가능하고 우주론이 가능하며 또 인류의 관념의 모험의 역사가 가능했던 것이다. 요즈음의 실증주의적 경향이나 실험주의적 강요가 이러한 사유적 도식의 가능적 발전을 질식시키는 폭력을 감행하고 있는 사태는 참으로 개탄스러운 것이다.

기철학적 세계관에 기초한 체질의학(Constitutional Medicine)의 사례를 일례로 들어보자! 현재 체질의학에서 말하는 "체질"(Constitution)의 개념은 현대과학의 다양한 분야, 의학, 심리학, 인류학, 인문지리학 등의 분야에서 매우 유용한 개념적 장치가 될 수 있다는 것을 부정할 수는 없다. 허나 현재로서는 체질을 분류할 수 있는 객관적인 기준, 그 방법론적 정확성이나 반복가능한 경험적 데이타가 실험적으로 제시되어 있질 않다. 따라서 실증주의적 방법이나 실험주의적 방법을 고집하는 사람들은 체질의학의 가능성 그자체를 인정할 수가 없다. 하등의 유용한 인식의 근거나 지식의 내용을 전달하지 않는다는 것이다. 그러나 그러한 실험적 명증성과 무관하게 체질은 사유적으로 이미 도식화되어 있으며, 그러한 도식에 의해 인간의 몸에 일어나는 사태를 인식할 때 지극히 명료한 분류 범주들이 생겨난다.

예를 들면 아토피성 피부염(atopic dermatitis)이라는 매우 고질적인 질환이 있다. 서양의 피부과의사들은 이것을 단지 피부염(dermatitis)의 일종으로 간주하고 피부의 염증을 해소하는 약을 쓰려 할 것이고, "태열"이니 하는 애매한 개념으로 얼버무릴 뿐이다. 피부염이라는 과학적 규정이 전혀 그 과학성을 발휘하지 않는 상황인 것이다. 그런데 체질의학에서는 이 아토피성 피부염이라는 증세는 금양체질(Pulmotonia)에 고유한 체질적 증상으로, 육식을 금한다든가 하는 체질론적 치료방법(dietary method)으로, 그리고 금양의 부계염증방의 복합적 구성에 의한 침술(acupunctural treatment)로써 깨끗이 완치될 수 있다. 이러한 치료의 효과에 대한 검증에 앞서 우리는 체질의학적 사유가 이미 몸의 이벤트를 인식하는 구조적인 도식을 확보하고 있다는 이 사실을 우선 주목하여야 한다. 그리고 그 도식의 사실과의 상응여부에 앞서 그 도식자체의 정합성과 논리성을 검증해야 할 것이다. 이러한 정합성과 논리성이 검증될 때에는 그것의 경험과학으로서의 가능성은 항상 열려있는 것이다. 現存하는 방법론의 제약 때문에 그 새로운 과학의 가능성 그 자체를 거부할 수는 없는 것이다. 과학의 진보의 전환점은 수없이 낭비되는 관찰이 아니라 정합적인 사유의 도식이다. 이러한 맥락에서 우리는 사유가 관찰에 선행한다는 명언을 되새겨야 할 것이다.

여기서 말하는 "솔로몬의 꿈"(the dream of Solomon)은 앞 2-3에서 이미 언급한 바와 같이 중세기 연금술사나 교부들에 의하여 추구되었던 이상이며 매우 포퓰라했던 관념이었다. "clavis universalis"라고도 불리우는 이 꿈은 우주의 모든 원리가 통합되는 단 하나의 암호같은 것이며, 이 우주의 신비를 푸는 열쇠와도 같은 것이다. 토마스 아퀴나스의 스승이며 중세기 아리스토텔레스철학의 집대성자인 알버투스 마구누스(Albertus Magnus, c. 1200~1280)와 같은 이들도 이 솔로몬의 꿈을 추구하였다. 화이트헤드는 이 말을 상징적으로 사용한 것이며 그에게 있어서는 실천이성과 사변이성의 결합을 상징하는 것이다.

"무심한 자연의 방법이란 無用化의 낭비의 방법"이라는 재미있는 말도 老子가 말하는 "天地不仁"이라는 말과 관련해서 되씹어 봄즉도 할 것이다. 다음에 나오는 아시아 문명의 정체성에 관한 비판도 老子사상의 "自然"(스스로 그러함)사상의 철저성이 관념적 도식의 생산을 거부했다는 사실과 관련지어 이해할 수도 있을 것이다.

3-10 The comparative stagnation of Asiatic civilization after its brilliant development was due to the fact that it had exhausted its capital of ideas, the product of curiosity. Asia had no large schemes of abstract thought, energizing in the minds of men and waiting to give significance to their chance experiences. It remained in contemplation and the ideas became static. This sheer contemplation of abstract ideas had stifled the anarchic curiosity producing novelty. Speculation had faded out of Reason. Millions had seen apples fall from trees, but Newton had in his mind the mathematical scheme of dynamic relations: millions had seen lamps swinging in temples and churches, but Galileo had in his mind his vaguer anticipation of this same mathematical scheme: millions had seen animals preying on each other, vegetables choking each other, millions had endured famine and thirst, but Charles Darwin had in his mind the Malthusian scheme. The secret of progress is the speculative interest in abstract schemes of morphology. It is hardly realized for how long a time such abstract schemes can grow in the minds of men before contact with practical interests. The story of the development of mathematical physics has been told and retold, but its moral is so overwhelming that it must never be allowed out of sight.

譯 3-10 아시아 문명이 그렇게도 찬란한 발전후에 비교적으로 정체에 머물러 있다는 것은 인간의 호기심의 산물인, 관념의 자본을 탕진해버렸다는 사실에 기인하는 것이다. 아시아문명은 인간의 심령을 활성화시키고, 사람들의 우연한 경험에 새로운 의미를 부여하려고 대기하고 있는 그러한 추상적 사유의 거대한 도식을 상실하였다. 아시아문명은 묵상속에만 안주하였고, 그들의 관념은 靜的인 것이 되어버렸다. 추상적 관념의 단순한 묵상은 새로움을 출현시키는 무질서한 호기심을 질식시켜버렸다. **사변**이 **이성**으로부터 사라져버린 것이다. 수백만의 사람들이 사과가 나무로부터 떨어지는 것을 보아왔다. 그러나 뉴톤만 그의 심령 속에 역학적 관계에 관한 수학적 도식을 가지고 있었던 것이다: 수백만의 사람들이 절깐에서 교회에서 램프가 시계불알처럼 흔들리는 것을 보아왔다. 그러나 갈릴레오만이 그의 심령속에 이 동일한 수학적 도식의 보다 막연한 기대를 품고 있었다: 수백만의 사람들이 동물들이 서로를 뜯어먹고 식물들이 서로를 질식시키는 사실을 관찰해왔으며, 수백만의 사람들이 기근과 갈증을 인내해왔으나, 오로지 찰스 다윈만이 그의 심령 속에 말사스적인 도식을 소유하고 있었던 것이다. 진보의 비밀이란 바로 현상적 형태의 추상적 도식에 관한 사변적 관심이다. 그러한 추상적 도식이, 실용적 관심과 짝지어지기 이전에, 얼마나 긴 시간을 걸려 인간의 심령 속에서 자라왔어야 했는지 그것을 사람들은 눈치채지 못한다. 수리 물리학의 발전의 역사는 이야기되어지고 또 이야기되어진 것이지만, 그 역사의 배면에 숨은 수리 물리학의 도덕적 공로는 참으로 위대한 것이며 우리는 그것을 쉽게 잊어버려서는 안되는 것이다.

案 **3-10** 화이트헤드가 여기 "comparative"라는 말로써 매우 점잖은 표현을 쓰고 있지만, 사실 아시아문명의 정체는 사실이며 진실이다. 화이트헤드의 인식은 헤겔이 『역사철학』에 말하고 있는 "지속" "정체"의 개념과 근본적으로 다른 것이다. 헤겔은 동양문명의 본질에 대한 근원적 무지와 멸시감에서 아주 전면적으로 발전의 가능성을 묵살시킨 것이며 그 반면으로 서구문명의 우위를 입증하려한 것이다. 이러한 동양문명에 대한 헤겔의 규정을 중국에 국한시키고, 상대적으로 일본문명의 발전적 우위를 입증하려한 마루야마 마사오의 논의도 근원적으로 헤겔몽매주의의 일환에 지나지 않는다. 그 천황제적 정체성을 말한다면, 또 그 질서일변도의 연속성을 말한다면 일본 사회처럼 "지속적인 왕국"도 드물다는 역설이 가능할 것이다.

화이트헤드가 여기서 말하는 아시아문명의 정체성은, 비록 그것이 약간의 편견을 내포하고 있지 않다고만 말할 수 없어도, 아시아문명에 대한 비판적 타자화이기전에, 아시아문명의 주체인 우리 자신이 공감해야할 우리내재적인 측면이라 해야할 것이다. 화이트헤드의 지적의 적확성은 바로 그 추상적 사유의 보편적 도식, 그러면서도 끊임없이 새로운 경험을 해석할 수 있는 보다 일반적이고 발전적인 도식이 결여되어있다는 사실의 지적에 있다. 이것은 바로 정체성의 구체적 인식방법을 제시한 것이다. 예를 들면 秦漢之際에 음양가의 도식과 오행가의 도식의 결합이 이루어지면서 그것이 漢帝國文明의 모든 측면을 지배하는 우월적 인식방법으로 정착되었지만, 그 인식방법이 새로운 사실의 관찰을 허용하거나 그 도식의 근원적 파기를 허용하는 방식으로 발전되는 가능성이 봉쇄된 채 정체되고 말았다는 것이다. 이러한 음양오행의 도식이 漢代에 성립하면서 人體의 寒·熱, 虛·實, 表·裏, 陰·陽, 上·下, 左·右 등의 辨證이 성립하면 그 이후의 모든 인식방법은 이 막연하게 추상적인 도식의 해석적 범주의 악순환적 미궁 속을 헤어나오지 못하고, 그 변증의 카테고리에 들어오는 사태만을 지금 21세기에까지 고집하고 있는 현실이 바로 아시아문명의 정체성인 것이다. 이러한 팔강변증이 아무리 서양의학의 한계성에 의하여 새로운 도식으로 인식된다 하더라도 그 도식의 정체성은 여전히 사기칠 수 없는 사실로 남는다. 제아무리 정약용의 『周易四箋』이 기존의 역학의 도식을 초월한 측면이 있다하더라도 그것은 전통적 象數之

學과 義理之學의 틀을 근원적으로 파기하는 것이 아니다.

그런 의미에서 우리가 21세기 문턱에서 깊게 상고해야 할 것은 전통적 도식의 새로운 맥락에서의 인식이나 재해석이 아니라, 그 도식을 성립시킨 언어의 의미론적 체계내에서 완벽히 새로운 통사론을 성립시키는 것이다. 이러한 측면에서 최한기는 정약용을 한발자욱 앞섰으며, 이제마는 최한기의 도식을 근원적으로 초극한 것이다. 그리고 권도원의 도식은 이제마의 도식의 발전이 아니라 해체로 이해되어야 한다. 다시 말해서 서구인들이 이해 못하는 의미론의 체계 속에서, 정체라고 규정할 수 없는 새로운 근원적 도약이 조선문명사에는 내재하고 있으며, 바로 이점이 조선사상사를 중국사상사나 일본사상사와 구별지우는 특징이라는 사실을 다시 한번 깊게 통찰해야 할 것이다. 진보의 비결은 현상적 형태를 추상하는 사변적 도식이다. 그리고 이것은 실리적 관심에 응용되기 이전에 이미 기나긴 세월을 통해 사변이성이 자신의 자족적 관심을 축적시켜온 도덕적 결과물이라는 것을 우리는 이해하여야 할 것이다. 다시 말해서 권도원의 체질의학만 해도 그것이 권도원이라는 개인의 우발적 창안이 아니라 漢代로부터 오늘날에 이르는, 『難經』으로부터 『東醫壽世保元』에 이르는 기나긴 사변이성의 추상적 관심의 집단무의식적 발로로서 이해되어야 할 것이다.

여기서 또 말하고 있는 순전한 묵상으로의 침잠과 같은 것은 唐代에 크게 盛行하여 이후 宋·明의 불교의 대세를 지배한 禪과 같은 것을 그 전범으로 꼽을 수 있을 것이다. 그러나 禪은 본시 坐禪이 아니다. 禪은 깨달음이요, 그 불립문자란 모든 언어적 도식의 파기다. 그렇다면 禪이야말로 과학의 잉태를 가능케하는 상상력의 자유라 말할 수도 있을 것이다. 실상 禪의 사상가들은 서양의 중세기 교부철학자들과는 비교도 될 수 없는 사고의 유연성을 과시했고 모든 독단으로부터의 해탈을 구가했다. 허나 禪이 이러한 유동적이고 상황적이고 자기초월적이며 모든 가능성에 대해 수용적인 성격을 지녔음에도 불구하고 또다시 靜寂의 정체로 퇴보한 것은 바로 禪의 사상에는 순수 추상적인 "수학적 도식"이 결여되어 있었다는 사실에 기인한다고 말할 수 있을 것이다. 禪은 분명히 과학적 사고를 유발시키는데 결정적 통찰을 제시할 수는 있을지 몰라도 과학적 세계를 구성하는 구체적 방법론을 결여한다. 그것이 禪의 空的 철저성이기도 하지만, 그것이 禪이 文明內에서 지니는 한계이기도 하다. 따라서 向後의 世紀에 있어서는 동양인의 心性에 있어서 禪과 科學의 결합은 아주 파우어플한 테마를 형성할 것이다. 다시 말해서 禪的 사고에 있어서 부족했던 量的 수리적 방법론이 흡수되고 난 후에는 禪的 사고의 바탕은 기존의 방법론의 독단에 구애되지 않는 사변의 유연성을 마음껏 발휘할 수 있도록 도울 것이 분명키 때문이다. 아마도 이점이 화이트헤드가 19세기 초엽에는 감지할 수 없었던 동양문명의 새로운 가능성이라고 다시 갈파되어야 할 것이다.

갈릴레오를 말하는 문장에서 "his vaguer anticipation of this same mathematical scheme"이라 한 것은 물론 진자(pendulum, 흔들이)의 운동을 두고 한 말이다. 그런데 진자의 운동도 중력과 같은 법칙에 의해 일어나는 것이므로 여기 "동일한 수학적 도식"이라고 말한 것이다. 그러나 갈릴레오의 시대에는 이 중력의 법칙을 수리적으로 기술할 수 있는 수학이 없었다. 그 수학이 바로 "미적분"이라는 것인데, 뉴톤은 아예 이 수학을 새로 만들어 진자의 운동을 설명하는데 성공했던 것이다. 그러니까 갈릴레오는 이러한 현상이 모두 수학적으로 기술될 수 있으리라는 막연한 기대만을 품고 있었던 것이다. 그것이 바로 여기서 말하는 "vaguer anticipation"이라는 뜻이다.

3-11 Consider the early stages of mathematics—a few technological dodges in Egypt about two thousand years before Christ. It was a minor element in a great civilization. About five hundred years before Christ, the Greeks initiated its theoretical development for the love of the theory. This was about four or five hundred after the date of Solomon's dream, the greatest prophecy ever made. The genius of the Greeks was shown by their clear divination of the importance of mathematics for the study of nature. The necessity for fostering the development of abstract morphology is illustrated by considering the state of the science of geometry at the commencement of the sixteenth century. The science had been studied for about two thousand years. It had been elaborated in great detail. But, allowing for some minor qualifications, nothing had come from it except the intrinsic interest of the study. Then, as if a door had suddenly opened, Kepler produced the first important utilization of conic sections, the first among hundreds, Descartes and Desargues revolutionized the methods of the science, Newton wrote his *Principia,* and the modern period of civilization commenced. Apart from the capital of abstract ideas which had accumulated slowly during two thousand years, our modern life would have been impossible. There is nothing magical

about mathematics as such. It is simply the greatest
example of a science of abstract forms.

譯 **3-11** 자아! 수학의 초기단계를 한번 생각해보자! 기원전 2천
년경의 에집트에서 출현했던 몇 개의 기술적 방안이었던 수학! 그
수학은 당대의 에집트라는 위대한 문명의 스케일에 있어서 아주 사소
한 요소였다. 그런데 기원전 5백년경, 희랍인들은 순수한 이론 그 자
체에 대한 사랑때문에 수학의 이론적 발전을 선취하기 시작했다. 이것
은 인간에게 현시된 가장 위대한 예언이었던, 솔로몬의 꿈이 나타난지
4·5백년 후의 사건이었다. 희랍인들의 천재성은 자연의 연구를 위하
여 수학의 중요성을 명료하게 예측해낸 선견지명으로 과시되는 것이
다. 추상적 형태학의 발전을 촉진시키는 것에 대한 필요성은 16세기가
시작될 즈음 기하학이라는 과학의 상태를 고찰하면 잘 예증된다. 이
기하학은 2천년동안이나 열심히 연구되어왔다. 그리고 아주 세부적인
데까지 정교하게 다듬어져 왔다. 그러나 약간의 사소한 예외를 인정한
다면, 아무것도 그 학문의 내재적 관심이외의 것은 기하학으로부터 생
겨난 것이 없었다. 그러던 것이, 갑자기 대문이 활짝 열린 듯이, 케플
러가 원추곡선의 수백가지 이용법 가운데 최초의 중요한 이용법을 제
시하였고, 데카르트와 데자르그는 과학의 방법들을 혁신시켰으며, 뉴
톤은 『프린키피아』를 저술하였고, 이리하여 봇물터지듯 문명의 근대기
가 발동되기 시작하였다. 2천년동안 서서히 축적되어온 추상적 관념의
자본이 없이는, 우리의 근대적 삶이라고 하는 것이 불가능했을 것이
다. 수학이라고 하는 것, 그것 자체로 어떤 마술적인 것이라곤 아무
것도 없다. 그것은 단순히 추상적 형식의 과학의 가장 위대한 표본일
뿐이다.

案 **3-11** 이 단의 언급에서 우리는 모든 도약적 사태의 배경에는 반드시 기나긴 축적의 과정이 숨어있다고 하는 매우 단순한 **定理**를 읽어낼 수 있다. 축적이 없는 개화란 불가능한 것이다. 여기서 우리는 또 다시 하나의 질문을 제기해볼 수 있다. 희랍인의 추상적 도식의 축적이 16세기에 갑자기 경험적 세계와 상응하는 어떤 법칙성으로 비약했다고 한다면, 그러한 비약이 **他**문명권에서는 불가능할 것인가?

일례를 들면, 기나긴 **氣**철학적 세계관의 축적이 새로운 과학의 발흥을 가능케 할 수 있을 것인가? 그러나 이러한 질문에 대한 핵심적 과제상황은 바로 수학의 유·무에 그 관건이 달려있다. 다시 말해서 우리가 던져야 할 질문은, 추상적 수학 전통의 축적이 없이도 새로운 과학의 발흥이 가능할 것인가? 하는 문제로 집약될 것이다. 이러한 질문에 대한 상식적 견해는 부정적이다. 그러나 수학적 전통이 흡수된 문명의 기초 위에서 어떠한 새로운 도식의 가능이 출현할 수 있을런지, 그것은 함부로 된 예측을 거부하는 사태이다.

데자르그(Girard Desargues, 1591~1661)는 불란서의 수학자이며 데카르트와 동시대의 사람이다. 그는 **射影**기하학(projective geometry)의 원리적 개념들을 창안하였다. 그의 원추곡선의 이론은 빠스칼에게도 영향을 주었고, 또 그는 음악작곡에 관한 이론서를 쓰기도 하였다.

3-12 The abstract theory of music is another such science: the abstract theory of political economy is another: and the abstract theory of the currency is another. The point is that the development of abstract theory precedes the understanding of fact. The instance of political economy illustrates another important point. We all know that abstract political economy has in recent years been somewhat under a cloud. It deals with men 'under an abstraction; it limits its view to the "economic man." It also makes assumptions as to markets and competition which neglect many important factors. We have here an example of the necessity of transcending a given morphological scheme. Up to a point the scheme is invaluable. It clarifies thought, it suggests observation, it explains fact. But there is a strict limit to the utility of any finite scheme. If the scheme be pressed beyond its proper scope, definite error results. The art of the speculative Reason consists quite as much in the transcendence of schemes as in their utilization.

譯 **3-12** 추상적 음악이론도 그러한 추상형식의 과학의 한 좋은 본보기다: 정치경제학의 추상적 이론도 또하나의 본보기다: 통화의 추상적 이론도 또하나의 본보기다. 이들에게 공통된 요점은 바로 추상적 이론의 발전이 사실의 이해에 선행한다는 것이다. 정치경제학의 사례는 또하나의 중요한 논점을 예시한다. 추상적인 정치경제학이 요즈음에 들어서는 별 신통치 않은 것으로 인식되어지고 있다는 것은 우리 모두가 잘 알고 있다. 정치경제학은 그 속성상 추상화시킨 인간만을 대상으로 삼는다; 즉 정치경제학은 그 관점을 "경제적 인간"이라고 하는 전제에 국한시키는 것이다. 그리고 그것은 많은 중요한 인간적 요소를 외면한 채, 시장과 경쟁에 관한 가설을 세우고 있다. 바로 여기에 우리는 주어진 형태론적 도식을 초극해야만 하는 필요성의 한 전형을 발견한다. 어느정도까지는 이 도식은 매우 소중한 것이다. 그것은 우리의 사유를 명료히 하며, 관찰을 암시하며, 사실을 설명한다. 그러나 어떠한 유한한 도식이든지 그 유용성에는 매우 정확한 한계가 있다. 그 도식이 그것의 적합한 범위를 넘어서서 적용될 때에는 반드시 오류가 결과되어진다. 그러므로 사변이성의 예술은 단지 도식의 활용에만 있는 것이 아니라 도식의 초극에도 *存*하는 것이다.

案 **3-12**   여기서 말하는 "정치경제학"(political economy)은 경제학의 옛이름이다. 그것은 17세기 군주국가의 문제들을 기술하기 위하여 개발된 것으로 국가세원의 제고와 국가의 일반 수입의 증대를 위한 학문으로 출발하였음으로 "정치경제학"이란 이름이 붙은 것이다. 아담 스미스가 그 포괄적 체계적 연구를 제시한 첫인물이라 말할 수 있는데, 그는 정치경제학을 "國富의 성격과 원인"(the nature and causes of the wealth of nations)에 관한 연구라고 규정하였다.

여기 화이트헤드가 "정치경제학"이라는 말을 사용하고 있는 것을 보아도 화이트헤드가 얼마나 고전적인 인물인가 하는 것을 짐작케한다. 즉 현대적 의미에서의 "경제학"이란 개념이 아직 정착되지 않았다는 것을 말해주기 때문이다. 그러나 경제학에 대한 화이트헤드의 언급은 역시 포괄적이며 담대하며, 현재 경제학자들이 언급하기를 회피하는 핵심적 문제를 건드리고 있다. 즉 경제학에서 다루는 인간은 평범한 총체적 인간이 아니라 "경제학적으로 추상화된 경제적 인간"이므로 그 추상화된 도식의 범주내에서만 예측되는 법칙적 현실이 인간의 총체적 삶의 양식과 동떨어진 것일 수도 있다는 것이다. 따라서 시장과 경쟁과 통화에 관한 많은 이론이 난무해도 인간의 가치의 세계를 다루지 않는한 그것은 아무런 예측가능성의 의미를 산출하지 않을 수도 있다는 것이다. 우리나라에 탁월한 경제학자가 얼마든지 있어도 IMF신탁시대와 같은 예기치못한 상황이 언제고 초래될 수 있다는 사실은 경제학이라는 학문의 현실적 무능성을 입증하는 꼴밖에는 되지 않는다. 경제학은 경제현상의 추상적 도식의 자체 내의 악순환일 수도 있는 것이다. 사변이성의 예술은 도식의 사용이 아니라 도식의 초월이라는 화이트헤드의 과정철학적 명언을 항상 깊게 생각해봐야 할 것이다.

　여기 "under a cloud"라는 표현은 "잘 들어맞지 않는다," "별 효용이 없다," "성공적이지 않다"라는 의미이다.

3-13 Mathematical physics suggests another reflection. We must dwell upon the extreme abstractness of the mathematical ideas involved. It is surprising that a scheme of such abstract ideas should have proved to be of such importance. We can imagine that an Egyptian country gentleman at the beginning of the Greek period might have tolerated the technical devices of his land surveyors, but would have felt that the airy generalizations of the speculative Greeks were tenuous, unpractical, and a waste of time. The obscurantists of all ages exhibit the same principles. All common sense is with them. Their only serious antagonist is History, and the history of Europe is dead against them. Abstract speculation has been the salvation of the world— speculation which made systems and then transcended them, speculations which ventured to the furthest limit of abstraction. To set limits to speculation is treason to the future.

譯 **3-13** 수리 물리학은 또 하나의 반성점을 시사한다. 관련된 수학적 관념의 극단적 추상성의 정체가 무엇인지 우리는 깊게 생각해봐야 한다. 그렇게도 추상적인 관념의 도식이 그렇게도 중요한 것으로 입증될 수 있었다는 것은 참으로 놀라운 것이다. 희랍시대의 초기에 한 에집트의 시골신사는 그의 땅의 측량기사의 기술적 방안들은 관용했을지 모르지만, 사변적인 희랍인들의 구름잡는 듯한 일반화는 하찮은 것이며, 비실용적이며, 시간의 낭비라고만 느꼈을 것이라는 것을 쉽게 상상해볼 수 있다. 모든 시대의 몽매주의자들은 동일한 원리를 과시한다. 상식의 전부가 그들에게만 독점되어 있다는 것이다. 그들의 유일한 진정한 반대자는 **역사**다. 유럽의 역사는 그들의 의지와는 정반대로 흘러갔다. 추상적 사변이야말로 세계의 구원이었다. 사변은 체계를 창조하였고 또 체계를 초월하였다. 사변은 추상의 극한까지 모험을 감행하였다. 사변에 제한을 설정한다는 것은 미래에의 반역이다.

案 **3-13** 이 단은 특별한 설명이 필요가 없이 화이트헤드의 언어의 맛 그대로 강력하다. 모든 몽매주의자들은 그들만이 상식적이며 자기외의 모든 사람들은 미친놈이라고 믿는다. 그런데 그러한 몽매주의자들의 유일한 **逆徒**는 역사다! 나 도올은 여기 반백년을 살아오도록 얼마나 지겹게 들었던가! 몽매주의자들의 음해적 언사를! "기인"이니, "미친놈"이니, "괴짜"니 하는 언어를 통해 그들의 몽매주의를 확인할 뿐이었으니, 그것이 나의 실존에 대한 개인적 모욕이라면 얼마든지 용납할 것이지만, 그러한 언사를 통해 우리의 후손들에게 몽매주의의 정당성을 영속화시키고, 나와 같은 지성의 모험의 여정을 후학들이 본받지 않도록 만드는 음험한 간계라는 것을 생각하면 추호도 관용의 여지가 없는 것이다.

여기에 든 "수리 물리학"의 예는, 위의 "정치 경제학"의 예와 그 추상성에 관한 태도에 있어서 상반되는 예가 될 수도 있다. 수학적 추상성이 현실적 함수를 무시하는 오류를 지적하든, 역으로 그 추상성이 인간의 사유를 개척해나가는 위대성을 예찬하든, 공통된 경계는 바로 몽매주의의 독단적 고착에 관한 것이다. 인간의 사유는 체계를 창조하고 또 그것을 끊임없이 초월해야 하는 것이다.

3-14 But the weaving itself requires discipline. It has to be kept in some relation to the general facts of this epoch. Cosmology is the effort to frame a scheme of the general character of the present stage of the universe. The cosmological scheme should present the genus, for which the special schemes of the sciences are the species. The task of Cosmology is twofold. It restrains the aberrations of the mere undisciplined imagination. A special scheme should either fit in with the general cosmology, or should by its conformity to fact present reasons why the cosmology should be modified. In the case of such a misfit, the more probable result is some modification of the cosmology and some modification of the scheme in question. Thus the cosmology and the schemes of the sciences are mutually critics of each other. The limited morphology of a special science is confessedly incapable of expressing in its own categoreal notions all forms which are illustrated in the world. But it is the business of a cosmology to be adequate. For this reason a cosmology must consider those factors which have not been adequately embraced in some science. It has also to include all the sciences.

譯 **3-14** 그러나 사변적인 체계를 짠다고 하는 것은 그 나름대로 工夫를 필요로 한다. 그것은 當代의 일반적인 사실과 어떤 연관을 지니지 않으면 안되는 것이다. 우주론이란 바로, 우주라는 무대의 현 시점에 있어서의 일반적 성격의 도식을 틀지우는 노력이다. 우주론적 도식은 반드시 그 類를 제공하는 것이어야 하며, 그것에 대해 제반과학의 특수도식들은 種이 되는 것이다. **우주론**의 과제는 이중적이다. 그것은 규율이 없는 단순한 상상의 탈선들을 방지한다. 하나의 특수한 도식은 當代의 일반적 우주론과 잘 맞아떨어지든가, 그렇지 않으면 사실과의 일치성에 힘입어 當代의 우주론이 왜 수정되어야 하는가 그 이유를 제시하든가 해야만 하는 것이다. 후자의 경우처럼 잘 맞아떨어지지 않는 경우에는 대부분 더 합당한 결론이란, 우주론도 약간 수정하고, 또 문제시 되고 있는 개별도식도 약간 수정해서 서로를 보완하는 것이다. 그렇게 되면, 우주론과 개별과학의 도식은 서로가 서로에게 대해 비판자가 된다. 한 개별과학의 제한된 형태학은 그 자신의 범주적인 관념 속에서는 이 세계에 예시되고 있는 모든 형태를 표현할 능력이 없음을 고백할 수밖에 없다. 그러나 이 모든 형태에 대해 적절하고자 하는 것은 한 우주론의 임무이다. 이러한 이유 때문에 우주론은 몇몇의 개별과학에서 적절하게 포섭되지 않은 이러한 요소들을 고려하여야만 한다. 그것은 또한 모든 과학을 포섭하는 것이 되어야만 하는 것이다.

案 **3-14**   화이트헤드가 이 글을 썼을 때, 그의 심령 한구석에는 뿌듯한 느낌이 있었을 것이다. 화이트헤드는 이미 『과정과 실재』라는 저술을 통해 "유기체철학"이라고 하는 자신의, 아마도 20세기에 유일한 것일, 자신의 우주론의 도식을 완성한 후였다. 이 단에서 밝히고 있듯이 "도식"의 성립은 그 궁극에 있어서 "우주론"의 성립으로 확충되어 나가지 않을 수 없다. 孟子가 말하는 "擴而充之"도 "塞於天地之間"한다는 浩然之氣도 결국 知的으로 그 실체를 말하자면 우주론의 구성을 의미하는 것이다. 우주론은 類요, 개별과학의 도식은 種이다. 이 양자는 서로를 보완하기도 하고 서로를 비판하기도 한다.

여기 우주론의 임무가 이중적이라 한 것은 배제와 포섭의 두 측면을 말한 것이다. 배제란 규율없는 상상력의 빗나감을 배제하는 것이고, 포섭이란 개별과학이 다루지 못하는 모든 형태를 포섭하는 것이다.

현재 포스트모더니즘의 주장은 인간의 사회가 더 이상 하나의 획일적 담론에 의해 지배될 수 없는 형태로 진화한다고 한다. 따라서 화이트헤드가 여기서 말하는 우주론과 같은 구상을 거부한다. 그것은 쓸모없는 "화이트 엘레판트"와도 같은 것이라고 말한다. 사실 화이트헤드는 바로 이와 같은 포괄적 우주론의 시도 때문에 20세기 사상가들에 의하여 비판의 표적이 되었고 시대착오적인 형이상학의 심포니로 퇴보했다고 비난의 대상이 되었다. 화이트헤드의 구상은 너무 심오하여 난삽하였고 너무 포괄적이래서 난해하였다. 인간의 상상력의 한계가 미치지 못하는 숭고한 경지까지 개척하였기 때문에 궁극적으로 이해될 수가 없었던 것이다.

허나 우주론의 구상이란 궁극적으로 상식적인 것이며 그 시대의 통념의 일측면을 있는 그대로 반영하는 것이다. 화이트헤드는 20세기의 상식을 반영한 것이다. 그러나 상식을 독점하는 몽매주의자들에 의하여 상식적이라는 이유로 그는 배척된 것이다. 우주론의 구상이란 그것이 너무도 어려운 시도이기 때문에 범용한 사상가가 미치지 못할 뿐이다. 다시 말해서 20세기의 모든 대중교육의 형태가 "사상가"의 출현을 거부하는 방식으로만 이루어져 온 것이다. 개별과학에 인간의 사유를 종속시킬 뿐이었다. 화이트헤드는 20세기에 저술을 했지만 그는 19세기 대영제국의 정통교육의 산물이었다.

포스트모더니즘이 하나의 획일적 담론이 지배하는 사회의 도래를 거부한다 하더라도 그러한 다양성의 담론의 축을 인정하는 또 하나의 우주론적 도식이 필요케되는 것이다. 따라서 우주론의 요청은, 요청되든 않든, 그것은 항존하는 것이며 각 시대의 常識 속에 내재하는 것이다. 退溪의 四七논쟁이나 聖學十圖의 담론도 하나의 우주론을 구성하려는 시도이며 東武의 四端辨證도 하나의 개별과학의 도식을 뛰어넘는 우주론적 도식이다. 한국인의 심성에는 우주론의 구성에 대한 끊임없는 도전의 전통이 강렬하게 존속되어 왔다는 사실을 우리 조선의 학도들은 새삼 상기하지 않으면 안된다. 그리고 자신의 능력의 부족을 핑계삼아 타인의 그 능력의 능가를 비난하는 졸렬한 심성의 인간이 되어서는 아니된다.

3-15 The dim recesses of experience present immense difficulties for analysis. The mere interrogation of immediate consciousness at one immediate moment tells us very little. Analytic power vanishes under such direct scrutiny. We have recourse to memory, to the testimony of others including their memories, to language in the form of the analysis of words and phrases—that is to say, to etymology and syntax. We should also consider the institutions of mankind in the light of an embodiment of their stable experience.

In the search for categorical notions sufficiently general to figure in a cosmological morphology, we must lay stress on those factors in experience which are "stable." By this it is meant that the discerning of them as illustrated in fact is not confined to a few special people, or a few special occasions. The illustration must rest on broad, widespread testimony.

Here a distinction must be made. The first discernment may be due to an exceptional man in an exceptional moment. But a secret which cannot be shared, must remain a secret. The categoreal forms should come to us with some evidence that they are widespread in experience. But we are now considering the main difficulty of the speculative Reason, its confrontation with experience.

譯 **3-15** 경험의 어둠컴컴한 구석은 참으로 분석의 대상이 되기에는 난감하다. 하나의 즉각적 순간에 즉각적으로 현시되는 의식을 단순히 심문한다는 것은 우리에게 아무런 정보도 전해주지 않는다. 그와 같은 직접적인 査察앞에서는 분석적 힘이란 사라져 버리고 만다. 우리는 우리자신의 기억에 의존하고 있고, 또 그들의 기억을 포함한 타인의 증언에 의존하고 있고, 또 단어나 구문의 분석의 형태 속의 언어, 즉 어원이나 문법에 의존하고 있다. 그뿐인가? 우리는 인간의 안정적인 경험의 구현체라는 맥락에서 인간의 제도들을 고찰해야만 하는 것이다.

우주론적 형태학을 구성하기에 충분히 일반적인 범주적 관념들을 찾아내기 위해서는, 우리는 앞서 "안정적"이라고 말한 경험 속에 있는 요소들을 특별히 강조하지 않으면 안된다. 여기서 "안정적"이라고 한 것은, 범주적 관념을 사실에 예시되어 있는 것으로서 식별하는 작업이 극소수의 특별한 사람들이라든가 희귀한 특별한 상황에 국한되는 것이 아니라는 것을 의미하는 것이다. 그러한 예시는 반드시 광범하고 폭넓은 증언에 의존해야하는 것이다.

　단 여기 하나의 차별적 단서가 필요하다. 물론 최초의 식별은 아주 예외적인 사람에 의하여 예외적인 순간에 이루어진 것일 수도 있다는 것이다. 그러나 공유될 수 없는 비밀은 단지 비밀로 남을 뿐이다. 범주적 형태들은 반드시 어떠한 명증을 가지고, 그것들이 우리의 일반경험속에 보편적이라고 하는 사실로서 우리에게 다가와야 한다. 그러나 우리는 지금 사변이성의 경험과의 대결이라고 하는, 사변이성의 가장 어려운 측면을 고찰하고 있는 것이다.

案 3-15　여기서 화이트헤드가 말하고 있는 것은 지극히 상식적인 것이다. 우리의 경험은 직접적 관찰이 불가능하다는 것이다. 바로 경험이 직접적으로 관찰가능하다고 믿은 것은 근세 계몽주의 인식론의 일반적인 오류에 속하는 것이다. 우리의 경험은 생각하는 것보다 매우 복잡한 것이며 복합적인 것이며 중층적인 것이며 거대한 것이다. 경험은 어떠한 경우에도 순수할 수 없다. 칸트가 말하는 "순수"(reinen)란 실제로 인간의 경험의 어떠한 측면에 있어서도 불가능한 것이다. 우리의 경험은 직접적 현시만 있는 것이 아니라, 나자신의 기억에 의존하며, 타인의 나자신에 대한 기억에 의존하며, 나의 경험을 구성하는 언어의 어원론이나 통사론에 의존한다. 그리고 나의 안정적 경험을 가능케하는 사회적 제도에 의존한다. 내가 대학생활에서 어떤 안정적·지속적 경험을 한다는 것은 바로 대학이라는 제도가 존속하기 때문에 가능한 것이다.

여기 "공유될 수 없는 비밀은 비밀일 뿐"이라고 하는 화이트헤드의 언어를 우리는 충격적으로 곱씹어보아야 한다. 체질의학의 발견은, 권도원이라는 탁월한 천재적 개인에 의하여, 어릴때부터의 자신의 개인적 병리에 관한 고찰로부터 아주 예외적 상황에서 영감적으로 이루어진 것이다. 그리고 그것은 현재 암까지를 확실하게 정복하는 임상적 성과를 올리고 있음에도 불구하고 아직까지도 권도원 개인의 비밀의 영역에 머물러 있다. 이것은 비극이다.

다시 말해서, 최초의 식별은 탁월한 개인에 의하여 예외적 상황에서 이루어진 것이라 할지라도, 그 식별을 가능케하는 범주적 관념은 인간의 안정적 경험의 요소로서 번역되지 않으면 안된다. 바로 이러한 번역과정을 우리가 "학문"이라고 부르는 것이다. 이러한 학문의 전통이 결여될 때 그 문명에 출현한 이러한 천재의 비밀은 인류에게 공유되는 문명적 자산의 자격을 획득하지 못하고 한낱 돌팔이의 단상처럼 수없는 기인들의 망각의 물결속으로 파묻혀버리고 말 것이다. 사변이성이 이러한 경험과 대결하는 작업은 실로 난제인 것이다.

영어원판에 세번째 패러그라프의 "widespread"가 "widsepread"로 되어 있다. 誤植이다. 바로 잡는다.

3-16 There is a conventional view of experience, never admitted when explicitly challenged, but persistently lurking in the tacit presuppositions. This view conceives conscious experience as a clear-cut knowledge of clear-cut items with clear-cut connections with each other. This is the conception of a trim, tidy, finite experience uniformly illuminated. No notion could be further from the truth. In the first place the equating of experience with clarity of knowledge is against evidence. In our own lives, and at any one moment, there is a focus of attention, a few items in clarity of awareness, but interconnected vaguely and yet insistently with other items in dim apprehension, and this dimness shading off imperceptibly into undiscriminated feeling.

Further, the clarity cannot be segregated from the vagueness. The togetherness of the things that are clear refuses to yield its secret to clear analytic intuition. The whole forms a system, but when we set out to describe the system direct intuition plays us false. Our conscious awareness is fluctuating, flitting, and not under control. It lacks penetration. The penetration of intuition follows upon the expectation of thought. This is the secret of attention.

But besides this character of an immediate moment of experience, these moments differ among themselves in the life of any one of us. We are alert, or we are drowsy, or we are excited, or we are contemplative, or we are asleep, or we are dreaming, or we are intently expecting, or we are devoid of any concentrated expectation. Our variety of phases is infinite.

譯 **3-16** 경험에 관한 인습적 견해가 있다. 명백하게 캐물으면 증명될 길 없지마는, 그러나 항상 암묵적인 전제속에 집요하게 숨어있는 그런 견해가 있다. 이 견해는 의식적 경험을, 항목들이 명료하게 서로 연관되어 있는 그 명료한 항목들의 명료한 지식으로서 규정한다. 이것은 아주 齊一的으로 설명되는, 매끄럽고 깔끔하고 정돈되고 유한한 경험의 개념이다. 그러나 이런 관념처럼 진리로부터 동떨어져 있는 誤置된 관념은 없다. 우선 경험을 지식의 명료성과 동일시하는 것은 우리의 명백한 상식에 어긋나는 것이다. 우리 자신의 일상적 삶을 생각해보자! 그 어느 한순간에, 주목의 초점이 생겨나고, 인지의 명료함 속에 몇개의 항목이 부상될 수는 있다. 허나 이것들은 동시에 아주 희미한 파악속에서 매우 어슴프레하게 그러나 집요하게 다른 항목들과 서로 연관되어 있다는 것이다. 그리고 이러한 희미함은 부지불식간에 무차별적인 원초적 느낌 속으로 그림자처럼 사라져간다.

더욱이, 명료함(질서)이란 희미함(혼돈)으로부터 분리될 수 없는 것이다. 명료한 것들이 모여 같이 있을 때에는, 그 같이 있음(共在性)은 우리의 명료한 분석적 직관앞에 그 비밀을 드러내기를 거부한다. 그 같이 있음의 전체는 하나의 체계를 형성한다. 허지만 우리가 그 전체의 체계를 기술하기를 감행할 때, 직접적 직관은 우리를 그르치게 만든다. 우리의 의식적인 지각은 동요하며, 비약하며, 제어를 벗어난다. 그것은 전체의 통찰을 결여한다. 직관의 통찰은 선행하는 사고의 기대를 뒤따르는 것이다. 이것이 바로 "주목"이라고 하는 심리현상의 비결이다.

그러나 경험의 즉각적 순간의 성격에 대해서는 별로 말할 것이 없지만, 이 순간들이 그 순간들 사이에 있어서 조차도, 우리 어느누구의 삶의 체험 속에서도 그 주어지는 맥락이 모두 다르다. 우리는 어떤 때는 깨어있고, 어떤 때는 졸고 있으며, 어떤 때는 흥분하기도 하고, 어떤 때는 명상에 잠기기도 하며, 어떤 때는 자고 있고, 어떤 때는 꿈꾸고 있고, 또 어떤 때는 의도적으로 무엇을 기대하기도 하며, 또 어떤 때는 어떠한 집중된 기대로부터 해탈되어 있기도 한 것이다. 우리의 삶의 체험의 단계의 다양성이란 무한한 것이다.

案 **3-16**　여기서 말하고 있는 것도 자세히 들여다보면 매우 상식적인 것이지만, 명료함과 희미함이 분리될 수 없다고 하는 화이트헤드의 주장은 이미 오늘날의 카오스이론의 선구적 언급이라 말하지 않을 수 없다. 그리고 "注意"(attention)라고 하는 심리현상에 대한 그의 묘사도 이미 현대심리학의 諸說에 앞선 매우 통찰력 있는 언급이다. "注意"는 新儒學 특히 程伊川계열의 학통에서 주장하는 "敬"과 상통하는 현대 심리학적 개념인데, 敬을 "主一無適"(하나에 집중하여 분산됨이 없다)이라고 규정하는 居敬사상에 입각하여 해석한다면 여기서 화이트헤드가 "직관의 통찰은 사고의 기대에 뒤따른다. 이것이 바로 주목의 비결이다"라 말한 바를 쉽사리 이해할 수 있게 될 것이다.

　그런데 이 단의 화이트헤드의 주장의 전모를 파악하기 위해서는 바로 그가 『과정과 실재』에서 상세히 논구하고 있는 두개의 지각양태, 즉 인과적 효과성(causal efficacy)과 현시적 직접성(presentational immediacy)을 충분히 숙지해야하는 것이다. 여기서 화이트헤드가 말하는 "희미함"이란 바로 인과적 효과성을 말한 것이고, "명료함"이란 현시적 직접성을 말한 것이다.
　이 단의 시작하는 논의에서 "경험을 지식의 명료함과 동일시하는 오류"를 지적하였지만, 근세 계몽주의 인식론 전반에 깔린 오류는 인간의 경험을 너무도 단순한 지각(sensation)으로만 보고 아주 원초적인 평면성(flatness)으로 간주한데 있다. 경험이란 그렇게 단순한 것이 아니다. 그것은 시발적인 것이 아니라 최종적인 것이며, 매우 복합적인 것이며 끊임없이 생성적인 것이다.

우리가 말하는 평상시의 깨어있는 온전한 지각현상은 상징적 지시(symbolic reference)인데, 이 상징적 지시는 궁극적으로 인과적 효과성과 현시적 직접성의 혼합양식이다. 인과적 효과성이란 직접적 과거로부터 인과적으로 물려받는 데이타인데 이것은 아주 혼미하고 막대하고 비규정적이며 원초적인 것이다. 그것은 순응적 느낌(conformal feeling)으로서의 합생(concrescence)의 제1단계에서 일어나는 매우 원초적인 것이다(crude perception). 그리고 이것은 의식이나 생명현상을 전제로 하는 것도 아니다. 그리고 이 인과적 효과성은 인간의 경험에 있어서 보통 腹感(visceral feeling)으로 예시되는 것이다.

이에 반하면 현시적 직접성이란 視覺의 현재적 규정을 말하는 것으로 그것은 관련된 기하학적 관점의 예증에 국한되는 것이다. 그러니까 그것은 이 세계의 연장적 관계(extensive relations)에 대한 현재적인 명석판명한 의식이며, 이 현시적 직접성의 지각양태에 있어서 현재적 세계는 연장적 관계의 연속체로서 의식화되어 파악되는 것이다. 인과적 효과성이 희미하고 비특정적인 정감적인 것이라면 현시적 직접성은 데이타를 매우 날카롭고 정확하고 공간적으로 점유된 것으로서, 그리고 고립되고 윤곽이 뚜렷하고 자족적인 것으로서 전이하는 것이다. 사실 현시적 직접성은 인과적 효과성에 이미 내재하고 있는 측면을 정교하게 돌출시키는 작업일 수도 있다. 예를 들면, 우리가 어느 여자를 쳐다보고 "아~ 예쁘다"라고 했을 때 그것은 그 얼굴의 기하학적 형상(연장)의 현시적 규정일 뿐이다. 허지만 그 여자의 얼굴이 비록 어여쁘게 느껴질지 모르지만 왠지 모르게 옆에 앉아있는 것이 부담스럽게 느껴질 수도 있고 또 막연하게 끌리는 그 무엇이 아주 희미하지만 막연하고 강력하게 느껴질 수도 있다. 이 막연한 느낌을 우리는 복감(腹感)이라 규정해볼 수 있다. 이 복감은 그 여자의 기가 이미 나의 기하학적 현시적 즉각적 규정에 앞서 나의 몸의 기에 전달되었다는 것을 의미한다. 이 기의 전달이 바로 인과적 효과성이라고도 말할 수 있으며, 동양의학에서 말하는 "感"(느낌)의 대부분의 의미는 현시적 직접성보다는 인과적 효과성에 편중되어 있다. 허나 근세 계몽주의 경험론자들은 이 인과적 효과성의 측면을 무시하였다. 흄의 "인과성 부정"이 가능했던 것은 바로 우리의 지각양태에 있어서 인과적 효과성을 무시한데서 도달된 오류에 불과한 것이다. 즉 현시적 직접성만을 "인상"으로서 받아들일 때, 그 인상사이에 어떤 인과적 영향은 존재할 수가 없을 것이다. 따라서 이 단에서 말하는 바대로 의식적 경험을 명료한 지식으로만 규정하는 태도는 진리로부터 동떨어진 태도라 아니할 수 없는 것이다. 上記의 문장에서 "evidence"란 "증명"의 뜻이 아니고, "obviousness"의 뜻이다.

그리고 "togetherness"란 화이트헤드의 철학체계에서는 "nexus"라고 하는 것이다. "새로운 같이 있음의 생산"(production of novel togetherness)을 合生(concrescence)이라고도 부른다.

3-17 Again when we consider other humans, and animals, an analogous variation suggests itself between their average states, and between the highest stages respectively possible for different individuals. As we descend the scale, it seems that we find in the lower types a dim unconscious drowse, of undiscriminated feeling. For the lower types, experience loses its illustration of forms, and its illumination by consciousness, and its discrimination of purpose. It seems finally to end in a massive unconscious urge derived from undiscriminated feeling, this feeling being itself a derivation from the immediate past.

The basis of all authority is the supremacy of fact over thought. Yet this contrast of fact and thought can be conceived fallaciously. For thought is a factor in the fact of experience. Thus the immediate fact is what it is, partly by reason of the thought involved in it. The quality of an act of experience is largely determined by the factor of the thinking which it contains. But the thought involved in any one such act involves an analytic survey of experience beyond itself. The supremacy of fact over thought means that even the utmost flight of speculative thought should have its measure of truth. It may be the truth of art. But thought irrelevant to the wide world of experience, is unproductive.

譯 **3-17** 우리가 또 보통사람들, 그리고 타동물들을 고찰해보면, 유사한 변화가 그들의 주목의 평균적 상태사이에서, 그리고 또 다른 개체들에게 각각 가능한 최고조의 상태사이에서 일어나는 것을 암시받을 수 있다. 그러나 그 의식의 단계를 밑으로 내려가면 갈수록, 저급한 형태로서 무차별의 느낌의 아주 희미한 무의식적 졸음을 발견하게 된다. 저급한 형태로 갈수록, 경험은 형태의 예시나, 의식적인 명쾌함이나, 목적의 차별성 같은 것을 상실해버린다. 그리고 그것은 마지막에는 무차별의 느낌으로부터 파생되는 막중한 무의식적 충동으로 끝나버린다. 그런데 이 느낌은 바로 직전의 과거로부터 파생된 것이다.

모든 권위의 근거는 사유에 대한 사실의 우위다. 그러나 사실과 사유를 이런 식으로 대비시키는 것은 오류적일 수도 있다. 왜냐하면 사유는 이미 경험의 사실속의 한 요소이기 때문이다. 그러므로 즉각적 사실이라고 하는 것은 이미 그 사실 속에 연루된 사유에 의하여 부분적으로 그 사실됨이 가능한 것이다. 경험의 행위의 질이라고 하는 것은 대체로 경험속에 내재하는 사유의 요소에 의하여 결정되는 것이다. 그러나 어떠한 그러한 행위속에 포함된 사유는 또 그 행위를 넘어서는 경험의 분석적 개괄을 포함한다. 사유에 대한 사실의 우위라고 하는 것은 사변적 사유의 가장 궁극적인 飛翔에 있어서 조차 그것에 대한 진리의 척도가 있어야 한다는 것을 의미하는 것이다. 그것이 예술의 진리라도 좋다. 그러나 어떠한 경우에도 경험의 폭넓은 세계에 부적절한 사유라고 하는 것은 생산적일 수 없는 것이다.

案 3-17 "직전의 과거로부터 파생된 느낌"이라고 하는 것이 바로 앞 단에서 내가 설명한 "인과적 효용성"을 말하는 것임을 독자들은 상기해 주었으면 좋겠다.

그리고 사실의 사유에 대한 우위가 모든 권위의 근거라고 하는 이야기는, 왜 점쟁이의 말보다 과학자의 말이 오늘날 우리에게 더 권위를 갖는지를 상기하면 쉽게 이해가 갈 것이다. 20세기에 와서 물리학자의 말이 철학자의 말보다 더 권위를 갖는 것 또한 마찬가지 이유일 것이다. 중세기에 철학자의 말이 연금술사와 같은 물리학자의 말보다 더 권위를 가졌던 것도 바로 그 당시에는 철학자의 형이상학적 언급이 사실에 더 근접된다고 믿었기 때문이었을 것이다. 예술조차도 그것이 순수관념으로 끝나는 것이 아니라 우리에게 사실에 관한 어떤 느낌을 강렬하게 유발시킬수록 더 권위를 갖는 것이다. 인간의 모든 권위는 궁극적으로 사유에 대한 사실의 우위에서 온다는 것은 역시 부정하기 어려울 것이다. 단 사실에는 이미 사유의 요소가 내재한다는 것도 동시에 상기하지 않으면 안된다.

우리는 진리가 우리의 상식에서 멀어질수록 더 위대하게 느껴진다고 착각할지 모르지만, 궁극적으로 모든 진리는 우리의 경험의 상식적 사실을 설명하는 힘을 가질수록 권위를 갖는다는 상식적 사실을 우리는 위배해서는 아니될 것이다.

3-18 The proper satisfaction to be derived from speculative thought is elucidation. It is for this reason that fact is supreme over thought. This supremacy is the basis of authority. We scan the world to find evidence for this elucidatory power.

Thus the supreme verification of the speculative flight is that it issues in the establishment of a practical technique for well-attested ends, and that the speculative system maintains itself as the elucidation of that technique. In this way there is the progress from thought to practice, and regress from practice to the same thought. This interplay of thought and practice is the supreme authority. It is the test by which the charlatanism of speculation is restrained.

譯 **3-18**   사변적 사유로부터 파생되어지는 고유한 만족은 해명의 힘이다. 바로 이 해명의 힘때문에 사실이 사유에 대하여 우위를 점하는 것이다. 이 우위야말로 권위의 근거이다. 우리는 이 해명의 힘을 입증하는 증거를 발견하기 위하여 세계를 탐색하는 것이다.

그리하여 사변의 飛翔의 최상의 검증은 잘 입증된 목적을 실현하는 실제적 기술을 확립하는 것으로 귀결된다. 그리고 사변적 체계는 바로 그 기술의 해명으로 자신의 지위를 유지한다. 이러한 방식으로 사유로부터 실천에로의 진보가 있게되고 또 동시에 실천으로부터 그 동일한 사유에로의 회귀가 있게된다. 이러한 사유와 실천의 변증법이 바로 그 최상의 권위가 되는 것이다. 그것은 또한 사유의 임의성이 억제되는 시금석이기도 한 것이다.

案 **3-18**   여기서 "satisfaction"이란 말은 화이트헤드의 우주관 전체에 깔려있는 "자기향유"(self-enjoyment)라는 의미맥락과 관련해서 새기어야 할 것이다. 그리고 "elucidation"이란 말을 쓴 것은 "clear and distinct"라는 표현을 거부하기 때문에 선택한 용어며, 그것은 어원적으로 "밝힌다"는 의미가 강하다. 사유의 힘은 결국 자연의 사실을 밝히는데 있는 것이다. 그리고 그것을 문명의 기술로 사용하는데 있는 것이다. 그리고 이 단의 문장에서 "progress"와 "regress"를, "진보"와 "퇴보"로 번역하기 쉬운데, 여기서 말하는 "regress"는 퇴보가 아니라 중성적인 진보에 대한 중성적인 회귀, 즉 앞으로 나아감에 대하여 뒤로 물러섬을 말하는 것이다. 즉 "interplay"의 양단을 말하는 것일 뿐이다.

이렇게 사유와 실천의 변증법적 왕래야말로 최상의 권위를 구성하는 것이며, 사변이 너무 임의적으로 발휘되는 것을 견제하는 기준이 되는 것이다.

3-19 In human history, a practical technique embodies itself in established institutions—professional associations, scientific associations, business associations, universities, churches, governments. Thus the study of the ideas which underlie the sociological structure is an appeal to the supreme authority. It is the Stoic appeal to the "voice of nature."

But even this supreme authority fails to be final, and this for two reasons. In the first place the evidence is confused, ambiguous, and contradictory. In the second place, if at any period of human history it had been accepted as final, all progress would have been stopped. The horrid practices of the past, brutish and nasty, would have been fastened upon us for all ages. Nor can we accept the present age as our final standard. We can live, and we can live well. But we feel the urge of the trend upwards: we still look toward the better life.

譯 **3-19** 인간의 역사에 있어서는, 실용적 기술이라고 하는 것은 확립된 제도속에 자신을 구현시킨다. 제도라고 하는 것은 전문인의 협회, 분과과학의 협회, 기업인들의 협회, 대학, 교회, 정부, 이런 것들이다. 그러므로 사회적 구조에 깔려있는 관념의 연구는 곧 최상의 권위에 대한 호소이기도 하다. 그것은 스토아학파가 "자연의 소리"에 호소한 것과도 같은 것이다.

그러나 이러한 최상의 권위가 만약 최상이 아니라고 한다면 그것은 다음의 두가지 이유 때문에 그러한 것이다. 그 첫째는 그 최상이라고 하는 증거가 혼란스럽고, 애매모호하며, 모순적이기 때문에 그러할 것이다. 그 둘째로는, 인간의 역사의 어느 시기에 있어서 만약 그것이 더 나아갈 수 없는 최상의 궁극으로 받아들여졌다고 한다면, 모든 진보는 그 시점에서 정지했을 것이다. 그렇다면 그 금수와도 같고 끔찍한 과거의 가공스러운 압제의 실행들이 인류의 모든 세기를 지배하는 것으로 고정되었을 것이다. 물론 우리는 오늘날 우리의 세기가 궁극적 기준이라고 받아들여도 아니될 것이다. 우리는 살 수 있고, 또 잘 살 수 있다. 그러나 우리는 항상 상향의 충동을 느낀다: 우리는 아직도 더 잘 사는 삶을 희구하고 있는 것이다.

案 3-19 문명은 실제적으로 삶의 기술의 역사다. 그런데 기술은 제도 속에 구현되어 있다. 즉 제도의 존재가 그러한 기술을 잉태시키는 권위의 근거로서 작용한다.

인간의 모든 탐구는 궁극적으로 어떤 최상의 권위에의 호소라고도 할 수 있다. 궁극자에 대한 탐구가 과학을 낳았고 모든 문명을 추진시키는 원동력이 되었다. 궁극자에 대한 탐구는 곧 궁극적 권위에 대한 호소를 의미하는 것이다. 그런데 재미있는 것은 그러한 궁극자의 규정이 결코 궁극적인 것이 아니라 항상 시대적 의식에 따라 유동적이며 생성적이라는 것이다. 이것은 문명의 진보를 가능케한 축복이다.

스토아학파의 이론에 의하면 인간의 행·불행은 인간 자신의 책임으로 간주된다. 인간에게는 행복해질 수 있는 모든 조건이 구유되어 있기 때문에 그것을 잘 개발만 하면 된다는 것이다. 인간이 인간다울 수 있는 최상의 조건은 인간이 신성한 이성(로고스)을 소유하고 있다는 것이다. 이러한 이성적 판단에 따라 잘못된 판단에 빠지지 않고 정욕으로부터 해방된 무욕의 삶을 사는 것이야말로 신성한 플랜과 합치되는 삶을 사는 것이다.

그러므로 결정론과 도덕성은 양립될 수 있는 것이다. 스토익에 의하면 인간이 이성적으로 산다고 하는 것은 곧 자연과 합치되는 삶을 사는 것이다. 스토익에게 자연은 최상의 권위를 의미하는 것이었다. 현대과학도 실상 자연에서 최상의 권위를 구하고 있는 것이다.

이 단에서 "더 나은 삶"(the better life)을 언급한 것은 사변이성의 비고정성을 강조하기 위한 맥락에서 언급한 것이다. 인류는 최상의 권위를 추구해왔지만 그 최상이 최상이 결코 아닐 수밖에 없는 것은 사변이성이 "better"를 추구하기 때문이고 "better"는 어떠한 고정적 기준도 거부하는 것이다. 따라서 오늘날 우리의 경험의 체계를 궁극적 기준으로 받아들여도 아니될 것이다.

3-20 We have to seek for a discipline of the speculative Reason. It is of the essence of such speculation that it transcends immediate fact. Its business is to make thought creative of the future. It effects this by its vision of systems of ideas, including observation but generalized beyond it. The need of discipline arises because the history of speculation is analogous to the history of practice. If we survey mankind, their speculations have been foolish, brutish, and nasty. The true use of history is that we extract from it general principles as to the discipline of practice and the discipline of speculation.

The object of this discipline is not stability but progress. It has been urged in these pages, that there is no true stability. What looks like stability is a relatively slow process of atrophied decay. The stable universe is slipping away from under us. Our aim is upwards.

The men who made speculation effective were the Greek thinkers. We owe to them the progressive European civilization. It is therefore common sense to observe the methods which they introduced into the conduct of thought.

譯 **3-20** 우리는 사변이성의 규율 즉 工夫를 추구하여야 한다. 즉각적으로 주어지는 사실을 초월하는 것이야말로 사변의 본질에 속하는 일이다. 사변이성의 임무는 사유로 하여금 창조적인 미래를 만들게 하는 것이다. 사변이성은 관념의 체계에 관한 자신의 비젼에 의하여 미래를 창조케 하는 것이다. 관념의 체계는 관찰을 포함하지만, 관찰을 넘어서서 일반화되는 과정까지를 포함한다. 工夫의 요구는 사변의 역사 또한 실천의 역사와 크게 다를 바가 없기 때문에 일어나는 것이다. 인류의 역사를 한번 개관해보라! 인간의 사변이야말로 어리석고, 잔인하고, 치사한 것이었다. 역사의 진정한 용도는 바로 우리가 역사로부터 실천의 공부와 사변의 공부에 관한 일반적 원리들을 추출해낼 수 있다는데 있는 것이다.

사변과 실천의 工夫의 목적은 안정이 아니라 진보다. 이 책속에서 나는 이미 수없이 강조해왔다. 진정한 안정이란 존재하지 않는다고. 안정인 것처럼 보이는 모든 것은 위축되어가는 부패의 비교적 점진적인 과정일뿐이다. 안정된 우주라고 하는 것은 우리 발아래로 슬금슬금 빠져나가고 있다. 우리의 목표는 저 하늘, 즉 上向이다.

인간의 사변을 효율적으로 만든 사람들은 희랍사상가들이었다. 우리는 희랍인들에게 찬란한 진보를 이룩한 유럽문명의 빚을 지고 있다. 그러므로 그들이 인간의 사유의 영위에 도입한 방법들을 준수한다는 것은 너무도 당연한 상식에 속하는 일일 것이다.

案 3-20   여기 내가 "discipline"이라는 말을 "工夫"로 번역한데에 의아한 느낌을 가지는 사람들은 工夫의 원의에 관한 나의 논의, 그리고 그 "공부론"을 중심으로 전개한 나의 독창적인 교육론에 한번 주목할 필요가 있을 것이다. 아직 충분히 기술되어있지는 않지만 그 소략한 대강을 『삼국통일과 한국통일』의 "統一論大綱" 속에 들어있는 제4장 "교육의 문제"(上, 110~144쪽) 一文에서 규찰할 수 있을 것이다. 내가 말하는 工夫, 그리고 전통유학에서 말하는 工夫는 정확하게 여기서 말하는 "discipline"과 일치하는 개념이다. 공부는 원래 몸의 디시플린, 몸의 규율을 말한 것이지만, 몸의 개념속에는 사변이 포함됨으로 사변이성의 규율 또한 몸의 규율일 뿐이다. 다시 말해서 우리는 사변의 규율을 몸의 규율에서 분리해서는 아니되는 것이다. 즉 工夫는 실천이성과 사변이성을 통합해서 말하는 몸의 디시플린인 것이다.

여기 역사의 의미, 화이트헤드가 "역사의 진정한 용도"라고 표현한 대목에서 우리는 많은 시사점을 발견한다. 역사의 의미는 역사로부터 사변과 실천의 공부에 관한 일반법칙, 즉 보다 보편적인 일반원리를 추출하는데 있는 것이다. 그리고 이러한 법칙은 사변이성의 上向, 안정이나 정체를 거부하는 미래의 창조의 거름이 되는 것이어야 한다. 우리의 사변조차 우리의 실천처럼 항상 어리석고 잔인하고 치사한 모습을 띠고 있다. 사변은 반드시 자신의 그러한 모습을 초극하는 上向의 자세를 보여야한다. 그것이 바로 사변이성의 工夫다.

제일 마지막에 "the conduct of thought"라는 표현은 좀 충격적인 표현이다. 다시 말해서 공부론의 몸철학적 적용이라고 말할 수 있는 것이다. 우리는 "conduct" 즉 예절이라든가 에티켓과 같은 것을 인간의 행위에만 적용하는데 익숙해있다. 허나 교육의 궁극적 목표는 행위의 예절의 공부에만 한정되는 것이 아니라, 바로 사고의 예절의 공부인 것이다. 즉 "conduct of thought"란 우리가 사고를 할 때에 아무렇게나 하는 것이 아니라 반드시 준수해야만할 당연한 방법이 내재한다는 것이다. 그것이 바로 상식이다. 그런데 이 상식을 창조한 사람들이 바로 희랍인들이라는 것이다. 행위의 정당성을 말하기전에, 사고의 정당성과 도덕성을 말하는 것이야말로 문명의 도덕성을 관리하는 첩경이 될 것이다. 그리고 우리의 교육이 그러한 문제에까지 세심하고 심각한 배려를 해야하는 것이다.

3-21 In the first place, they were unboundedly curious. They probed into everything, questioned everything, and sought to understand everything. This is merely to say that they were speculative to a superlative degree. In the second place, they were rigidly systematic both in their aim at clear definition and at logical consistency. In fact, they invented logic in order to be consistent. Thirdly, they were omnivorous in their interests—natural science, ethics, mathematics, political philosophy, metaphysics, theology, esthetics, and all alike attracted their curiosity. Nor did they keep these subjects rigidly apart. They very deliberately strove to combine them into one coherent system of ideas.

Fourthly, they sought truths of the highest generality. Also in seeking these truths, they paid attention to the whole body of their varied interests. Fifthly, they were men with active practical interests. Plato went to Sicily in order to assist in a political experiment, and throughout his life studied mathematics. In those days mathematics and its applications were not so separated as they can be today. No doubt, the sort of facts that he observed were the applications of mathematical theory. But no one had a keener appreciation than Plato of the divergence between the exactness of abstract thought and the vague margin of ambiguity which haunts all observation. Indeed in this respect Plato, the abstract thinker, far surpasses John Stuart Mill, the inductive philosopher. Mill in his account of the inductive methods of science never faces the difficulty that no observation ever does exactly verify the law which it is presumed to support. Plato's feeling for the inexactness of physical experience in contrast to the exactness of thought certainly suggests that he could look for himself. Mill's determinism is, according to his own theory, an induction respecting the exactness of conformation to the conditions set by antecedent circumstances. But no one has ever had any such experience of exact conformation. No observational basis whatsoever can ever be obtained for the support of

Mill's doctrine. Plato knew this primary fact about experience, Mill did not. Determinism may be the true doctrine, but it can never be proved by the methods prescribed by English empiricism.

譯 **3-21** 첫째로, 희랍인들은 끝도없이 호기심이 강했다. 그들은 무엇이든지 다 탐색했고, 무엇이든지 다 회의했고, 무엇이든지 다 이해할려고 노력했다. 이것은 곧 그들이야말로 사변의 최상급에 도달했다는 얘기가 되는 것이다. 둘째로, 그들은 명료한 정의와 논리적 일관성에 도달하려는 양면의 목표에 있어서 모두 엄격하게 체계적이었다. 실상, 그들은 일관적이기 위하여 논리를 발명했던 것이다. 셋째로, 그들은 그들의 관심事에 있어서 엄청나게 雜食的이었다. 자연과학, 윤리학, 수학, 정치철학, 형이상학, 신학, 미학, 하여튼 그들의 호기심을 끄는 무엇이든지 닥치는대로 다 먹었다. 그리고 그들은 이 주제들을 엄격하게 구분하여 취급하지도 않았다. 그들은 오히려 이 다양한 주제들을 하나의 정합적인 관념의 체계로 통합시키려는 아주 사려깊은 노력을 경주하였다. 넷째로, 그들은 가능한 최고의 일반성의 진리를 추구하였다. 이러한 일반성의 진리를 추구하는데 있어서 그들은 그들의 다양한 관심의 전체적 몸뚱이에도 관심을 기울였다. 다섯째로, 그들은 아주 적극적인 실천적 관심의 소유자들이었다는 것이다. 플라톤은 정치적 실험을 도우기위하여 시실리까지 갔고 또 동시에 그의 생애를 통하여 수학의 연구를 손에서 떼지 않았다. 이 시절에는 수학과 수학의 응용이 오늘날처럼 결코 별개로서 분립되어 있지 않았다. 의심할 여지없이, 그가 관찰한 종류의 사실들은 수학적 이론의 응용이었다. 그렇지만 그 누구도 플라톤처럼, 추상적 사유의 엄밀성과 모든 사실적 관찰을 괴롭히는 모호성의 희미한 경계사이에 엄격한 구분이 존재한다는 것을 날카롭게 파악하고 있었던 사람이 없었다. 진실로 이러한 측면에서는 추상적 사상가인 플라톤이 귀납적인 철학자인 존 스튜아트 밀보다 더 탁월하다. 밀은, 과학의 귀납적 방법을 설명하는데 있어서, 어떠한 관찰도 그 관찰이 지지하고자하는 법칙을 막바로 정확히 검증할 수는 없다고 하는 곤란성을 직면해본 적이 없다. 사고의 엄밀성과 대비되는 물리적 경험의 비엄밀성에 대한 플라톤의 직관은 플라톤이야말로 더 정확히 스스로 관찰할 수 있었다는 것을 암시한다. 밀의 결정론은, 그 자신의 이론에 의하면, 선행하는 상황에 의하여 규정된 조건에의 일치가 매우 정확하다고 하는 식의 귀납이다. 그러나 아무도 그러한 정확한 일치의 경험을 하지 않는다. 어떠한 관찰의 근거도 밀의 이론을 지지하는 것으로 획득되어질 수 없다. 플라톤은 이러한 경험의 원초적 사실을 알고 있었다. 그러나 불행히도 밀은 몰랐다. 결정론 그 자체는 진실한 이론일 수도 있다. 허나 영국경험론에 의하여 처방된 그 따위의 방법으로는 그것은 증명될 길이 없는 것이다.

案 **3-21**　역시 이 단의 문장 또한 간결하고 파우어플하고 상식적이고 계발적이다. 우리는 앞서 사고의 도덕성을 말하였다. 그렇다면 우리는 사고를 어떻게 해야하는가? 여기 그 사고의 도덕성으로서 화이트헤드가 제시한 다섯가지 방법, 1)광막한 호기심, 2)엄밀한 체계성, 3)관심의 다양성과 통합성, 4)진리의 일반성, 5)사회적 관심의 실천성, 이것들은 희랍인의 방법적 태도이기 전에 바로 화이트헤드 자신을 사상가로 만든 자기 삶의 자세의 고백이라고 해야할 것이다. 바로 이러한 광범위한 관심과 체계성과 실천성을 유지하지 못하면 어느 누구도 사상가가 될 수 없다. 최근 어느 모대학, 프랑스철학을 전공하는 철학과 교수가 노장철학을 강의한다고 해서 사임압박을 받았다고 전해지는데, 그 자세한 내막은 알 수 없어도 만약 그것이 사실이라고 한다면, 그리고 또 사실의 실례를 들지 않아도 우리 사회의 일반적 통념의 분위기로 미루어보아 그것이 사실이라고 가정한다면, 참으로 우리나라의 대학사회의 분위기가 얼마나 폐쇄적이며 용렬한 학문의 구획적 정의에 사로잡혀 있는가, 그리고 얼마나 의도적으로 사상가의 출현을 억압하고 있는가 하는 것을 잘 대변해준다.

　오늘날 우리나라의 젊은이들에게 나는 권고한다. 일체의 기존의 제약앞에 무릎을 꿇지마라 ! 그대의 호기심을 자극하는 무엇이든지 서슴치말고 다가갈 것이다. 그리고 연구하는 자세에 있어서 명료한 정의와 엄밀한 논리적 일관성을 유지할 것이다. 그리고 학문의 분획에 관계없이 모든 분야를 다 탐색하여라. 그리고 그 탐색된 분야의 지식을 나의 체험속에서 하나의 정합된 관념의 체계로 만드는 노력을 경주하라. 그리고 모든 관심의 상위에 일반적 진리를 항상 염두에 두어라. 보편성이 없는 특수한 생각들은 그 자체로 살아남기 힘들다. 그리고 마지막으로 나의 생각을 사회적으로 실천하는데 주저하지 말라 ! 교수라고 강단에만 앉아있지 말고, 길거리에 나와 데모도 하고 연극도 만들고 영화도 만들고 춤도 추어보고 배우도 되어보고 정치적 실험도 해보고 마음대로 실천의 놀이를 펼쳐라. 그리고 거기서 얻는 체험적 사유를 보다 더 큰 진리를 향해 통합시켜라 !

　플라톤은 선생 소크라테스의 죽음이후에 여러곳을 여행케 되는데 시실리에서, 시라큐스의 독재자인 디오니시우스 1세의 처남 디온(Dion, 408～354 BC)을 만나게 된다. 디온이야말로 플라톤의 아이디어를 현실적으로 구현해줄 수 있는 열렬한 지지자로서 인식되었고 플라톤은 그와 깊은 우정을 맺게된다. 디오니시우스 1세가 죽고 디오니시우스 2세가 왕위에 오르자, 디온은 디오니시우스 2세의 왕사로서 플라톤을 초청한다. 기원전 367년의 일이다. 그러나 디오니시우스 2세를 철인군주로 만들려는 계획은 1년만에 실패하고 디온과 플라톤은 모두 해고당하고, 플라톤은 아테네의 아카데미로 다시 돌아오게 된다.

연못에 그물을 한번 던져 50마리의 고기를 잡았다고 하자 ! 그렇다고 그 다음에 또 던졌을 때 50마리의 고기가 잡히라는 보장은 없다. 그런데도 불구하고 50마리의 고기가 잡혔다는 선행조건에 의하여 규정된 조건에 계속 일치하여 경험적 사실이 일어난다는 가정은 모든 귀납법에 내재하는 결정론의 오류라는 것이다. 플라톤은 오히려 경험세계와 지적세계의 구별을 명료히 인식하였다. 그러므로 오히려 경험세계에 대한 정확한 관찰이 가능했다는 것이다. 그러므로 19세기를 풍미한 밀(John Stuart Mill, 1806~73) 따위의 영국경험론의 오류에서 벗어나 있다는 것이다. 화이트헤드의, 자신이 속한 철학전통에의 아주 인색한 평가가 눈에 띈다. 그것은 그의 지적 양심이라 해야 할 것이다. 귀납법의 예찬은 필연적으로 물리적 경험의 비정확성을 사유의 정확성과 혼효하는 오류를 동반케된다는 것을 지적하고 있다.

그리고 이 단의 논의에서 희랍인들이 "일관적이기 위하여 논리를 발명하였다"고 말한 대목도 우리가 충분한 주의를 기울여야할 대목이다. 그만큼 "일관성"(consistency)이란 중요한 것이다. 여기 가서 이말하고 저기 가서 저말하는 비겁한 지성인이 되어서는 아니된다. 우리의 모든 사고는 일관되어야 한다. 그 일관성의 저변에는 일반법칙이나 더 크게는 우주론이 자리잡고 있을 것이다. 일관성과의 불일치조차도 또 하나의 새로운 일관성에 의하여 극복될 뿐이다. 일관성의 지적 결백성은 우리 지성인에게 **恒存**해야만 하는 덕성이다.

3-22 When we come to Aristotle the enumeration of his practical activities makes us wonder that he had any time for thought at all. He analyzed the constitutions of the leading Greek states, he dissected the great dramatic literature of his age, he dissected fishes, he dissected sentences and arguments, he taught the youthful Alexander. A man, who had done these things and others, might well have been excused if he had pleaded lack of time for mere abstract thought.

In considering the culmination of Greek speculation in Plato and Aristotle the characteristics which finally stand out are the universality of their interests, the systematic exactness at which they aimed, and the generality of their thoughts. It is no rash induction to conclude that these combined characteristics constitute one main preservative of speculation from folly.

譯 **3-22** 아리스토텔레스에게 오게되면, 그의 실천적 행동의 나열은 과연 그가 도무지 사유를 할 시간이 있었을까? 우리를 의아스럽게만 만든다. 그는 주요 희랍 도시국가들의 헌법을 분석하였고, 그와 동시대의 위대한 드라마문헌들을 분해하였고, 물고기들을 해부하였고, 또 문장과 논란들을 해부하였다. 그 뿐인가? 그는 청년 알렉산더를 가르쳤다. 아마도 이와 같은 일들을 실천한 어떤 사람이 자기는 단순히 추상적 사고를 할 시간은 없다고 변명한다해도 충분히 용서받을 수 있을 것이다.

플라톤과 아리스토텔레스에게서 나타나는 희랍사유의 절정을 고찰할 때, 최종적으로 두드러지는 성격은, 그들의 관심의 보편성이요, 그들이 목표로 한 체계적 엄밀성이요, 그리고 그들의 사유의 일반성이다. 바로 이런 것들이 합해진 성격이야말로 인간의 사유를 어리석음으로부터 보호한 주요한 방부제를 구성하는 것이었다고 결론짓는 것은 결코 성급한 귀납이 아닐 것이다.

案 **3-22**   宋儒의 先河인 張載(張橫渠, 1020~1077)는 『正蒙』이라는 책을 썼다. 이 책의 제명이 바로 인간의 어리석음(蒙)을 바로잡는다(正)는 뜻이며, 여기서 화이트헤드가 말하는 "사변을 어리석음(folly)으로부터 보존한다"는 뜻과 일치한다. 인간의 어리석음은 결국 사변의 어리석음이다. 인간을 그러한 몽매로부터 구원하는 길은, 관심의 보편성, 관념의 체계의 논리적 엄밀성, 사고의 일반성의 구현이다. 張子의 正蒙은 道·佛의 종교적 몽매로 인간을 바로잡는다는 뜻인데, 道·佛이 몽매한 것이었나 하는 것을 말하기 전에, 張子의 사상에 구현되어 있는 **本然之性**의 보편성·일반성·논리성에서 신유학이 목표하고자 하는 이성적 인간의 근대성의 단초를 우리는 발견하게 되는 것이다.

위의 문장에서 "mere abstract thought"에는 약간의 야유적 분위기가 들어있다. 나는 실천적 삶을 사느라고 너무 바빠, 그따위 "단순하게 추상적인 사유"는 할 여유가 없다고 말해도 충분한 변명이 통할 것이라는 것이다.

그러나 사유적 삶과 실천적 삶은 어떠한 경우에도 대립적으로 이원화되는 것이 아님을 알아야한다. 그리고 실천적 삶이 곧 사유적 삶이 되고, 사유적 삶이 실천적 삶이 될 수 있도록 우리는 우리의 삶에 工夫를 부여해야 하는 것이다. 요즈음 사람들의 실천적 삶이란 실천이 아닌, 에너지의 낭비를 의미할 뿐이다. 진정한 실천이란 사유와 상보적인 것이어야 한다.

3-23 The speculative Reason works in two ways so as to submit itself to the authority of facts without loss of its mission to transcend the existing analysis of facts. In one way it accepts the limitations of a special topic, such as a science or a practical methodology. It then seeks speculatively to enlarge and recast the categoreal ideas within the limits of that topic. This is speculative Reason in its closest alliance with the methodological Reason.

In the other way, it seeks to build a cosmology expressing the general nature of the world as disclosed in human interests. It has already been pointed out, that in order to keep such a cosmology in contact with reality account must be taken of the welter of established institutions constituting the structures of human society throughout the ages. It is only in this way that we can appeal to the widespread effective elements in the experience of mankind. What those institutions stood for in the experience of their contemporaries, represents the massive facts of ultimate authority.

譯 **3-23** 사변이성은 사실의 권위에 자신을 복속시키면서도 사실에 대한 기존의 분석을 초월하는 본래의 사명을 상실함이 없도록 작용하기위하여 다음의 두가지방식으로 자신을 드러낸다. 그 첫째 방식이란, 사변이성이 개별과학이나 실천적인 방법론과 같은 하나의 특정한 주제의 한계를 수용하는 것을 말한다. 그리고 사변이성은 그 주제의 범위내에서 범주적 관념을 사변적으로 재주조하든가 확대하는 방안을 추구한다. 이것이 바로 **방법론적 이성**과 가장 밀접된 연관을 맺고 있는 사변이성이다.

　그 둘째 방식은 인간적 관심속에 노출되는 세계의 일반성격을 표현하는 우주론을 건설하기를 회구하는 것이다. 그러한 우주론이 현실세계와 직접적 연관을 갖는 것이 되도록 하기위해서는 우리는 각 시대마다 인간사회의 구조를 형성하는 권위있는 제도들의 소용돌이치는 변천사를 잘 고려해야만 한다는 것을 이미 충분히 언급하였다. 우리는 단지 이러한 방식으로써만 비로소 인류의 경험속에 광범위하게 나타나는 매우 감정적으로 효과적인 요소들을 파악할 수 있게 되는 것이다. 과연 그 시대의 제도가 그 시대의 사람들의 경험속에서 무엇을 의미하고 있었나 하는 것이야말로 궁극적 권위의 압도적 사실을 대변하는 것이다.

案 **3-23**　방법론적 이성이란 "방법론의 고착성"이란 뉴앙스를 전제하고 있다. 따라서 그것은 "잘 사는 것"에 속하는 것이지만, "더 잘 사는 것"에 속하지는 않는다. 더 잘 산다는 것의 "더"는 영원한 상향(上向)이다. "더"는 고정된 양자 사이의 비교급이 아니라 끊임없는 "더 나음"의 개방된 미래를 뜻한다. 바로 이 "더"라는 비교급에 사변이성의 사변적 기능의 본령이 있는 것이다. 사변이성은 사실을 초월하는 사명을 잃지 않으면서도 사실의 권위에 복속한다. 이 방식은 두가지다. 첫째 방식은 실천적 방법론이나 개별과학의 특수주제의 한계를 받아들이고 그 한계내에서만 범주적 관념들을 재조작하고 확대하고 하는 것이다. 따라서 이것은 근원적인 초월이 아니다. 따라서 완벽하게 방법론적 이성과 일치되는 것은 아니지만, "더 잘"(better)과 "잘"(well) 사이에 있으면서 "잘"에 가장 가깝게 가 있는 "더 잘"인 것이다. 그것이 바로 "its closest alliance"란 말이다.

둘째 방식은 그러한 제한된 주제를 넘어서는, 세계의 일반성격을 나타내는 거대한 우주론을 건설하려는 희구이다. 그것은 궁극적으로 "인간의 관심" 속에 있다. 그리고 이러한 인간적 관심은 반드시 제도적으로 구현된다. 즉 제도의 이해가 있기 때문에 그 이해관계에 따라 인간의 관심이 구조지워진다는 뜻이다. 따라서 인간의 관심을 나타내는 세계에 관한 우주론의 건설은 궁극적으로 시대적 제약을 완전히 벗어날 수 없으며, 그 시대적 제약은 제도사적 제약이기도 한 것이다. 따라서 우주론은 인간의 제도와의 관련을 떠날 수 없다는, 과학자로서는 참으로 말하기 어려운 고백을 화이트헤드는 말하고 있는 것이다. 역사에 몰지각한 과학은 오만하기 쉽다. 그리고 인간적 관심의 명백한 실체의 소재를 간과하기 쉽다. 그리고 보편을 과장한 영원성의 독단에 매몰되기 쉽다. 그 시대의 제도의 의미야말로 과학을 포함한 모든 사변이성적 활동이 궁극적으로 호소하는 최상의 권위의 압도적 사실인 것이다. 과학자 화이트헤드의 역사에 대한 통찰이 역사학자보다 더 깊은 수준을 달리고 있다는 것이 여기서 실감나게 느껴질 것이다.

역사는 제도사며, 제도사는 인간의 권위의 궁극적 소재를 밝히는 작업이며, 그것은 궁극적으로 인간의 의미를 묻는 작업인 것이다.

3-24 The discordance at once disclosed among the beliefs and purposes of men is commonplace. But in a way, the task is simplified. The superficial details at once disclose themselves by the discordance which they disclose. The concordance in general notions stands out.

The very fact of institutions to effect purposes witnesses to unquestioned belief that foresight and purpose can shape the attainment of ends. The discordance over moral codes witnesses to the fact of moral experience. You cannot quarrel about unknown elements. The basis of every discord is some common experience, discordantly realized.

譯 **3-24** 인간의 목적과 믿음 사이에 언뜻 노출되는 불협은 보통 있는 일이다. 그렇지만 어떤 면으로는, 그 불협을 해결하는 임무는 그리 어려운 것은 아니다. 그 피상적인 자세함은 얼핏, 자세함이 노출시키는 불협에 의하여 자신을 노출시킨다. 그러나 일반관념에 있어서는 불협과는 반대의 일치가 쉽게 드러나는 것이다. 인간의 목적을 구현하는 것으로서의 제도의 존재라는 바로 그 사실은, 인간의 목적이나 예견이 목표의 달성을 지배하리라고 하는 의문시되어본 적이 없는 믿음을 증명한다. 예를 들면, 도덕적 규범에 관한 불협은 실상 공통의 도덕적 체험의 사실을 입증하는 것이다. 근본적으로 알려지지 않은 요소들에 관하여 우리는 싸울 수가 없는 것이다. 모든 불협의 근거는, 단지 불협적으로 구현되어진 어떤 공통의 체험인 것이다.

案 **3-24** 이것은 인간의 제도사에 보편적인 문제점을 시사하는 것으로서, 인간의 고매한 이상으로서의 목적과 그 목적을 구현해 주리라고 믿는 현실적 제도에 관한 믿음 사이의 불일치·불협에 관한 것이다. 그런데 이러한 불일치는 사소한 디테일의 레벨에서나 드러나는 것이며, 인간의 역사를 지배하는 일반관념의 레벨에 가면, 불일치보다는 오히려 일치가 더 드러나게 되는 것이다. 우리가 근원적으로 불일치의 다른 견해를 드러낸다는 것은 근원적으로 일치하는 체험의 공통기반이 있기 때문이다. 예를 들면, 혼외정사가 정당하다, 정당하지 못하다는 싸움은 성모랄에 대한 근원적인 공통경험이 있을 때만 가능한 것이다. 근원적으로 그들이 싸우고 있는 주제에 관한 공통의 경험기반이 없거나 전혀 지식의 범주가 겹치지 않을 때는 싸움의 시발조차 이루어질 수가 없는 것이다. 모든 싸움, 즉 제도사적 싸움을 포괄하여, 그것은 불협적으로 구현된 공통의 경험 때문에 가능한 것이다. 인간의 고매한 목적을 실현하는 것으로서의 제도의 존재는 곧 그 제도가 그 인간의 고매한 목적을 달성해주리라는 검증되지 않은 믿음을 전제로 하고 있다. 그러기 때문에 그 목적과 믿음 사이에는 항상 불일치가 생겨난다. 인간의 지식과 도덕을 증진시켜주리라고 믿는 어떤 무조건적인 믿음 때문에 그것의 구현체로서의 "학교"라는 제도가 있다. ·허나 이 학교가 과연 그러한 인간의 열망을 현실적으로 구현시켜주고 있는가? 거기에는 항상 불협이 뒤따를 것이다. 그래서 전교조와 기존 교육제도 사이에 싸움같은 현상이 일어나는 것이다. 그러나 실상 그러한 싸움을 해결할 수 있는 길이 없는 것도 아니다. 왜냐하면 이 양자사이에는 공통의 체험기반이 도사리고 있기 때문인 것이다. 즉 교육의 당위성에 대한 도덕적 견해가 다를 뿐이며, 근원적으로 교육의 당위성에 대한 체험 그 자체는 그들 양자사이에 공통적인 것이기 때문이다. 과학의 역사도, 우주론의 역사도 바로 이러한 제도사적 문제와 동일한 지평에서 전개되어 나가는 것이다.

이 단의 제일 첫줄에 "among"이라는 표현은 오늘날의 영어에서는 "between"으로 바뀔 것이다. 화이트헤드의 영어의 관용법이 아주 고색창연한 것임을 드러내는 일례일 것이다. 이 단은 생략이 심해 그리고 표현의 모호성으로 인해 난해한 구석이 많은 문단임을 밝혀둔다.

3-25 A cosmology should above all things be adequate. It should not confine itself to the categoreal notions of one science, and explain away everything which will not fit in. Its business is not to refuse experience but to find the most general interpretive system. Also it is not a mere juxtaposition of the various sciences. It generalizes beyond any special science, and thus provides the interpretive system which expresses their interconnection. Cosmology, since it is the outcome of the highest generality of speculation, is the critic of all speculation inferior to itself in generality.

But cosmology shares the imperfections of all the efforts of finite intelligence. The special sciences fall short of their aim, and cosmology equally fails. Thus when the novel speculation is produced a threefold problem is set. Some special science, the cosmological scheme, and the novel concept will have points of agreement and points of variance. Reason intervenes in the capacity of arbiter and yet with a further exercise of speculation. The science is modified, the cosmological outlook is modified, and the novel concept is modified. The joint discipline has eliminated elements of folly, or of mere omission, from all three. The purposes of mankind receive the consequential modification, and the shock is transmitted through the whole sociological structure of technical methods and of institutions.

譯 **3-25** 우주론이란 무엇보다도 적합해야하는 것이다. 우주론이란 하나의 개별과학의 범주적 관념속에 갇혀서는 안된다. 그리고 또 들어 맞지 않는 모든 것을 몽땅 다 설명해내버려도 안된다. 우주론의 임무는 경험을 거부하는 것이 아니라, 가장 일반적인 해석의 체계를 발견하는 것이다. 또한 우주론은 다양한 과학의 성과를 그냥 나열하는 것이어서도 아니된다. 그것은 어떠한 특정한 과학, 지식의 체계를 넘어서서 일반화하는 것이며, 그렇게 함으로써, 개별과학들 사이에 내재하는 본질적 연관성을 표현하는 해석의 체계를 제공하는 것이다. 그러므로 우주론은 사변의 최고도의 일반성의 산물이기에, 그것은 일반성에 있어서 자기에게 떨어지는 모든 사변을 비판하게 되는 것이다.

그러나 우주론은 물론 유한한 지성의 모든 노력의 불완전성을 공유한다. 개별과학들이 그들의 목표에 미달할 때, 우주론 또한 미달하게 되는 것이다. 그러기 때문에, 새로운 사변이 등장했을 때는, 다음의 3 중의 문제가 장착된다. 첫째 몇몇의 개별과학, 둘째 큰 우주론의 틀, 셋째 새로운 관념은 모두 일치점과 불일치점을 동시에 지니게 될 것이다. 이때 이성이 조정자의 기능을 지니고 개입하지만, 이성은 이때 반드시 더 활발한 사변성을 발휘해야 하는 것이다. 이렇게 되면, 과학이 조정되고, 우주론적 전망이 조정되고, 또 새로운 관념이 조정된다. 이 삼자의 합동적 工夫는 삼자로부터 모두 단순한 부족함이나 어리석음의 요소들을 제거시켜 주는 것이다. 이렇게 해서 인류의 목적은 결과적인 수정을 거치게 되고, 그 충격은 또 다시 제도와 기술적 방법의 전사회적 구조를 통하여 전달되게 되는 것이다.

案 **3-25** 이 단에서 비로소 전단(3-24)의 애매했던 내용이 보다 명료하게 드러나는 것을 볼 수 있다. 우주론은 가장 일반적인 해석의 체계를 제공하는 것이기 때문에 개별과학의 범주에 안주하지 않지만, 또 개별과학의 한계를 이 우주론도 동시에 공유하게 된다는 것이다. 이러한 모순의 해결을 위하여 새로운 아이디어가 등장했을 때는 이성이, 아주 창의적인 사변성을 발휘하면서 조정자로서 개입하게 되는데, 이 개입의 결과로서 삼자, 즉 1)개별과학 2)우주론 3)새로운 관념, 이 삼자가 모두 새롭게 조정되게 된다는 것이다. 그렇게 되면 새로운 충격이 일어나고 이 충격은 또다시 제도나 기술적 방법을 구현하고 있는 전사회구조의 조정이나 변화에까지 연결되지 않을 수 없다는 것이다. 과학을 인류문명의 제도사에까지 연결시키는 화이트헤드의 거시적 논급은 이미 토마스 쿤의 패러다임 이론을 훨씬 뛰어넘는 선구적 작업임을 고백하지 않을 수 없다.

체질의학(Constitutional Medicine)은 지금 현재 기존의 의학체계로서는 이해가 되질 않는다. 따라서 기존의 의학은 의도적으로 체질의학의 주장이나 실천을 무시하거나 반증을 제시한다. 체질의학이 배척되는 이유는 체질의학의 언어가 새롭기 때문이며 기존의 의학체계로는 개념의 외연이나 내연의 비공유가 심하여 이해의 공통된 방법론을 획득치 못하기 때문이다. 이때 이러한 싸움이나 충돌, 불일치를 해결하기 위하여 부득불 이성이 개입치 않을 수 없지만, 이성은 이때 새로운 것을 수용하는 개방적인 사변성을 한층 더 발휘해야만 한다. 그렇게하여 체질의학의 가설과 실제가 이해되게 되면, 동시에 기존의 의학체계가 질병을 바라보는 인식의 구조로부터 실제적인 치료방법에까지, 그리고 약의 개발에까지 부분적인 조정이 이루어지지 않을 수 없을 것이다. 그렇게되면 병원의 체제에 변화가 일어나고 제약회사의 판도가 변하며, 국가적 제도로서는 예를들면, 주민등록증에 한 인간의 체질이 기록되는 등의 제도적 변화, 즉 충격의 제도적 변화가 수반되지 않을 수 없게 되는 것이다.

이 단의 마지막에서 두번째 문장의 표현에서 "omission"은 어느 일자가 생략되는 것이 아니라, 어느 일자 자내에 불완전성으로 인하여 빼먹었던 부분을 말하는 것이다. 자의의 혼동이 있어서는 안된다.

3-26 Every construction of human intelligence is more special, more limited than was its original aim. Cosmology sets out to be made from all subordinate details. Thus there should be one cosmology presiding over many sciences. Unfortunately this ideal has not been realized. The cosmological outlooks of different schools of philosophy differ. They do more than differ, they are largely inconsistent with each other. The discredit of philosophy has largely arisen from this warring of the schools.

So long as the dogmatic fallacy infests the world, this discordance will continue to be misinterpreted. If philosophy be erected upon clear and distinct ideas, then the discord of philosophers, competent and sincere men, implies that they are pursuing a will-o'-the-wisp. But as soon as the true function of rationalism is understood, that it is a gradual approach to ideas of clarity and generality, the discord is what may be expected.

譯 **3-26** 인간 지성의 모든 건조물은 그것이 원래 소기했던 것보다는 항상 더 제한되고 더 특수하게 마련이다. 우주론은 애초에 모든 하위의 디테일로부터 출발하여 그것들을 추상하려 했던 것이다. 그러므로 수많은 개별과학을 통괄하는 하나의 우주론이 있음직한 것이다. 그러나 불행하게도 이러한 우주론의 갈망은 실현되지 않았다. 제각기 다른 철학학파들의 우주론적 전망은 제각기 다르다. 아니, 다를뿐만 아니라 대체적으로 서로간에 상충한다. 철학에 대한 불신감은 대체적으로 이러한 학파들간의 전쟁 때문에 야기되어 온 것이다.

독단적 오류들이 우리가 살고 있는 이 세계를 오염시키고 있는 한, 이러한 불협은 계속해서 잘못 해석되어질 것이 틀림없다. 만약 철학이 아주 명석하고 판명한 관념위에 반석지워질 수 있다고 한다면, 아주 유능하고 진지한 사람들인 이 철학자들간의 불협화음은 곧 그들이 도깨비환영을 쫓고 있다는 식으로 해석될 뿐일 것이다. 그러나 이성주의의 진정한 기능을 이해한다면, 이성주의의 진정한 기능이 바로 명료성과 일반성의 관념에 대한 점진적 접근이라는 사실을 깨닫는다면, 그러한 불협은 당연히 기대될 수 있는 것이라는 것을 깨닫게 될 것이다.

案 **3-26** 『이성의 기능』은 大尾를 향해 치닫고 있다. 그것은 어떤 의미에서는 화이트헤드가 『과정과 실재』라는 미증유의 포괄적 즉 일반적 우주론을 완성한 이후에 자신의 우주론의 포괄성을 암시적으로 과시하기 위한 작업을 인간이성의 전개사라고 하는 통시적 시각에서 펼치고 있는 듯한 느낌을 받기도 한다. 허나 물론 그러한 개인적 과시는 『이성의 기능』이라는 저술의 직접 동기가 될 수 없으며 그러한 과시가 암묵적으로 배어있는 인간 이성의 객관적 모습에 대한 통찰이 우리를 계발시키고 있는 것이다.

인간 문명의 역사는 어떤 의미에서는 우주론의 역사며, 이것은 곧 우주의 해석의 역사며, 역사의 해석의 역사다. 그런데 이 역사의 제반 사상에서 추출되는 어김없는 보편적 성향이 있으니 그것은 일반성과 명료성을 향한 점진적 진전이다. 일견하기에 명료성과 일반성은 양립하기 어려운 것이다. 명료할수록 일반성을 거부하기 쉽고, 일반성을 지향할수록 명료한 디테일을 무시하고 모호함으로 치닫기 쉽다. 허나 이 일반성과 명료성은 그 궁극에 있어서 결코 서로를 부정하는 것이 아니다. "이성적인 것은 현실적이며, 현실적인 것은 이성적이다"라는 헤겔의 범신론적 요청의 근저에도 이러한 일반성과 명료성의 합치에 대한 그 나름대로의 확신이 자리잡고 있는 것이다.

이러한 역사의 보편적 성향, 보다 포괄적인 우주론에로의 갈망, 궁극적으로 우주를 통일된 하나의 場으로 설명하려는 갈망은 결코 한 시점의 한 탁월한 개인의 발명에 의하여 완성되는 것은 아니다. 그 보편적 우주론에로의 갈망은 사변이성의 점진적 상향이라고 하는 추상적 기능에서 산발적으로 발현되는 것이다. 따라서 이성주의라고 하는 것을 데카르트에서 칸트에 이르는 지극히 제한된 서유럽의 학파들의 레토릭의 전개속에서, 특히 사변이성의 국부적 기능에 대한 엄밀한 정의 속에서 전개된 역사의 한 유형으로 이해하는 것은 심히 유감스러운 일이다. 이성주의는 데카르트적 실체관의 범주에 갇혀있는 특수지역의 學統이 아니다. 그것은 실천이성과 사변이성을 포괄하는 광막한 이성의 개념에 상응되는 인간의 역사의 보편적 전개를 말하는 것이며, 그러한 전개의 배면에 깔린 보편적 上向의 발돋움을 총칭하는 것이다. 우리는 이성주의를 포기할 수 없다. 이성주의는 결코 모더니즘과 포스트모더니즘의 분기점으로 이해될 수도 없다. 이성주의는 끊임없는 재해석을 요구하는 이성의 갈망이다. 이러한 갈망은 단지 서구의 계몽주의에서만 찾아지는 것이 아니라 지구상의 문명의 도처에서 보편적으로 드러나는 경향성이다. 이러한 측면에서 화이트헤드는 그 기본적 개념설정에 있어서 매우 적확한 정의를 제공하고 있음에도 불구하고 세계문명사를 유럽중심주의적 편견 속에서 바라보는 오류를 암암리 자행하고 있다. 그것은 의도된 악덕이 아니라 시대적 제약이 가져다주는 무지의 자연스러운 소치요, 그의 인간적 성실성의 한계다.

제아무리 불교가 언어를 부정하고 추상적 개념을 거부한다 할지라도, 불교의 교리적 논의의 저변에 깔린 논리의 추상적 구도와 그 논법전개의 엄밀성은 단순히 인도문명이 언어를 부정하고 추상적 수학마저 부인한 문명이라는 단순한 도식의 편견에서 우리를 벗어나게 만든다. 莊子의 말대로 惠施나 公孫龍과 같은 名家의 논의가 人情에 각박하여 민심을 얻지 못했다하더래도, 人之口만 勝할 줄 알았지 人之心을 服시킬 줄 몰랐다고 하더래도, 荀子의 비판대로 辭에 가려 實을 알지 못했다(惠子蔽於辭而不知實)하더래도, 인간의 논리에 대한 추상적 사변의 전개가 그 나름대로 엄존했고 그것은 莊子의 "方生方死"적 논의의 논리적 도식을 형성했던 것이다. 따라서 화이트헤드가 찬양하고 있는 희랍인의 사고의 방법론의 덕성이 비록 인도인에게서는 해탈의 초윤리적 관심앞에 무기력해지고, 중국인에게서는 사회적 질서의 윤리적 해결의 우위앞에 무력화되었다 할지라도 그 추상적 성향은 현실태가 아닌 잠재태의 양식으로라도 인도·중국문명 속에 내재해있다는 사실, 그리고 이러한 사실로 미루어 이성주의의 점진적 전개의 보편사적 가치를 모든 문명에서 동일하게 추론함으로써만이 진정한 포괄적 우주론에 이를 수 있다고 중요한 논점을 화이트헤드는 실감하지 못했던 것이다. 더구나 20세기를 통하여 그러한 잠재태가 현실태로 비화하는 "개화"의 역사가 실현되었다고 할 때 진정한 보편사의 가능성, 보편적 우주론의 가능성은 그 어느때보다도 리얼한 현실로서 우리에게 다가오고 있는 것이다. 다시 말해서 우리는 인류의 역사의 도덕성을 근세유럽의 전승에 독점시키고, 그 독점의 근거를 희랍인의 사변의 우위에만 소급시키는 그러한 편협한 사관에서 벗어나야 한다.

春秋戰國의 戰은 바로 百花怒放하는 학파간의 전쟁이기도 했던 것이다. 이러한 전쟁을 혼란의 근원으로만 간주하는 것은 어리석다. 춘추전국의 諸子百家의 분열상이야말로 인류의 역사에 있어서 가장 찬란한 사변이성의 개화의 모습이다. 그리고 이러한 사변이성의 다양성의 전개가 그 다양성을 명료하고 획일적인 근거위에서 통합시킴이 없이 어떤 생성적 보편에로의 꾸준하고도 점진적인 진보를 이룩해온 역사가 동아시아문명의 역사라고 한다면 그 역사의 가치는 결여태에 대한 책임을 묻는 것만으로 다 청산되어질 수는 없다. 그리고 그러한 점진적 진보의 이성주의는 오늘날에도 그 놀라운 저력을 과시하고 있는 것이다.

내가 말하는 보편사는 만남의 역사다. 보다 보편적인 진리를 향해 제각기 공간적으로 독립된 문명의 갈래들이 만난 역사다. 그 만남을 위해 기술과 정보의 혁신이 꾸준히 뒤따랐고, 또 어떤 공통의 인식의 필연성이 시대적으로 공유되었던 것이다. 인류문명사의 가장 지속적인 가치의 단위로서 우리가 서구라파중심역사를 서양으로 묶고 한자문명권중심역사를 동양으로 묶을 때 이 양자 사이에는 놀라운 공통의 축들이 나타난다. 사변이성의 개화의 축도 공유되며 로마제국과 한제국의 제국문명의 통합의 축도 공유되며, 분열과 정체의 중세기적 축도 공유되며, 인간중심주의적인 근세이성의 발현의 축도 공유된다. 서양에서는 수학적 합리성을 추구하는 헬레니즘과 종교적 초월성을 추구하는 헤브라이즘이 독자적인 전개를 확보하다가 기독교의 탄생과 더불어 사도바울같은 이들의 통합적 사고를 통하여 헤브라이즘이 헬라적으로 논리化하고, 헬레니즘이 헤브라이즘적으로 초월化한다. 그러면서 중세기의 교부철학이 전개되는 것이다.

동양에서는 사회적 합리성을 추구하는 콘휴시아니즘과 종교적 해탈을 추구하는 부디즘이 각각 독자적인 전개를 확보하다가 대승불교의 성립과 더불어 만나게 된다. 쿠마라지바나 승조와 같은 이들의 노력을 통하여 불교가 漢代의 경전학의 틀로 흡수되는가 하면, 유교의 세속성이 철저히 인식론적 반성을 거치면서 초윤리화되는 과정으로 나타난다. 그러면서 위진남북조시대의 玄學이 성립하고 불교의 중세기적 융성이 隋唐代에까지 전개되는 것이다. 그러다가 서양에서는 중세기적 신앙의 빛에 대한 르네쌍스적 이성의 빛의 회복, 즉 은총의 빛(lumen gratiae)에 대한 자연의 빛(lumen naturale)의 회복, 그것은 헤브라이즘에 대한 헬레니즘의 승리를 말하는 것이며, 그것은 종교문명에 대한 합리문명의 再(르) 生(네쌍스)을 의미하는 것이다. 또 동양에서는 大唐문명의 몰락과 宋代관료주의의 등장과 더불어 중세기적 초세간적 해탈의 폐해를 거부하고 현실적 윤리적 인간의 理를 재건하고자하는 강력한 主理論的 세계관이 일어나면 신유학(Neo-Confucianism)이 발흥케되니, 이 신유학의 발흥이야말로 동양적 합리적 우주론의 소산이며 그것은 종교적인 외래인도문명에 대하여 합리적인 본래중국문명을 회복하려는 일종의 르네쌍스운동이었던 것이다. 서양의 근대란 르네쌍스이래의 계몽주의틀을 오늘날까지도 벗어나지 않는다. 그것은 하버마스의 말대로 아직도 미완의 프로젝트다. 동양의 근대란 결코 19세기말에 출발한 것이 아니다. 동양의 근대는 이미 신유학의 발흥이래 그 구도속에서 기본적 패러다임의 쉬프트가 없이 지속되어온 것이다.

인류의 20세기는 바로 이 양대문명의 근대적 합리성이 동일한 시간적 축적의 하중을 지니고 만났다는데 그 본질적 의의가 있는 것이다. 일자가 타자를 개화시킨 일방적 역사가 아니라, 쌍방이 동시에 같이 개화되어간 역사인 것이다. 동양은 어떠한 경우에도 동양인의 삶의 양식의 고유성을 포기하지 않는다. 그러므로 20세기의 만남은 과거의 헤브라이즘과 헬레니즘이 만나고, 콘퓨시아니즘과 부디즘이 만났던 그런 만남과는 비교도 안되는 더 큰 만남이요, 따라서 더 거대한 보편성·일반성·추상성에로의 만남인 것이다. 바로 이러한 인류사의 전개양식의 보편성, 즉 꾸준한 만남에로의 지향을 전관적으로 조감할 때만이 비로소 우리는 통합적 우주론의 새로운 가능성에 눈을 뜨게 되는 것이다. 그것이 내가 말하는 기철학의 요체인 것이다.

내가 말하는 보편사를 료연하게 도식화하면 다음과 같다.

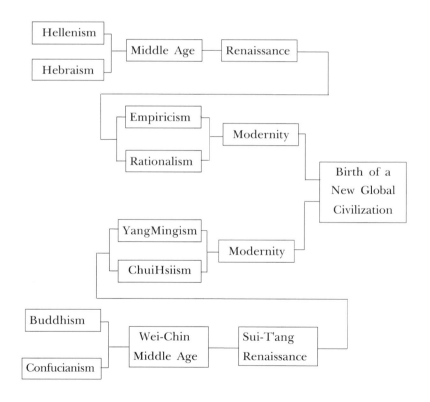

이 문단의 둘째줄에 있는 "its original aim"의 "original"이 원판에 "originial"로 되어 있다. 誤植이다. 바로 잡는다.

3-27 The various cosmologies have in various degrees failed to achieve the generality and the clarity at which they aim. They are inadequate, vague, and push special notions beyond the proper limits of their application. For example, Descartes is obviously right, in some sense or other, when he says that we have bodies and that we have minds, and that they can be studied in some disconnection. It is what we do daily in practical life. This philosophy makes a large generalization which obviously has some important validity. But if you turn it into a final cosmology, errors will creep in. The same is true of other schools of philosophy. They all say something which is importantly true. Some types of philosophy have produced more penetrating cosmologies than other schools. At certain epochs a cosmology may be produced which includes its predecessors and assigns to them their scope of validity. But at length, that cosmology will be found out. Rivals will appear correcting it, and perhaps failing to include some of its general truths.

In this way mankind stumbles on in its task of

understanding the world.

譯 **3-27** 다양한 우주론들이, 다양한 수준에 있어서, 그것들이 애초에 소기하였던 명료성과 일반성을 성취하는데 실패하였다. 그 우주론들은 적합치 못하며, 애매모호하고, 또 그들의 적용의 정당한 한계를 넘어서 특별한 관념을 강요하였다. 데카르트가, 어떤 의미에 있어서는, 우리가 신체를 가지고 있고 또 정신을 가지고 있고 이 양자가 따로따로 연구될 수 있다고 말한 것은 명백하게 정당하다. 사실 이것은 우리가 우리의 실제생활에서 일상적으로 실행하고 있는 모습이다. 이 데카르트의 철학은 어떤 중요한 유효성을 명백하게 과시하는 거대한 일반화를 시도한 것이다. 그러나 이런 것을 구극적인 우주론으로 만들게되면, 오류가 끼어들게 마련이다. 다른 철학학파의 경우에도 이러한 식의 오류는 동일하다. 모든 학파가 아주 중요하게 참인 어떤 것을 말하고 있다. 그리고 어떤 종류의 철학은 다른 학파보다 더 통찰력있는 우주론을 생산한다. 어떤 역사적 기원에 있어서, 한 우주론은 그 전단계의 우주론을 포괄하고 또 그 기존의 우주론에 타당성의 범위를 설정한다. 그러나 길어봐야 결국, 이러한 우주론도 그 한계가 곧 들통나버린다. 경쟁자들이 나타나서 그 우주론을 수정할 것이다. 그리고 그것이 추구했던 일반적 진리의 상당부분을 상실케 될지도 모른다. 이와같은 방식으로 인류는 더듬더듬거리면서 이 세계를 이해하려는 과업을 수행해온 것이다.

案 **3-27** 어느 여고생의 일기에 "나의 육체가 나의 고귀한 영혼을 더럽히고" 운운했다면 그것은 조금도 이상한 일이 아니다. 상식적으로 우리는 육체와 정신의 대립을 전제하면서 우리의 언어적 사고를 진행시킬 때가 수없이 많다. 『大學』에서 "修身"을 말했는가 하면 佛經에서는 "修心"

을 말한 것은 분명 心과 身의 구분적 함의를 배제할 수는 없다. 그러나 데카르트의 "Body"와 『대학』의 "身"은 분명 다르다. 즉 일상적 의미가 다른 것이 아니라 그 우주론적 배경이 다른 것이다. 즉 정신과 육체에 관한 수없는 철학적 논쟁은 참으로 무의미한 것이다. 退溪와 高峰이 四端과 七情을 이야기한 것도, 四端은 정신에 가깝고 七情은 육체에 가까운 함의를 지니고 있다. 그러나 四端과 七情의 논의와, 근세철학에서의 심신이원론에 관한 논의는 전혀 차원이 다르다. 즉 우주론적 배경이 다른 것이다.

心과 身은 어떠한 경우에도 "方便的"인 것이다. 이 方便的인 것을 실체적인 것으로, 또 실재적인 것으로 혼동한데 근세 계몽주의철학의 가장 큰 오류가 存한다. 그리고 이것은 기독교신학의 역사의 지배하는 가장 큰 오류 또한 동일하다. 다시 말해서, 예수의 報身(Historical Body)을 예수의 法身(Truth-Body)과 혼동한 것이 그 가장 큰 오류인 것이다. 불교에서는 싯달타의 報身과 法身을 아예 애초로부터 분리시켜 버렸다. 그러므로 역사적 사실성과 신앙적 진리성의 혼동이 없다. 心과 身을 방편적인 것으로 보지 않고 실재적인 것으로 간주하고 행하는 모든 논의는 허위적 논의일 뿐이다. 즉 논의할 필요가 없는 논의, 혹은 근원적으로 그릇 전제된 대전제아래서의 유희, 해결할 수도 없도록 세팅해놓은 기계의 핸들을 계속 조작하고 있는 완희에 불과하다.

高峰이 四端은 七情 밖에 따로 있는 것이 아니라고 주장한 것은 그 현실적 일원성을 말한 것이고, 退溪가 고봉의 주장에 대한 "所就而言"의 不同을 말한 것은 곧 方便的 이원성을 말한 것이다. 그리고 東洋에서 말하는 心·身에 관한 모든 논의는 어디까지나 이원적인 한에 있어서는 그 방편성을 얘기한 것일 뿐이다.

화이트헤드는 心·身을 데카르트식의 실체로 간주하지 않는다. 그것은 모든 현실적 존재(actual entity)의 방편적 兩極일 뿐이다. 모든 현실적 계기에는 반드시 이 두 측면이 내재하는 것이다. 그에게 있어서 身極 (Physical Pole)이란 合生의 제1단계 즉 순응적 느낌의 최초의 단계를 말하는 것이며 그것은 자기자신의 적극적 공헌이 없이 과거로부터 주어지는 데이타만을 받아들이는 것이다. 心極(Mental Pole)은 개념적 느낌 (conceptual feeling)과 비교적 느낌(comparative feeling)의 최초의 단계에 답하는 것이며, 그것은 자기자신의 이상을 결정하는 주체이다. 心極은 合生의 결정자로서의 주체성을 도입하는 것이다. 합생하는 경험의 양면적 성격에 있어서 身極은 경험의 객관적 측면을 제공하며, 心極은 경험의 주관적 측면을 제공하는 것이다. 心極은 의식을 가진 고도의 유기체에서만 나타나는 현상이 아니다. 정도의 차이가 있을 뿐 모든 현실적 존재는 身極과 心極의 兩面을 방편적으로 具有하는 것이다.

3-28 In conclusion we must recur to our initial question, which is the title of this discussion, The Function of Reason. If we survey the world as a physical system determined by its antecedent states, it presents to us the spectacle of a finite system steadily running down —losing its activities and its varieties. The various evolutionary formulae give no hint of any contrary tendency. The struggle for existence gives no hint why there should be cities. Again the crowding of houses is no explanation why houses should be beautiful. But there is in nature some tendency upwards, in a contrary direction to the aspect of physical decay. In our experience we find appetition, effecting a final causation towards ideal ends which lie outside the mere physical tendency. In the burning desert there is appetition towards water, whereas the physical tendency is towards increased dryness of the animal body. The appetition towards esthetic satisfaction by some enjoyment of beauty is equally outside the mere physical order.

譯 3-28 이 논의를 끝맺으면서, 우리는 이 논의의 제목이 시사하는 우리의 최초의 질문으로 되돌아가야만 한다. 그것은 바로 **이성의 기능**이 무엇이냐는 것이다. 우리가 이 세계를 선행하는 상태에 의하여 결정되는 하나의 물리적 체계로서 개괄한다면, 이 세계는 그 자신의 활동성과 다양성을 상실해가는, 꾸준히 하향하는 유한한 체계의 장관을 우리에게 제시할 것이다. 다양한 진화론의 공식들은 그 반대의 경향성에 관한 아무런 암시도 시사하지 않는다. 생존경쟁의 법칙이라해서, 왜 인간세에 도시가 존재하게 되었는 지에 대한 힌트를 던져주진 않는다. 또한 도시의 집들이 다닥다닥 붙어있어 아웅다웅거린다해서 왜 도시의 집들이 아름다워야 하는지에 대한 설명이 주어지는 것은 아니다. 그러나 분명 자연에는 물리적 해체의 측면에 역행하는 어떤 上向의 기운이 있다. 우리의 일상경험에 있어서도 우리는 단순한 물리적 경향성을 뛰어넘는 이상적 목표를 향한 목적적 인과를 실현하는 욕구를 발견할 수 있다. 불타오르는 듯한 사막에서, 물리적 경향은 동물적 신체의 건조를 증가시키는 방향으로만 진행하지만, 거기에는 물을 향한 강렬한 욕구가 있다. 아름다움의 향유에 의한 심미적 만족을 향한 욕구는 물을 향한 욕구가 물리적 질서에 역행하는 것처럼 또한 단순한 물리적 질서의 밖에 있는 것이다.

案 **3-28** 물론 이성의 최종적 기능은 더 잘 살려고 하는데 있는 것이지만, 이 "더 잘 살음"은 단순한 물리적 조건으로 설명되는 진화로는 설명이 되지 않는 上向의 욕구다. 다시 말해서 진화론의 오류는 물리적 조건만을 나열했을 뿐 그 본질적 上向의 심미적 충동을 설명하지 못했다. "생존경쟁"이라면 들판에서 물고뜯고 싸우기만 할 것이지 왜 아름다운 도시를 탄생시켜야만 했는지, 왜 열대어가 그토록 화려한 색깔과 문양을 과시하고 있는지 그것을 설명할 길이 없다.

화이트헤드에 있어서 "욕구"란 즉각적으로 주어지는 물리적 느낌의 "개념적 평가"와 관련되어 있다. 욕구는 단순한 물리적 욕구가 아니라 현실적 존재의 心極에 내재하는 새로운 개념적 느낌이며 또 그것은 신(God)의 원초적 본성(primordial nature)과 관련되는 창진적 가능성이다.

우리가 사막에 있을 때 우리 몸밖과 안의 수분의 상태가 차등을 유지하고 있음으로 당연히 그 물리적 성향은 그 차등을 해소시키는 방향에서 진행될 것이다. 따라서 엔트로피의 증가방향으로, 우리 몸안의 수분이 밖으로 빠져나가는 현상이 가속될 것이다. 그러나 우리가 생명을 보지하고 있는 한에 있어서, 우리 체내에 수분을 보충하려는 강렬한 욕구가 일어나게 될 것이다. 그런데 이러한 욕구를 화이트헤드는 단순한 수분의 보충이라는 실천이성의 단계에서 설명하지 않는다. 다시 말해서, 인류문명사를 지배하는 모든 심미적 욕구는 그러한 물리적 질서에서 발생하는 인간의 上向的 욕구와 동일하게 강렬한 욕구이며, 그러한 심미적 욕구를 上向 속에 포함할 때에만이 인간이라는 존재의 만족의 가치가 설명될 수 있다는 것이다. 따라서 사변이성의 기능의 궁극적 측면에 그는 심미성을 배제할 수 없다는 것을 강력하게 시사하고 있는 것이다. 즉 우리가 더 잘 살려는 노력은 더 아름다워지려는 노력과 일치하는 것이다.

3-29 But mere blind appetition would be the product of chance and could lead nowhere. In our experience, we find Reason and speculative imagination. There is a discrimination of appetitions according to a rule of fitness. This reign of Reason is vacillating, vague, and dim. But it is there.

We have thus some knowledge, in a form specialized to the special aptitudes of human beings,—we have some knowledge of that counter-tendency which converts the decay of one order into the birth of its successor.

譯 **3-29** 그러나 단순히 맹목적인 욕구는 우연의 산물이며, 그것은 우리를 어느 곳으로도 데려다 주지 않는다. 우리의 경험속에서 우리는 **이성과 사변적 상상**을 발견한다. 거기에는 적절함의 규칙에 따른 욕구의 구별이 있게 되는 것이다. 이러한 이성의 지배는 동요하며, 모호하고, 희미하다. 그러나 그것은 어김없이 거기에 있다.

그러므로 우리는 인간이라는 種의 특수한 성향에 맞도록 조정된 형태에 있어서 약간의 지식을 갖게되는 것이다. 그것은 바로 한 질서의 쇠락이 새로운 후행하는 질서의 탄생으로 전환되는 그 역경향성(上向)에 대한 약간의 지식인 것이다.

案 3-29 단순히 맹목적인 욕구는 우연의 산물이며 이 우주의 목적적 인과를 설명할 길이 없다. 그러므로 인간의 경험속에는 그렇게 단순한 욕구만이 지배하는 것이 아니라 반드시 사변적인 상상(speculative imagination)이라고 하는 요소가 첨가되는 것이다. 그러므로 인간의 욕구는 때와 장소를 가려 복잡한 분별의 층차를 갖게 되는 것이다. 허지만 자연의 세계에 있어서는 이 이성이라고 하는 놈은 매우 동요적이고 모호하고 희미한 것이다. 그렇지만 분명히 자연의 모든 측면에 어김없이 존재하는 그 무엇이다. "But it is there."라는 문장은 인간의 경험에 국한되지 않는 대자연의 전체적 場을 지칭하는 표현이다. "한 질서의 쇠락이 새로운 후행하는 질서의 탄생으로 전환되는 上向"이라는 말은 화이트헤드가 말하는 객체적 불멸성(objective immortality)를 전제로 해서 생각해야 할 것이다. 그리고 "specialized"는 "전문화된"이라는 사전적 의미로 새겨서는 아니되며, 그것은 인간이라는 종(species)에게 "種化된"이라는 특수한 뜻으로 새겨야 한다. 즉 이 우주에 희미하게 내재하는 上向에 대한 지식은 궁극적으로 인간이라는 種에게 알맞게 종화된 형태로서의 지식이며, 그 지식은 우리 몸이 결국 어김없이 우주의 법칙을 따르고 있다고 할 때, 우리 몸이라는 생물학적 조건에 구현되는 성향과 일치하는 것이다. 이것은 우주의 인식이 나의 몸의 조건에 복속된다고 하는 기철학의 최종적 명제이기도 한 것이다.

1998년 9월 28일
정각 오후 4시
무정재에서
푸른 잔디밭과
푸른 가을하늘을 바라보며
한가롭게 붓을 놓다.

이성의 기능 *The Function of Reason*

1998년 11월 25일 초판발행
2015년   3월 20일 1판 6 쇄
2021년   1월 2일 2판 1 쇄
2024년   3월 20일 2판 2 쇄

지은이 화 이 트 헤 드
역안자 도 올 김 용 옥
펴낸이 남   호   섭
펴낸곳 통   나   무

서울 종로구 동숭동 199-27
전화 : (02) 744 − 7992
팩스 : (02) 762 − 8520
출판등록 1989. 11. 3. 제1-970호

ISBN 978-89-8264-075-9   (93160)